Educação superior
nos Estados Unidos

FUNDAÇÃO EDITORA DA UNESP

Presidente do Conselho Curador
Mário Sérgio Vasconcelos

Diretor-Presidente
José Castilho Marques Neto

Editor-Executivo
Jézio Hernani Bomfim Gutierre

Superintendente Administrativo e Financeiro
William de Souza Agostinho

Assessores Editoriais
João Luís Ceccantini
Maria Candida Soares Del Masso

Conselho Editorial Acadêmico
Áureo Busetto
Carlos Magno Castelo Branco Fortaleza
Elisabete Maniglia
Henrique Nunes de Oliveira
João Francisco Galera Monico
José Leonardo do Nascimento
Lourenço Chacon Jurado Filho
Maria de Lourdes Ortiz Gandini Baldan
Paula da Cruz Landim
Rogério Rosenfeld

Editores-Assistentes
Anderson Nobara
Jorge Pereira Filho
Leandro Rodrigues

PROGRAMA SAN TIAGO DANTAS DE PÓS-GRADUAÇÃO
EM RELAÇÕES INTERNACIONAIS

Universidade Estadual Paulista – UNESP
Universidade Estadual de Campinas – UNICAMP
Pontifícia Universidade Católica de São Paulo – PUC-SP

REGINALDO C. MORAES

Educação superior nos Estados Unidos
História e estrutura

© 2015 Editora Unesp

Direitos de publicação reservados à:
Fundação Editora da Unesp (FEU)
Praça da Sé, 108
01001-900 – São Paulo – SP
Tel.: (0xx11) 3242-7171
Fax: (0xx11) 3242-7172
www.editoraunesp.com.br
www.livrariaunesp.com.br
feu@editora.unesp.br

Programa San Tiago Dantas de Pós-Graduação em Relações Internacionais
Praça da Sé, 108 – 3º andar
01001-900 – São Paulo – SP
Tel.: (0xx11) 3101-0027
www.unesp.br/santiagodantassp
www.pucsp.br/santiagodantassp
www.ifch.br/unicamp.br/pos
relinter@reitoria.unesp.br

CIP – Brasil. Catalogação na publicação
Sindicato Nacional dos Editores de Livros, RJ

M818e
Moraes, Reginaldo C.
    Educação superior nos Estados Unidos: história e estrutura / Reginaldo C. Moraes. 1. ed. São Paulo: Editora Unesp, 2015.
Inclui bibliografia
ISBN 978-85-393-0559-9
1. Educação – Estados Unidos.   I. Título.

Editora afiliada:

AGRADECIMENTOS

Algumas palavras de agradecimento a pessoas e instituições. Uma bolsa de produtividade do Conselho Nacional de Desenvolvimento Científico e Tecnológico (CNPq) tem me fornecido recursos para pesquisas sobre teorias e processos de desenvolvimento. A Fundação de Amparo à Pesquisa do Estado de São Paulo (Fapesp) foi estratégica na sustentação desta pesquisa, em especial com um auxilio que me permitiu comprar livros e equipamentos, bem como realizar duas visitas técnicas a instituições americanas. CNPq e Fapesp, por outro lado, são instituições patrocinadoras do Instituto Nacional de Ciência e Tecnologia para Estudos sobre os Estados Unidos (INCT-INEU), dentro do qual se forjou a ideia deste trabalho.

Nos Estados Unidos, tive o prazer de visitar o Hostos Community College, no South Bronx, Nova York, uma excelente oportunidade de "sentir" a relevância e os desafios desse tipo de escola numa área-problema. Ali contei com a inestimável ajuda da professora Diana Diaz, que organizou uma agenda de entrevistas com vários professores e dirigentes: Carmen Coballes Vega, Dean Christine Mangino, Fatiha Maklufi, Moise Koiffi, Carlos Guevara e Carlos Molina. Ainda em Nova York, foram feitas instigantes sugestões pelo diretor do Community College Research Center, Thomas Bayley, e sua diretoria-assistente, Shanna Smith Jaggars. Tive ainda a grata oportunidade de visitar dois Community Colleges em Denver, Colorado, graças à preciosa ajuda de Mary Gershwin, que coordena um programa de cooperação Brasil-Estados Unidos, apoiado pela Associação Americana de Community Colleges e, no Brasil, pela Confederação Nacional da Indústria (CNI). A diretora de Relações Internacionais do Red Rocks Community College, Linda Yazdani, abriu as portas da instituição para que eu conhecesse experiências bem diversas do Community College do Bronx. Nesse caso, particularmente interessante é o empenho do Community College na coordenação de seu trabalho com as escolas técnicas e a Universidade de Denver. Ainda na Região Metropolitana de Denver, visitei um Community College de um município fortemente marcado pela presença de residentes imigrantes, o Aurora Community College, que recebe estudantes de famílias originárias de nada menos que 78 países. Fiz uma entrevista com o professor responsável pelas atividades de integração desses estudantes, Chris Tombari.

A todas essas pessoas e instituições devo agradecer pela ajuda na realização deste trabalho – embora, é claro, caiba a mim a responsabilidade pelo que digo e escrevo.

SUMÁRIO

LISTAS 1
APRESENTAÇÃO 7

PARTE I

A CONSTRUÇÃO DE UM SISTEMA (1800-1980)

1 Dos *colleges* coloniais às grandes universidades
(1800-1920) 15
2 A hierarquização das estruturas: o período
do entreguerras 41
3 A massificação depois da Segunda Guerra Mundial 51

PARTE II

COMMUNITY COLLEGES – A MASSIFICAÇÃO DO
ENSINO SUPERIOR NOS ESTADOS UNIDOS

4 *Junior college*, uma invenção norte-americana
(1901-1945) 77
Anexo ao capítulo 4 – Os dados do *junior college*
reunidos por um de seus profetas, Walter Crosby Eells 107
5 *Community colleges* depois da Segunda Guerra Mundial –
crescimento e nova identidade (1945-1985) 113

PARTE III

TENDÊNCIAS RECENTES DO ENSINO SUPERIOR
NORTE-AMERICANO

6 Balanço de fim de século – um sistema em transe
(1980-2010) 145

7 *Community colleges* na virada do milênio:
novos públicos, novas missões, mas... quais? 197

NOTA FINAL... MAS NÃO CONCLUSIVA 223
REFERÊNCIAS BIBLIOGRÁFICAS 227

LISTAS

LISTA DE FIGURAS

Figura 1.1 – Os *colleges* da era colonial   16
Figura 1.2 – *Colleges* e universidades *"land-grant"* (Morrill Act)   28
Figura 1.3 – Universidades da American Association of Universities
(AAU) em 1990   32
Figura 3.1 – GI Bill   57
Figura 3.2 – GI Bill, 1945: barracão improvisado como sala de aula   59
Figura 3.3 – GI Bill: residências estudantis em construção, trailers
e pré-fabricados.   60
Figura 3.4 – Balcão improvisado para residência estudantil de veteranos
e solteiros   60
Figura 3.5 – Quadro sinótico da educação superior norte-americana
em 2010   73
Figura 4.1 – Estruturas de governança do sistema público de educação
superior da Califórnia   102
Figura 4.2 – Educação vocacional ligada à guerra   104
Figura 4.3 – Desequilíbrio das matrículas em *junior colleges* (1941)   107
Figura 4.4 – *Junior colleges* públicos (1941)   110
Figura 4.5 – *Junior colleges* privados (1941)   111
Figura 5.1 – Expectativa de vida *versus* validade do conhecimento   140
Figura 5.2 – Expectativa de vida *versus* validade do conhecimento   141

LISTA DE GRÁFICOS

Gráfico 1.1 – Imigrantes nos Estados Unidos: de onde vinham
(1870-1900)?   21
Gráfico 1.2 – Imigrantes nos Estados Unidos: a segunda onda
(1990-1920)   22

Reginaldo C. Moraes

Gráfico 2.1 – Concluintes do ensino médio (1890-1990)   41
Gráfico 2.2 – Matrículas no ensino médio e superior nos Estados Unidos (1870-1980)   42
Gráfico 2.3 – Crescimento dos *junior colleges* (1918-1940)   48
Gráfico 2.4 – Matrículas nos *junior colleges* (1918-1940)   49
Gráfico 3.1 – Crescimento anual da renda real por classes de renda familiar (1947-1973 comparado com 1973-2005)   62
Gráfico 3.2 – Variação das anuidades (1930-2010)   63
Gráfico 3.3 – Relação entre anuidades e renda média familiar   63
Gráfico 3.4 – Crescimento de matrículas e número de instituições   64
Gráfico 3.5 – Crescimento da receita média das instituições   64
Gráfico 4.1 – Número de *community colleges* (1900-1944)   80
Gráfico 4.2 – Número de matrículas em *community colleges*   80
Gráfico 4.3 – Número de novos *junior colleges* fundados em cada período de cinco anos (1900-1949)   89
Gráfico 4.4 – Comparação dos resultados de testes aplicados a 344 calouros da University of Minnesota e a 51.620 soldados, do Relatório do Exército. As linhas A e B dividem a distribuição dos calouros (linhas tracejadas) nos grupos baixos, médio e alto. A linha M localiza a média dos resultados do Relatório do Exército (linha contínua)   93
Gráfico 4.5 – *Junior colleges*: escolas e matrículas, públicos e privados   109
Gráfico 4.6 – Número de *junior colleges* e matrículas por classe de tamanho (1941)   109
Gráfico 4.7 – Crescimento do número de matrículas em *junior colleges* (1900-1941)   110
Gráfico 5.1 – Flórida – ingressantes no ensino superior e sua distribuição entre diferentes instituições (1957-1966)   115
Gráfico 5.2 – Número de *community colleges*, incluindo *campi* auxiliares (1905-1998)   122
Gráfico 5.3 – Número de *community colleges* (1900-1994)   135
Gráfico 5.4 – Número de matrículas em *community colleges* (cc) (1940-1986)   135
Gráfico 5.5 – Matrículas no ensino médio e superior. Estados Unidos (1870-1980)   136
Gráfico 5.6 – Número de imigrantes nos Estados Unidos por décadas (1820-2000), em milhões.   137
Gráfico 5.7 – Ondas de imigração nos Estados Unidos (1820-1997)   137
Gráfico 5.8 – Imigrantes nos Estados Unidos: a terceira onda (1991-2000)   138
Gráfico 6.1 – Total de matrícula no ensino superior (graduação e pós) nos Estados Unidos, anos selecionados (milhares)   151
Gráfico 6.2 – Concluintes *high school* (1870-1990): percentual dos jovens de 17 anos   153

Gráfico 6.3 – Concluintes da *high school* (1870-1990) (em milhares)   153
Gráfico 6.4 – Matrículas *versus* etnias (1976-2010)   154
Gráfico 6.5 – Matrículas, total, público privado (1939-1959)   154
Gráfico 6.6 – Matrículas, público *versus* privado (1961-1991)   154
Gráfico 6.7 – Matrículas em instituições públicas: 2 anos *versus*
4 anos   155
Gráfico 6.8 – Estudantes de graduação, por tipo de instituição
(2009)   156
Gráfico 6.9 – Total de matrícula no ensino superior: 4 anos *versus* 2 anos
(instituição)   158
Gráfico 6.10 – Total de matrícula ensino superior: 4 anos *versus* 2 anos
(apenas instituições públicas)   159
Gráfico 6.11 – Matrícula de ingressantes (milhares): 2 anos *versus* 4 anos
(instituições públicas)   159
Gráfico 6.12 – Matrículas totais na graduação: público *versus*
privado   160
Gráfico 6.13 – Desigualdade na renda das famílias (1947-1986) (índice de
Gini)   161
Gráfico 6.14 – Aumento do PIB (real) no longo prazo nos Estados Unidos
(1800-1995)   161
Gráfico 6.15 – Como cresceu a renda familiar nos Estados Unidos
(1947-1973)   162
Gráfico 6.16 – Como cresceu a renda familiar nos Estados Unidos
(1973-1995)   163
Gráfico 6.17 – Encarecimento das anuidades (1980-2008)   166
Gráfico 6.18 – Anuidade média (cheia, em dólares) para graduação em
diferentes tipos de escola superior (2012)   167
Gráfico 6.19 – Anuidade média (cheia) para graduação em diferentes
tipos de escola superior (Classificação Carnegie).   168
Gráfico 6.20 – A alta dos custos nas universidades de pesquisa   169
Gráfico 6.21 – Receitas das unidades nas universidades de pesquisa   169
Gráfico 6.22 – Anuidades e dotações do estado nas universidades
públicas de pesquisa   170
Gráfico 6.23 – Ajuda estudantil, por tipo de ajuda, em dólares constantes
(1980-2009)   171
Gráfico 6.24 – Volume dos empréstimos federais e privados, em bilhões
de dólares correntes (1970-2007)   171
Gráfico 6.25 – Distribuição de estudantes na graduação e na pós:
comparação entre instituições públicas e privadas   176
Gráfico 6.26 – MIT: escola ou centro de venda de pesquisas?   180
Gráfico 6.27 – Total de patentes e percentual de farmacêuticas   192
Gráfico 7.1 – Matrículas: graduação *versus* pós-graduação
(1970-2007)   201

Gráfico 7.2 – Total de matrículas em *community colleges* (1976-2007) (em milhões)   201
Gráfico 7.3 – Economias acumuladas em unidades e taxas, por estudantes que começaram em um *community college* e se transferiram para uma instituição privada sem fins lucrativos ou uma pública   204
Gráfico 7.4 – Diplomas de "Associate Degree" (cursos de dois anos) por campos e especialidades (2007-2008)   205
Gráfico 7.5 – Valor médio de anuidades e taxas (2010-2011)   207
Gráfico 7.6 – Fonte de rendas dos *community colleges* (2008-2009): dotações, bolsas, contratos   208
Gráfico 7.7 – Bolsas e auxílios por estudante *"full time"*, community colleges públicos (2007-2008)   209
Gráfico 7.8 – Número de horas-aula de professores em tempo integral: comparação entre *community colleges* e as demais instituições   211
Gráfico 7.9 – Porcentagem de professores em tempo parcial, por tipo de instituição (1987-2003)   212
Gráfico 7.10 – Percentual de *community colleges* que oferecem cursos "remediais"   214
Gráfico 7.11 – Percentual de instituições que oferecem cursos "remediais", por área temática   214
Gráfico 7.12 – *Contract training* em educação "remedial" – por área temática ou habilidades   219

LISTA DE QUADROS

Quadro 3.1 – Membros da AAU por data de filiação (1900-2010)   71
Quadro 4.1 – *Junior colleges*: números de escolas, matrículas e quadro docente por estados e regiões (1941)   108
Quadro 7.1 – Dívidas dos estudantes de graduação, por setor e tipo de curso, diploma ou certificado (2007-2008)   210

LISTA DE TABELAS

Tabela 5.1 – Estados Unidos: matrículas na graduação, *colleges* e universidades da população de 18-24 anos (1900 a 1970)   122
Tabela 5.2 – Ajuda dos estados aos *community colleges* (1920-1990)   126
Tabela 5.3 – Número de instrutores em tempo integral e meio período nos *two-year colleges* (1953-1992)   128
Tabela 5.4 – Certificados de *"Associate Degree"* conferidos por instituições de educação superior, por tipo de currículo (1970-1971 a 1991-1992)   132

Tabela 6.1 – Desigualdade nos Estados Unidos: evolução da fração da renda total que vai para cada quintil (20% inferiores, superiores) e para 20% dos lares mais ricos (1973-1990)   **163**

Tabela 6.2 – Preços líquidos para estudantes em período integral em escolas superiores públicas de quatro anos: por situação de dependência e nível de renda familiar (2007-2008)   **164**

Tabela 6.3 – Preços líquidos para estudantes em período integral em escolas superiores públicas de dois anos: por situação de dependência e nível de renda familiar (2007-2008)   **165**

Tabela 6.4 – Fontes das bolsas/auxílios para estudantes em período integral (dois e quatro anos), matriculados em instituições públicas (2010-2011) (estimado)   **166**

Tabela 6.5 – Peso das anuidades na renda média, por setor (1980 e 2009)   **167**

Tabela 6.6 – Média de estudantes e professores em período integral, proporção estudante/corpo docente (1968)   **169**

Tabela 6.7 – Fontes de rendas das escolas superiores, em percentuais (2006)   **177**

Tabela 6.8 – Financiamento federal de P&D para instituições acadêmicas, por agência financiadora, montante de dólares e percentual de distribuição (1968)   **178**

Tabela 6.9 – Média de financiamento federal de P&D, corpo docente em tempo integral e fundos de P&D *per capita* (1968) (em milhões de dólares)   **179**

Tabela 6.10 – Tendências da Pesquisa e Desenvolvimento (P&D) (1980-2000)   **182**

Tabela 6.11 – Tendências da Pesquisa e Desenvolvimento Acadêmica (1980-2000)   **182**

Tabela 6.12 – Distribuição percentual do financiamento para pesquisa e desenvolvimento acadêmicos, por setor (1960-1990)   **182**

Tabela 6.13 – Distribuição Percentual dos Gastos Federais em P&D Acadêmica, por Agência (1969-1979)   **183**

Tabela 6.14 – Movimentação dos Fundos de P&D nos Estados Unidos, 1961-1962 (em milhões de dólares) (a)   **183**

Tabela 6.15 – Desenvolvimento das despesas de P&D na economia norte-americana; anos escolhidos: 1921-1961 (a) (em milhões de dólares)   **184**

Tabela 6.16 – Financiamento acadêmico total (incluindo P&D federal) por campo de conhecimento (1989)   **184**

Tabela 6.17 – Campos de estudo ordenados conforme o financiamento federal de P&D acadêmica (1989)   **185**

Tabela 6.18 – Universidades com a maior parte das rendas de licenciamento, dados selecionados para 1999   **187**

Tabela 6.19 – As vinte universidades mais conceituadas, classificadas pela renda de licenciamentos (1998)   **188**

Tabela 6.20 – Média de Pessoal do Corpo Docente nos Departamentos de Ciência Básica e Clínica, em Escolas Médicas selecionadas, públicas e privadas, 1968 e 1988   **190**

Tabela 6.21 – Investimentos/crédito pelo financiamento   **196**

Tabela 7.1 – Total de matrículas, por nível de ensino, anos selecionados, (1970-2007) (em milhares)   **200**

Tabela 7.2 – Estimativa do custo anual de um *community college*, para o estudante médio   **208**

Tabela 7.3 – Proporção de bolsas de auxílio   **209**

Tabela 7.4 – Poucos estudantes se graduam   **217**

Tabela 7.5 – Fontes da imigração legal para os Estados Unidos – 1981-1994   **220**

Apresentação

O sistema de educação superior norte-americano é visto no mundo inteiro com um misto de emoções: espanto, temor, inveja, admiração. Este livro não compartilha essas emoções. Procura substituí-las pela compreensão de sua estrutura e da história de sua constituição, tentando mostrar como se formou, passo a passo, um conjunto de dispositivos que enfrentavam desafios mutantes: formar as elites, incorporar os imigrantes e americanizá-los, fornecer força de trabalho qualificada, inventar e inovar, gerar uma cultura hegemônica para uma nação com inclinação imperial.

O texto tem uma sequência cronológica e busca, na medida do possível, incorporar a criação das instituições no padrão de desenvolvimento social e econômico dos Estados Unidos. A narrativa deixa de lado o período colonial e toma como ponto de partida o momento de formação da jovem república, nas primeiras décadas do século XIX.

Foi necessário fatiar essa história e, para isso, escolher algum critério. A literatura americana, base evidente deste relato, tem diversas formas de recortar essa história. A partir dessa diversidade, escolhi um critério com dois eixos:

As fases da educação são vinculadas a alguns fatos notáveis, marcantes, que constituem a superfície visível e imediata da história. Fatos como o Morrill Act, que criou uma rede de escolas superiores no país mediante a doação de terras federais. Ou o ato de reinserção dos veteranos, o GI Bill, que massificou o sistema de ensino superior depois da Segunda Guerra e modificou fortemente sua estrutura, colocando o setor público e, principalmente, o governo federal e os governos estaduais como protagonistas da expansão.

Essas fases são vinculadas também a transformações de longo prazo na sociedade americana, uma corrente subterrânea, com redirecionamentos e efeitos perceptíveis a cada três ou quatro décadas. São transformações demográficas, econômicas, na estratificação social, no aparecimento daquilo que Paul Baran chamava de *"epoch-making innovations"* [inovações criadoras de uma época], processos e produtos marcantes, disseminados, revolucionários, identificadores de uma era (a ferrovia, o automóvel, o avião, a informática e a telemática, a biotecnologia, por exemplo).

Desse modo, ao longo dos capítulos deste livro, o leitor poderá acompanhar dois movimentos. O primeiro, uma evolução quantitativa – que se evidencia com o crescimento das matrículas, das certificações, do surgimento de instituições, da escalada de suas rendas e custos, e assim por diante.

O segundo, uma evolução qualitativa – o desenho e redesenho dos tipos de instituições, de suas mudanças organizacionais, metas e missões, carreiras e currículos, métodos pedagógicos, formas de governança e gestão, padrões de relacionamento com o poder público e com os segmentos econômicos relevantes.

Levando em conta os dois enquadramentos que mencionamos – as datas relativas à sociedade americana em geral e aquelas que remetem ao sistema educacional (e especialmente o superior) –, poderíamos estabelecer as seguintes grandes fases:

Primeira fase: a partir do começo do século XIX ou da Segunda Guerra da Independência (1812) até a Guerra Civil – período marcado pela continuidade dos *colleges*[1] coloniais. No final desse período, surgem os primeiros cursos de Ciência e Tecnologia (Engenharias), em escolas independentes (West Point, Rensselaer), antigos *colleges* (Yale, Harvard) e novas escolas (MIT). Surgem também as primeiras universidades estaduais (Ohio, por exemplo, fruto de uma doação de terras). O período é marcado pela primeira Marcha para o Oeste, pelo desenvolvimento de uma indústria manufatureira com um desenho próprio (o famoso Sistema Americano de Manufaturas que espantava os europeus), o envelhecimento dos *colleges* coloniais, a presença marcante dos estados e municípios na construção da infraestrutura necessária para o desenvolvimento (*internal improvements*).[2]

Segunda fase: da Guerra Civil (1861-1865) e do primeiro Morrill Act (1862) até 1920. Surgem os Land Grant Colleges e Universidades e as primeiras Universidades de pesquisa (Johns Hopkins, Clark, Chicago). *Colleges* antigos transformam-se em universidades (Harvard, Yale, Princeton, Cornell). A Guerra Civil foi seguida de um grande deslocamento populacional (dos negros do sul, por exemplo), mas também do poder e da riqueza – tudo em direção ao norte. Por outro lado, as ferrovias transcontinentais

---

[1] Utilizaremos com frequência o termo em inglês, vez ou outra o traduzindo por "faculdade". Termos que manterei em inglês: *college*, que por vezes significa a instituição (faculdade) ou o curso de graduação. *Junior, community college, two-year college* – instituições de ensino superior que oferecem cursos de curta duração e emitem um diploma chamado de *associate degree*. *Four-year colleges* – instituições que oferecem cursos longos (quatro anos), com o diploma de *bachelors degree*. Por vezes, quando traduzido o nome de uma instituição ou programa, mantenho a sigla em inglês, porque é assim que ela será encontrada nos índices analíticos dos livros ou nos mecanismos de busca da internet.

[2] Cf. Moraes; Silva (2014).

Educação superior nos Estados Unidos

promoviam a integração nacional, abrindo o oeste. Muda o modo de fazer negócios, com diferentes formas de concentração e centralização do capital e surgimento do Big Business e suas formas institucionais – os cartéis e trustes, formas prévias ao *corporate capitalism* [capitalismo corporativo] da chamada Era Progressiva. Esta, que também é identificada como a era das corporações, pode ser vista como uma espécie de segunda revolução burguesa nos Estados Unidos, contemporânea de uma segunda Revolução Industrial (1890-1910).

Terceira fase: de 1920 a 1945 – primeiro ensaio de massificação e modelagem do sistema de educação superior. Período marcado pela hierarquização e padronização, processo em que as fundações filantrópicas Carnegie e Rockfeller tiveram papel decisivo. Consolidam-se as universidades de pesquisa e emerge uma rede significativa de *junior colleges*, escolas fornecendo ensino superior de curta duração. Expande-se o ensino médio, a *high school*, pressionando por novas vagas. Os fervilhantes anos 1920 foram seguidos pela depressão pós-1929 e pela nova presença do Estado na modelagem da vida social e econômica. O *New Deal* espelha a federalização da política e da economia.

Quarta fase: de 1945 a 1970 – época dos chamados "gloriosos 25 anos" do pós-guerra, período de extraordinária acumulação de capital. Para o ensino superior, é a era que se desdobra a partir do Relatório Trumman e da edição do ato de reinserção dos veteranos, o GI Bill, responsável por um extraordinário surto de massificação do ensino superior. As universidades de pesquisa crescem, alimentadas pela inversão federal, principalmente a pesquisa programática de interesse militar. Crescem também as universidades estaduais, algumas delas incorporadas ao núcleo duro da pesquisa nacional. Massificam-se os *community colleges*, como instituições majoritariamente públicas (locais e estaduais) devotadas ao ensino superior de curta duração. A crise dos anos 1970 traz as incertezas dos novos tempos e a busca de alternativas ao esgotamento do modelo anterior.

Quinta fase: de 1980 em diante – período marcado pelas reformas de Ronald Reagan, conjugando neoliberalismo e *warfare*, economia bombeada pela guerra. Segundo Roger Geiger, essa é a era da privatização no ensino superior. Delineia-se um novo modo de operação e de estruturação desse sistema, tanto no ensino quanto na pesquisa, com a busca de novas formas de financiamento, gerenciamento e especialização de funções entre os diferentes tipos de instituição.

Parte I

A CONSTRUÇÃO
DE UM SISTEMA (1800-1980)

Nesta parte, procuramos oferecer um panorama da construção do sistema e, ao mesmo tempo, algumas tomadas em foco de momentos decisivos que modelaram sua estrutura atual. Começamos pela fase na qual os *colleges* coloniais amadurecem e se diversificam, buscando caminhos para integrar as ciências e técnicas ao velho ensino liberal clássico. Depois da Guerra da Secessão, um novo impulso é fornecido pela ação federal, com a doação de terras e a propagação de escolas para além das tradicionais escolas privadas do nordeste. As universidades de pesquisa e os *junior colleges* são os personagens que surgem na virada do século XIX para o XX. Uma intensa atividade de padronização e hierarquização marca o amadurecimento de um sistema. A seguir, mostramos como a Segunda Guerra insere outro ponto de ruptura e redefinição, com o protagonismo do setor público, principalmente do governo federal e dos governos estaduais, tanto no plano do ensino quanto no plano da pesquisa.

1
DOS *COLLEGES* COLONIAIS ÀS GRANDES UNIVERSIDADES (1800-1920)

AMADURECIMENTO E DIVERSIFICAÇÃO DOS *COLLEGES* COLONIAIS: A PRIMEIRA METADE DO SÉCULO XIX

A história da educação superior norte-americana tem raízes longínquas. Harvard, o primeiro *college* (faculdade), foi criado em 1636. Durante o período colonial, outras oito dessas escolas surgiram:

- 1693 – College of William and Mary, em Virgínia
- 1701 – Collegiate School, em New Haven (hoje Yale University, em Connecticut)
- 1740 – College of Philadelphia (University of Pennsylvania)
- 1746 – College of New Jersey (Princeton University)
- 1754 – King's College (Columbia University, Nova York)
- 1766 – College of Rode Island (Brown University)
- 1766 – Queens College (Rutgers University, Nova Jersey)
- 1769 – Dartmouth College, New Hampshire.

Originadas fundamentalmente de grupos religiosos protestantes, foram seguidas das escolas católicas: Georgetown College (1789), St. Louis University (1818) e University of Notre Dame (1842). Doze *colleges* católicos foram criados nas duas décadas seguintes.

Ao mesmo tempo, vários governos estaduais começaram a criar ou licenciar escolas superiores, logo depois da Independência, até a metade do século XIX: University of Georgia (1789), University of Vermont (1791), Ohio University (1804). Outros estados criaram escolas superiores públicas:

15

Figura 1.1 – Os *colleges* da era colonial

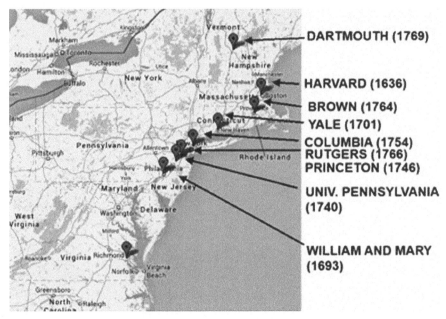

Alabama, Delaware, Indiana, Iowa, Michigan, South Carolina, Wisconsin. Como sublinham Claudia Goldin e Lawrence Katz (2011, p.267), mesmo antes do Morrill Act (1862), dois terços dos 32 estados tinham ao menos uma instituição pública de educação superior. E isso era ainda mais visível fora da região Nordeste, onde ainda predominavam as escolas privadas.

A indefinição dos currículos

O que se ensinava e como se ensinava nessas escolas? De fato, eram centros de educação que davam sequência à escola elementar. Tinham poucos alunos e pouquíssimos professores, polivalentes. Sua grade curricular girava em torno do ensino humanístico europeu e dos idiomas da erudição clássica, o grego e o latim. E esse núcleo de disciplinas ou, melhor dizendo, de campos acadêmicos pouco especializados consolidou-se aos poucos como o *"liberal arts course of study"*, a formação superior "liberal". Daí até hoje se utilizar essa denominação – *colleges of liberal arts*. Os analistas do período associam essa forma escolar com o entorno social em que se nasceram:

> O *college* da primeira metade do século XIX foi criatura de uma comunidade agrária, relativamente simples, uma comunidade de costumes assentados e de

certezas antigas. Ele sobreviveria, em parte, como um instrumento de classe ou de objetivos religiosos. (Rudolph, 1990, p.221)

Mesmo nas escolas superiores públicas (estaduais), o currículo era parecido com esse. Aos poucos, porém, foram assumindo missões diferentes e introduzindo mudanças e inovações curriculares. Uma inovação importante foi a progressiva inclusão das ciências modernas e do ensino de profissões ou saberes aplicados.

Rudolph (1990, p.222) assim relata a transição:

> O amadurecimento das ciências físicas e naturais influenciou os *colleges* profundamente; e embora o papel da ciência como grande agente de ruptura do programa clássico de estudo tivesse de esperar até depois da guerra, a primeira metade do século XIX sugeria que se algo podia sacudir as antigas convicções dos *colleges*, esse algo era a ciência.

O analista comenta a lenta inserção, ainda no século XVIII, de professores de Matemática, Filosofia Natural, Botânica e Química em Harvard, Columbia, Princeton. Na metade do século XIX, a maioria dos *colleges* já possuía currículos com a inclusão desses campos temáticos. Além deles, eram progressivamente introduzidos cursos sobre Literatura e Cultura dos Idiomas Modernos (Francês, Alemão) ao lado de Grego e Latim. Por vezes, essas matérias novas apareciam como eletivas ou como cursos especiais de inverno (ibidem).

O ensino de Ciências e Tecnologia era uma característica importante e distintiva do Rensselaer Polytechnic Institute, criado em 1824 graças ao suporte financeiro de Stephen Van Rensselaer. De fato, essa "School of Theoretical and Practical Science" inaugurou o ensino com uso intensivo de laboratórios práticos. E criou uma versão prévia dos programas de extensão universitária, implantando classes noturnas e polos da escola fora da sede. Inicialmente enfatizava a agricultura, mas em 1835 incluiu cursos de engenharia civil. A instituição foi reestruturada em 1849, integrando experiências de escolas técnicas europeias. O renovado Instituto Politécnico visava então educar arquitetos, engenheiros civis, mecânicos, topográficos e de minas (Brubacher; Rudy, 1958, p.61).

Assim, o ensino das "engenharias" surgia como uma espécie de disciplina independente. Os velhos *colleges* coloniais tinham que se adaptar à nova situação. Alguns deles começaram a criar departamentos ou escolas de Engenharia. Nesse caminho, por exemplo, Harvard, em 1847, criou sua Lawrence Scientific School. No mesmo ano, Yale inaugurou um departamento que se tornaria, em 1852, a sua Sheffield Scientific School. Em 1852, o tradicional Dartmouth fundou a Chandler Scientific School e Brown organizou um Department of Practical Science. Três anos depois, a University of Pennsylvania criou um Department of Mines, Arts, and Manufacturers.

Como parte dessa transição, na metade do século XIX, várias instituições adotaram o chamado *"paralel course plan"* [plano de curso paralelo], que permitia ao estudante escolher o currículo clássico, liberal, ou outro mais rico em Ciências, Matemática e Estudos Aplicados. Contudo, Rudolph (1990, p.232) e Brubacher e Rudy (1958, p.100) lembram que, com alguma frequência, nesses velhos *colleges* os cursos "científicos" eram considerados programas de "segunda classe". Tinham menor duração do que os "clássicos", perto de três anos. Como um sintoma da segregação, os estudantes do curso cientifico de Harvard não sentavam nas mesmas fileiras na capela do *college*.

Cabe destacar a importância das escolas e academias militares na introdução do ensino de Engenharia. A United States Military Academy (Usma) foi fundada em 1802. Ainda hoje, sua página na internet registra aquele momento de sua história e enfatiza o papel do exército nas grandes obras de engenharia: "Durante o primeiro meio século, os graduados pela Usma foram os principais responsáveis pela construção da maioria nas primeiras linhas de trem, pontes, portos e estradas da nação".

Outra linha evolutiva ia se construindo ainda no século XIX, como embrião da universidade de pesquisa que lideraria o sistema no século XX. Em 1852, Henry Tappan assumiu a direção da University of Michigan e começou a promover inovações "germânicas" no modo de ensinar, no estímulo à pesquisa e na criação de um curso de pós-graduação. Assim, também as universidades estaduais começaram a introduzir inovações, ante aquilo que predominava nos clássicos *colleges* liberais. Alguns desses velhos *colleges*, contudo, também avançavam por essa trilha, como vimos. Veja-se o caso da nobre Yale, sob a direção de Daniel Coit Gilman. Em 1856, aparentemente influenciado por seu estágio de dois anos na Alemanha, Gilman propôs à Sheffield Scientific School de Yale a criação de um curso de pós-graduação sistemático, com estudo de línguas estrangeiras modernas, exames, dissertações. Surgia o embrião dos *"graduate programs"* [programas de graduação], a pós-graduação das grandes universidades.

Métodos de ensino

Também as técnicas de ensino passavam por mudanças. Brubacher e Rudy (1958, cap.5) comentam mais detidamente essas mutações. Brubacher lembra que, ao lado da recitação, baseada na memória e repetição de lições, havia ainda o chamado método socrático, a maiêutica, o "partejamento" da verdade por meio do diálogo e das questões dirigidas pelo professor. O método tradicional dos jesuítas, a preleção, também se tornava mais usual, fora das escolas católicas. A preleção não era nem uma recitação nem uma palestra ou aula magistral – o professor selecionava algumas partes de obras clássicas (poesia ou prosa), fazia uma primeira tradução, seguida de comentários e análises sob ângulos diversos: estilísticos, linguísticos, históricos etc. A palestra, de linhagem medieval, era em grande parte resultante da escassez de livros – em muitos casos, era a simples leitura ou exposição do conteúdo pelo professor, substituindo, em certa medida, a leitura do aprendiz. O termo inglês – *lecture* – denota essa origem. O método parecia algo anacrônico, uma vez superada a escassez e alto preço do livro pela formidável evolução das técnicas de impressão. Ainda assim, sobrevivia.

Uma grande inovação nos *colleges* foi a introdução do método do laboratório para ensino de Ciências. O primeiro passo foi uma espécie de *lecture* de laboratório, isto é, a demonstração de algum experimento por parte do instrutor. Mas os passos seguintes iriam transformar o laboratório – como ensino ativo – em parte essencial da moderna universidade.

Disciplinas obrigatórias ou eletivas?

No que diz respeito aos conteúdos, o ensino de graduação passava por várias outras polêmicas, que iam além da convivência entre o currículo liberal-clássico e o científico-aplicado. Em 1860, Charles Eliot implantou em Harvard um sistema eletivo, um currículo flexível que incluía Ciências, Línguas Modernas, Matemática. Após algum tempo, esse experimento foi moderado por um esquema intermediário: dois anos de educação geral e um "major" (concentração) em uma área temática específica. Assim, com esse padrão "minor-majors", Harvard lançava as bases para um desenho do ensino superior de graduação que no médio prazo se tornaria quase um padrão.

Outro arranjo curricular fora ensaiado por Thomas Jefferson, quando reitor da University of Virginia, onde se criou uma "grade curricular" de novo tipo. Eram definidos oito campos alternativos de conhecimento ou centros de estudo: 1º) Línguas Antigas; 2º) Línguas Modernas; 3º) Matemática; 4º) Filosofia Natural; 5º) História Natural; 6º) Anatomia e Medicina; 7º) Filosofia Moral; 8º) Direito. Dentro de cada campo, o currículo era prescrito, não escolhido.

Ainda no que diz respeito a esse tema, uma referência famosa e com outra orientação era aquela proposta pelo Yale Report, de 1828, que estabelecia um currículo rígido, prescrito. Estudos especializados eletivos eram contemplados, mas não na graduação.

Em geral, o argumento para currículos prescritos, rigidamente determinados, era a avaliação que os lideres das universidades faziam dos ingressantes no *college*, nos Estados Unidos. Eles eram em geral avaliados como menos maduros, por exemplo, do que os estudantes das universidades alemãs. Os calouros dos *colleges* norte-americanos – tanto pela idade quanto pela educação geral e maturidade – eram frequentemente apontados como mais próximos do estudante do *gymnasium* alemão ou do liceu francês (Brubacher; Rudy, 1958, p.102). Como diz o próprio *Yale Report* (1828, p.21, tradução nossa):

> Na Alemanha, os estudantes chegam às universidades em uma idade mais avançada e com mais preparo do que em nosso país. O período de educação que é lá dividido em apenas duas partes, um dos quais se passa no ginásio e o outro na universidade, é aqui dividido em três, a escola primária, o *college* e a escola profissional. Lá, quando os alunos entram na universidade, estão tão avançados ou quase tão avançados em Literatura e mesmo em Ciências, quanto nossos estudantes quando se formam. A instituição que mais proximamente corresponde na Alemanha aos nossos *colleges*, em termos de resultados ou de idade dos estudantes, é o ginásio. As universidades se ocupam, sobretudo, dos estudos profissionais.

Os líderes acadêmicos norte-americanos repetiriam muitas vezes esse paralelo com o modelo alemão de organização escolar, que admiravam, e isso seria seguidamente utilizado para justificar as propostas de reforma da educação superior norte-americana, com a criação de *junior colleges* especificamente devotados à formação básica ou *"general education"* [educação geral] dos dois primeiros anos de faculdade.

Uma sociedade em transformação: cidades, indústrias, migrantes e imigrantes

A história da sociedade norte-americana – que nasceu de uma guerra – é fortemente demarcada pelos sucessivos conflitos bélicos. No século XIX, a Guerra Civil foi um claro e sangrento divisor de águas na história da jovem república.

Mas a guerra não era tudo. Estava em curso uma corrente subterrânea de grandes transformações. Ao longo do século XIX, o país acelerava a Marcha para o Oeste, com estradas, escolas e, claro, a sétima divisão de cavalaria. Marcado pela febre das ferrovias, o final do século XIX é também a era da urbanização e de seus problemas (Moraes, 2013) Também era a época da Segunda Revolução Industrial e da transformação do conhecimento acadêmico em força produtiva chave.

Nessa fase, a liderança industrial norte-americana deixou em segundo plano o país-celeiro do século XIX. A jovem nação, que fora pioneira na massificação da educação elementar (algo que os europeus só conseguiriam cinquenta ou sessenta anos depois), começava a ampliar a oferta de ensino médio (*high school*) e criava, em velocidade recorde, universidades de pesquisa que em pouco tempo alcançariam e superariam as milenares instituições europeias. Em 1920, as universidades de pesquisa somavam duas dúzias de escolas renomadas. E nos anos 1930 já atraiam cérebros europeus (cf. Fleming; Bernard (1969).

O esforço educacional norte-americano em certa medida era coagido por ondas migratórias: massas humanas que era preciso não apenas alfabetizar, mas também *americanizar*. Ao observar as estatísticas de imigrantes, vê-se um pico de imigração no meio do século XIX dominado por um contingente que, em 40% do seu total, vem de países de língua inglesa. Até 1860, esse contingente anglofalante cobria pelo menos uns 48% dos imigrantes, sem contar o Canadá, bilíngue. Em 1880, esse percentual ficava em 42%. Isso indica que, nessa primeira onda, o idioma falado pelos imigrantes, aparentemente, não era um problema. Na segunda onda, porém, a maior parte dos imigrantes é de outra origem, apenas 11% são anglófonos.

Com os dados reunidos por Hofstadter et al. (1959, p.169 e 185) é possível desenhar a seguinte ilustração das duas primeiras ondas migratórias importantes na história do país:[1]

Gráfico 1.1 – Imigrantes nos Estados Unidos: de onde vinham (1870-1900)?

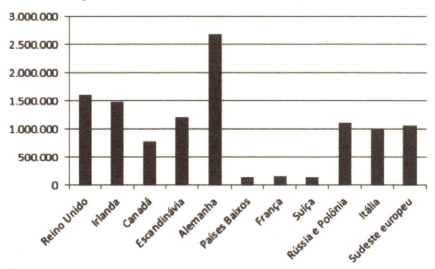

Fonte: elaboração própria com dados reunidos em Holfstadter et al., 1959, p.169

---

[1] Mais adiante veremos a terceira onda, do final do século XX.

Gráfico 1.2 – Imigrantes nos Estados Unidos: a segunda onda (1990-1920)

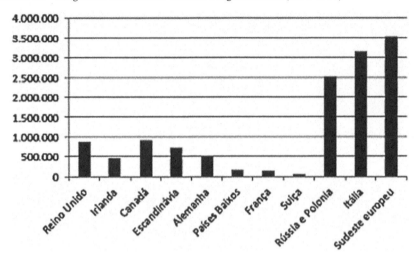

Fonte: elaboração própria com dados reunidos em Holfstadter et al., 1959, p.159

O primeiro surto de massificação

Pontuando as mudanças subterrâneas de longo prazo, os traumas bélicos demarcavam a cronologia da República-Império. Levine (1986, p.38) chama a atenção para a Primeira Guerra Mundial:

> A Primeira Guerra Mundial foi o momento de decolagem na história do ensino superior norte-americano. As matrículas vinham crescendo com regularidade desde cerca de 1890, mas a taxa de crescimento tinha declinado um pouco na década antes da guerra. Um estudo da Associação de Colleges Norte-Americanos revelou que o *college* médio de artes liberais tinha apenas quatorze instrutores e 165 estudantes às vésperas da guerra. Ainda em 1918, mais da metade das instituições norte-americanas de educação superior contavam com menos de trezentos estudantes matriculados; apenas 37 das 672 universidades, faculdades e escolas técnicas tinham mais de dois mil estudantes, e somente oito tinham mais de cinco mil estudantes em todos os departamentos somados.

Nesse contexto, a criação do Student Army Training Corps (SATC) [Corporações de Treinamento dos Estudantes do Exército], em 1918, teve um papel fundamental, ainda que breve. O programa iria alavancar e mudar significativamente vários *campi* acadêmicos:

> Sob a SATC, os *colleges* participantes eram dirigidos como instituições de treinamento do exército em tempo integral. O governo federal assumiu os *colleges* em

tudo, com exceção do nome; ele usava as unidades, equipamentos e funcionários existentes e financiava a expansão para habilitar os colleges a selecionar e treinar candidatos a oficiais, especialistas técnicos e administrativos. A maioria dos *colleges* estabeleceu dois programas separados, mas relacionados, Seção A (acadêmico) e Seção B (técnico). Essa empreitada cooperativa prometia aliviar a falta de homens no exército e manter os *colleges* abertos.

Em troca, as instituições recebiam cerca de 900 dólares para cobrir as mensalidades, alojamento e alimentação para cada aluno-soldado. Poucos presidentes de *colleges* externaram preocupação com a interferência federal em seus assuntos. Na verdade, o presidente da Western Reserve, Charles F. Thwing louvou "esta medida mais generosa [...] sem precedente na história da educação liberal ou da condução da guerra". "É Patriótico ir à faculdade!", proclamou o Conselho Educacional de Emergência, recém-criada voz dos estabelecimentos de ensino superior; e milhares de jovens entenderam a mensagem. (ibidem, p.28)

Na abertura do ano letivo de 1918-1919, os *campi* eram praticamente invadidos por mais de 140 mil estudantes-soldados. Como a participação dos Estados Unidos na Primeira Guerra Mundial foi tardia e relativamente pequena, o movimento parou por aí. O SATC foi anunciado em agosto de 1918 e posto em execução em outubro. Apenas um mês depois, contudo, foi selado o armistício. Era, contudo, um prenúncio do que se veria por ocasião da Segunda Guerra Mundial, como veremos mais adiante. Soderstrom (2007, p.73) menciona a exaltação do *slogan* da época – "É patriótico ir ao *college*" – e destaca que, pela primeira vez, *college*, patriotismo e cidadania eram fortemente vinculados. E que o *college* era retratado como algo acessível. Era uma aspiração em alta. Em duas ou três décadas, seria quase um pressuposto, um direito.

Mais adiante veremos o surgimento do GI Bill, a política de reintegração dos veteranos da Segunda Guerra Mundial mediante programas educativos. Pode-se dizer que o SATC aparece, então, como uma espécie de *trailer* muitíssimo reduzido da política para veteranos de 1944. Mais ainda, considerado o curtíssimo intervalo em que vigorou e com as limitadíssimas dimensões dos recursos humanos e financeiros que mobilizou, o efeito do SATC também antecipa o que poderia ser (e efetivamente foi) o GI Bill. É também de Soderstrom (2007, p.76) esta indicação que mostra a expansão escolar como uma espécie de esforço de guerra, estimulando soluções pragmáticas:

O SATC impôs vários ajustes ao sistema universitário. Escolas que tinham cortado pessoal docente devido ao baixo número de matrículas anterior receberam aviso com um mês de antecedência para se preparar para um corpo discente maior do que jamais tiveram: seis mil novos alunos somente do SATC. Os professores prepararam novos cursos e livros-texto relacionados à guerra quase que de um dia para o outro. Os alunos foram alojados em barracas fora do campus, compradas às pressas.

As inclinações vocacionais

É relevante lembrar que durante a guerra as escolas haviam sofrido perdas importantes de contingentes. Recuperaram a perda, com acréscimos, em 1919 (cf. Levine, 1986, p.39). Esse momento parece ter criado um ponto de inflexão na história da educação superior norte-americana:

> Os levantamentos bienais patrocinados pelo Departamento de Educação jogam mais luz na magnitude sem precedentes do crescimento das matrículas: em 1919-1920 havia 597.857 graduandos; em 1921-1922, 681.076, um crescimento de 14,9%; em 1923-1924, 823.063, um crescimento de 20,8%; em 1925-1926, 917.462, um crescimento de 11,5%; em 1927-1928, 1.053.955, um crescimento de 19,9%; e em 1929-1930, 1.100.737, um crescimento de 4,4%. Apesar de essa taxa de crescimento parecer pequena em comparação com a dos 25 anos após a Segunda Guerra Mundial, está claro que os anos 1920 testemunharam a primeira era de ensino superior de massa dos Estados Unidos.

Também é relevante lembrar que, junto com esse movimento dos números gerais, houve também uma ênfase ainda maior em *determinado tipo* de educação. Levine (1986, p.40) afirma que a retórica da guerra legitimava o interesse dos estudantes em uma educação superior com inclinações vocacionais bem definidas. Os estudos especializados mostravam que dois terços dos alunos ingressavam na graduação com essa meta.

Como se poderia prever, o vínculo entre educação superior e as profissões era mais visível em determinadas áreas. *"Business goes to college"* [os negócios vão à faculdade], diz Levine. Um desses campos de ensino era muito óbvio:

> A Engenharia foi o primeiro campo em que se estabeleceram conexões entre indústria e instituições de ensino superior. Antes da Guerra Civil havia apenas seis escolas de Engenharia no país; havia 85 em 1880; por volta de 1917 o número de programas de Engenharia tinha atingido 126. A proporção de engenheiros na população em geral se multiplicou quinze vezes entre 1880 e a Primeira Guerra Mundial. A inovação mais importante no ensino de Engenharia nesse período foi o Plano Cooperativo, estabelecido pela primeira vez na Universidade de Cincinnati, em 1906. Cada aluno participante dividia seus anos de graduação entre trabalho em sala de aula e experiência em um ambiente industrial; nas palavras de seu fundador, o plano era "baseado na filosofia de que a prática e a teoria deveriam ser ensinadas concomitantemente e deveriam ser coordenadas". Em 1902, estima-se que pelo menos 137 instituições ofereciam alguma variante do Plano Cooperativo,

frequentemente para alunos de administração tanto quanto de Engenharia. Uma versão do estágio, do século XX, o plano mostrava à indústria e à educação o quanto cada uma poderia se beneficiar cooperando com a outra. A engenharia demonstrou que para os negócios fazia sentido encorajar a matrícula em instituições de ensino superior, que, em troca, lhes forneceria pessoal qualificado. (Levine, 1986, p.49)

Diversidade institucional, padronização e hierarquia

Ao longo do século XIX muitas outras escolas superiores se juntaram à secular coleção de *colleges* coloniais. Eram escolas com os mais variados desenhos, missões e normas. Porém, duas figuras novas merecem ser destacadas: (I) os *colleges* e universidades criadas pelo Morril Act por meio de doações de terras federais (*land-grant*); (II) as novas universidades de pesquisa, demarcadas pela fundação da pioneira Johns Hopkins. O terceiro componente do edifício apareceria no início do século XX: o *junior college*.

Mesmo um exame rápido das duas primeiras figuras – os *land-grant* e as universidades de pesquisa – evidencia a relação intensa com as novas profissões e especialidades, com os diferentes "públicos" da educação. Isso é visível nas grades e carreiras, bem como na forma de organização dos currículos e métodos. Evidencia-se ainda o potencial das novas escolas no campo da pesquisa básica e aplicada – nota-se a relevância dos laboratórios públicos, dos laboratórios das corporações, e da formação de quadros para esses. Parecia cada vez mais claro que era necessário ter mais do que uma coleção de escolas, era preciso um verdadeiro "sistema": um lugar para cada coisa e uma coisa para cada lugar. Na transformação da "coleção" em "sistema", um papel decisivo caberia aos líderes das universidades de pesquisa (já em 1900 nucleados em torno da American Association of Universities (AAU)[2] e das fundações privadas). Entre estas últimas, a liderança incontestê coube à Carnegie Foundation for the Advancement of Teaching (CFAT, 1905) e à Rockfeller (1913). Esta última incorporava o já existente General Education Board (GEB), que desde 1902 era patrocinado pela família do magnata.

Não por acaso, a visão "sistêmica" dos lideres (AAU, CFAT, GEB) tinha algo de similar ao papel dos líderes da economia corporativa em gestação. O esforço era parecido com aquele que se via no caso das ferrovias, do aço e do petróleo: padronizar, hierarquizar, reduzir a competição destrutiva, reduzir desperdícios e redundâncias. No começo século XX, os líderes aca-

---

[2] Deve-se notar que entre os fundadores da AAU estavam três importantes universidades estaduais: University of Michigan (Ann Arbor), University of California (Berkeley) e University of Wisconsin (Madison).

dêmicos percebem que falta uma "coisa" para um "lugar" que identificavam no seu sistema em construção. Qual instituição faria a ligação entre a escola elementar e o ensino médio? Uma nova *high school*, reformada? Academias preparatórias? Um *junior college*?

Vejamos como evoluíam esses diferentes estratos do sistema.

Land-grant colleges: A&M colleges e universidades

Em 1862, o Congresso aprovou o Morrill Act, prevendo a doação de terras federais (*land-grant*), com o objetivo de apoiar a criação, ampliação ou manutenção de ao menos um *college* em cada estado. O *college* deveria ser voltado para o ensino de agricultura, mecânica e artes militares – daí o nome *A&M* University que ainda vemos em muitas das instituições daí derivadas. As terras poderiam ser doadas também a instituições privadas e os *colleges* ou universidades também podiam ter outros campos de ensino, além da combinação A&M. Existem, atualmente, mais de cem grandes instituições originadas diretamente por esse ato e suas reedições. No primeiro Morril Act, nada menos do que 17,5 milhões de acres foram doados. Do que se tem notícia, a primeira universidade a se candidatar e obter esse apoio, em 1862, foi a Iowa State University, fundada em 1858. O segundo Morril Act (1890) resultou em mais dezessete instituições, predominantemente no sul, respondendo a uma tentativa de atuar na reconstrução de uma área particularmente destruída pela guerra civil. O curioso, nesses *colleges* do Texas, da Florida, do Alabama é que, de início, isto é, nos seus primeiros vinte anos, eles forneciam, de fato, ensino secundário.

O expediente de doar terras para expandir a educação já tinha sido utilizado antes, pelo governo federal e pelos governos estaduais. Além disso, outras leis tiveram impacto sobre os *land-grant colleges*. Em 1887, o Hatch Act destinava recursos federais para o estabelecimento de estações agrícolas experimentais. Em 1906, o Adams Act ampliava significativamente os recursos dessas estações. Um novo ato, a Emenda Nelson ao segundo Morrill, destinava recursos ao treinamento de professores para os *land-grant*. Em 1917, o Smith-Hughes Act alocava verbas para ensino vocacional nesses campos. E em 1914, o Smith-Lever Act estimulava a criação de um vasto setor de serviços de extensão agrícola nas instituições *land-grant*. Com isso, diversificavam-se as fontes de recursos das escolas, incluindo dotações estaduais – e ampliava-se o escopo de suas atividades, tanto quanto o de seu público-alvo. Atualmente, estima-se que 15% dos estudantes de nível superior americano são atendidos por instituições herdeiras do Morril Act. E elas são responsáveis por dois terços dos diplomas de doutorado – e várias delas se enquadram no seleto grupo das 120 universidades classificadas pela Fundação Carnegie como "de pesquisa".

Educação superior nos Estados Unidos

As leis dos *land-grant* fizeram surgir instituições diversificadas, na forma de funcionamento, de governança, nas estruturas e, mesmo, na forma como foram criadas. As variantes refletem realidades históricas regionais que deixam suas marcas. Elas são assim resumidas por Rudolph (1990, p.253):

a) Criação de A&M *colleges* a partir de escolas agrícolas previamente constituídas – é o caso de Michigan, Pennsylvania, Maryland e Iowa.

b) Atribuição das doações a universidades estaduais já existentes, para que criassem esses *colleges* A&M – é o caso, por exemplo, de Wisconsin, Minnesota, North Carolina e Missouri.

c) Estabelecimento de *colleges* inteiramente novos, que passavam a competir com as existentes universidades estaduais pelos recursos públicos.

d) Fundação de novas universidades estaduais com componentes A&M – Ohio, Califórnia, Arkansas, and West Virginia.

e) Atribuição dessa missão (prover educação A&M) a instituições privadas existentes. Em Connecticut, a Sheffield Scientific School de Yale tornou-se um *land-grant college*; em Rhode Island, isso coube a Brown; em New Hampshire, a Dartmouth; em New Jersey, a Rutgers; em Kentucky, ao Transylvania College; em Oregon, ao Methodist College de Corvallis. Delaware ressuscitou o Delaware College com a doação e, depois, transformou-o em universidade estadual. Massachusetts fundou um novo *college* A&M com parte das terras e entregou outra parte ao Massachusetts Institute of Technology (MIT). Indiana e Nova York associaram a cessão de terras com a doação de benfeitores privados: no caso de Indiana, John Purdue; no caso de Nova York, Ezra Cornell.

O historiador Roger Geiger completa o quadro, indicando que o impulso federal dinamizou tendências e diversidades que estavam latentes desde a metade do século. Os estados tomaram o estímulo para realizar a missão em seus próprios termos e utilizando seus potenciais e inclinações. No leste isso se deu geralmente mediante as instituições existentes, em especial algumas menos tradicionais, como a Sheffield Scientific School e o MIT (fundado em 1865). Nos estados mais novos e em formação do oeste e do meio-oeste, o Act Morrill combinou-se com o pragmatismo e o populismo das lideranças políticas. Esses recursos levaram diretamente à criação de universidades estaduais em Illinois (1867) e na Califórnia (1868), ou deram mais força a *colleges* estaduais que estavam sendo criados ou que tinham pobres recursos, como em Minnesota e Wisconsin. A inclinação das novas instituições para programas de ensino percebidos como mais práticos facilitou a criação dessas escolas, em estados cujos legisladores tinham alguma restrição à chamada alta cultura (Geiger, 2008, p.6).

27

Figura 1.2 – *Colleges* e universidades *"land-grant"* (Morrill Act)

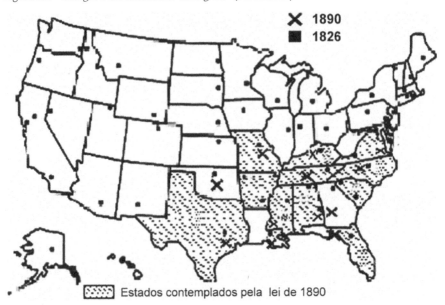

Fonte: elaboração própria, com dados do Departamento de Educação norte-americano

As várias reedições e emendas paralelas, como a legislação já referida sobre estações agrícolas experimentais e extensão, constituem, de fato, uma política, ou são parte da política de *land-grant* – doação de terras como instrumento para estimular e modelar o desenvolvimento do país. Ela foi decisiva na criação de uma das três principais figuras do sistema norte-americano de ensino superior: a universidade estadual. E, nesse caso, há um claro predomínio regional, como lembra Rudolph (1990, p.277-8):

> Após a Guerra Civil, ficou evidente que a universidade estadual americana não seria definida no Sul, onde se originou o movimento pela universidade estadual, nem no Nordeste, onde as antigas instituições coloniais impediam o seu crescimento. A universidade estadual americana teria seu perfil definido no Meio-Oeste e no Oeste, onde a democracia da fronteira e o materialismo da fronteira ajudariam a apoiar uma instituição popular voltada para a prática. O surgimento da liderança ocidental no movimento resultou, em parte, da notável rapidez que os estados do Oeste eram povoados e da velocidade acelerada que sua população crescia. Michigan, Minnesota e Wisconsin, entre outros, sentiram que os pequenos *colleges* denominacionais (de origem religiosa), com dotações limitadas e currículos voltados para o passado, não poderiam responder às necessidades de uma população em crescimento nem a suas preferências.

Nesse desenho geral cabem, contudo, algumas diferenciações. Algumas das grandes universidades criaram o que se pode chamar de seu "estilo" ou *"idea"*. Uma palavra deve ser dita a respeito. Um caso interessante é o Winsconsin.

O modelo de Wisconsin

O Morrill Act foi decisivo para a University of Wisconsin, não apenas pela doação de um poderoso patrimônio indutor, mas também pelo estímulo que deu ao governo estadual para que promovesse a escola. A iniciativa federal deu um empurrão na estadual. Nas duas primeiras décadas do século XX, aquela universidade construiu um modelo ou estilo fortemente apoiado na ideia de serviço público, de compromisso da universidade com a sociedade e, sentido inverso, da sociedade (e do seu governo) com a universidade. Vale a pena lembrar os comentários da literatura especializada a respeito da *Wisconsin idea*.

O tratado de Brubacher lembra que a universidade procurava aproximar-se da população do estado, por meio de um amplo sistema de extensão universitária. Ensino por correspondência e centros de extensão e ensino eram criados em diferentes pontos do estado. A universidade criou um "Bureau of General Welfare", prestando esclarecimentos públicos em campos como Economia, Sociologia, Políticas de Governo, Educação, Sanitarismo. Seus laboratórios testavam solos, minas, materiais diversos, água. Um "Bureau of Debating and Public Discussion" patrocinava debates sobre temas polêmicos e emprestava livros e materiais didáticos para grupos de discussão locais. Assim, a University of Wisconsin envolvia-se ativamente com a vida do estado de Wisconsin:

> De forma semelhante, os economistas da universidade serviram nas estradas de ferro estaduais e comissões de impostos, seus cientistas políticos ajudaram a esboçar projetos de lei, seus engenheiros ajudaram a planejar programas de construção de estradas e seus cientistas agrícolas contribuíram para gerar avanços no desenvolvimento lucrativo da indústria de laticínios (Brubacher; Rudy, 1976, p.164)

Além disso, seus professores e funcionários participavam da gestão estadual, o que por vezes criava ressentimentos em alguns, mas, aparentemente, era bem acolhido pelo geral da população, conforme comenta Brubacher.

Rudolph () também registra esse envolvimento da universidade com os assuntos públicos, uma tendência que em certa medida representaria algo típico da chamada Era Progressiva. E mostra como os cursos e atividades de extensão, ainda que particularmente vigorosos em Wisconsin, também se propagariam nas universidades de Columbia, Chicago, Brown, Indiana

Reginaldo C. Moraes

e Illinois (Rudolph, 1977, p.363). Essa atitude das escolas ampliava sua legitimidade social e facilitava a obtenção de recursos nas esferas legislativas (ibidem, p.364).

Os outros dois ramos do sistema

Enquanto isso, outro vetor se desenvolvia particularmente na região Nordeste, fartamente coberto pela oferta privada. Ali se desenvolve um gênero de universidade um pouco diferente, a universidade de pesquisa privada e sem fins lucrativos. Algumas delas já são criadas, nesse período, precisamente com esse perfil, isto é, com o primado e quase a exclusividade da pesquisa, da formação profissional especializada (Direito, Medicina, Engenharia) e da pós-graduação. É o caso pioneiro de Johns Hopkins, que por muito tempo foi exemplo, referência e matriz do modelo. A ela se juntaram Clark (Worcester, Massachusetts), Chicago e a Universidade Católica da América. Essas já "nascem prontas" como universidades de pesquisa e ensino avançado. De outro lado, alguns velhos *colleges* coloniais se transformaram em universidades com forte setor de pesquisa e pós-graduação (Harvard, Yale, Cornell). A exceção geográfica – não está no leste, mas no meio-oeste – corre por conta da University of Chicago, criatura de fenomenal doação de Rockfeller.

A terceira "invenção norte-americana" no campo do ensino superior é o *junior* ou *community college*. Para entender sua emergência é absolutamente essencial conhecer os dilemas e experimentos ali ensaiados. Isto é, precisamos enquadrá-lo na constelação já existente e da percepção do que lhe faltava para formar um sistema, consistente, coerente e completo. As formulações e iniciativas das lideranças das grandes universidades são claros indicativos de uma inquietação, da percepção de um problema ou lacuna naquilo que projetavam como visão sistêmica do ensino superior e da pesquisa norte-americana. Pode-se dizer que essa liderança tendia a ver o mundo segundo a lógica do "cada coisa em seu lugar, cada lugar com sua coisa". A percepção da lacuna, a que nos referimos, faz que busquem a coisa que falta para um lugar bem definido. Em suma, a visão sistêmica, prospectiva e normativa dos dirigentes das grandes universidades e das fundações (CFAT e GEB-Rockfeller) identifica um vazio e um elemento para preenchê-lo. O *junior college* é fruto dessa "imaginação pragmática".

O *junior* era o elemento a mais, aquele que ainda faltava, na complexa coleção de instituições de ensino superior da época. Pouco a pouco, uma padronização punha "ordem" no sistema em construção. Como dissemos, ela seria promovida mediante associações regionais de certificação, bem como da ação indutora das grandes fundações privadas (CFAT e GEB-Rockfeller). Para isso, era preciso estabelecer critérios definidos e persuasivos sobre

Educação superior nos Estados Unidos

vários temas até então controversos ou pouco consensuais: admissão de estudantes, diferenciação entre escolas preparatórias e *colleges*, equivalência de disciplinas e atividades entre diferentes escolas, instituições que podiam oferecer quais tipos de certificados e diplomas (bacharelado, máster etc.). As agências de certificação e as duas fundações privadas foram decisivas nessa tarefa.

É tempo, pois, de observar mais de perto o campo das universidades de pesquisa e das grandes fundações, no qual se engendravam tais métricas e regras.

A nova universidade de pesquisa: as fundações filantrópicas rumo a uma visão sistêmica

Como dissemos, nas três últimas décadas do século XIX, nascia uma figura institucional nova no cenário acadêmico norte-americano, a universidade orientada, desde o nascedouro, para pesquisa e pós-graduação. É a consolidação da *"true university"* [universidade de verdade] antevista por lideres como Tappan, em Michigan, inspirando-se no modelo germânico, que a maioria dos dirigentes acadêmicos norte-americanos venerava.[3]

O caso pioneiro é Johns Hopkins, criada em 1876, em Baltimore, estado de Maryland, beneficiária da fortuna adquirida por seu patrono no ramo das ferrovias.[4] O primeiro reitor (*president*) da nova escola, Daniel Gilman, empenhou-se em trazer uma seleta equipe de pesquisadores nacionais e estrangeiros para implantar um ambicioso programa de doutorado, lançar revistas acadêmicas e estimular a criação de associações acadêmicas disciplinares. Os estudiosos das universidades de pesquisa norte-americana registram a presença das "ideias alemãs" nesse experimento norte-americano – principalmente o modelo da Humboldt-Universität zu Berlin.

---

[3] Na verdade, Tappan e os que o seguiram nessa trilha (White, Jordan, Harper, entre outros),visavam o modelo prussiano de educação no seu conjunto: a forma de seleção dos melhores estudantes já a partir da escola elementar, dirigindo-os para o *gymnasium* e o afunilamento rumo à universidade. É um sistema hierarquizado e seletivo desde cedo – bem diferente das aspirações de *"open door"* populares na sociedade norte-americana. A *"true university"* calcada no modelo alemão exigia um elo prévio, o *gymnasium* ou o liceu, inexistente na sociedade americana. Por essa razão, esses líderes (e numerosos historiadores e analistas posteriores) equiparam os dois primeiros anos de *college* americano com a formação do gymnasium alemão ou do liceu francês. Aliás, é útil lembrar que uma das funções das universidades francesas, desde o século XIX, é estruturar o liceu, coisa que até hoje as marca, tanto na carreira como na forma de incorporação dos professores, entre ouros.

[4] Traço distintivo do pós-Guerra Civil é a mudança de patamar das doações e doadores. As enormes fortunas dos novos barões (Hopkins, Stanford, Rockfeller, Carnegie, Vanderbilt, Cornell) refletem-se em doações que não podem ser comparadas com as modestas somas do período anterior. E refletem também (pela origem das fortunas) os ramos de negócios do novo tempo, o tempo da revolução corporativa (aço, ferrovias, petróleo, especulação financeira).

A Johns Hopkins criou um modelo e, por umas duas décadas, os professores-pesquisadores que formou (PhD) foram sementes em outras instituições. Até o início do século XX, nas listas de cem maiores cientistas dos Estados Unidos, cerca de um quarto vinha dessa universidade. Esse formato orientado para pesquisa e pós-graduação foi seguido por outras instituições. Sob a liderança acadêmica de Stanley Hall, a Clark University (1889, Worcester, Massachusetts) desenvolveu-se a partir da doação de Jonas Clark e rapidamente iniciou cerca de vinte programas de doutoramento. No outro lado do país, na Califórnia, Lelan Stanford empenhava sua fortuna para criar a Stanford University (1891), sob a direção de David Starr Jordan. A University of Chicago, alavancada pela fortuna de John D. Rockfeller e pelo empenho de seus irmãos de fé da American Baptist Education Society, entrou na mesma linha, sob a direção de William Rainey Harper (1892). Como era de esperar, as "velhas" universidades também ingressaram no campo da pós-graduação. Yale, por exemplo, criou todo um conjunto de programas desse nível a partir da doação milionária de John William Sterling, o grande advogado corporativo da virada do século.

Em 1900 seria fundada a American Association Universities (AAU). Entre seus membros fundadores estavam: Califórnia, Chicago, Columbia, Cornell, Harvard, Johns Hopkins, Michigan, Pennsylvania, Princeton, Stanford, Wisconsin e Yale. Illinois e Minnesota juntaram-se a esse time logo depois. Caltech e MIT foram admitidos como membros entre as duas guerras.

Figura 1.3 – Universidades da American Association of Universities (AAU) em 1990

Roger Geiger (1986, p.3-4) assim descreve a distribuição das universidades de pesquisa, no começo do século XX:

Nessa data [1920] provavelmente menos de 25 universidades estavam seriamente comprometidas com a pesquisa como um objetivo institucional. Na discussão que se segue o foco será principalmente nas quinze cujas credenciais para esse *status* estavam mais garantidas. Há uma curiosa simetria nesse grupo, que é, em si, testemunho da herança diversa do ensino superior norte-americano. Cinco são universidades estaduais do meio-oeste e do oeste – Illinois, Michigan, Minnesota, Wisconsin e Califórnia. Cinco começaram como *colleges* coloniais do litoral leste e, assim, estão entre as instituições de ensino superior mais antigas da nação – Columbia, Harvard, Penn, Princeton e Yale. E cinco são fundações privadas do final do século XIX – MIT, Cornell, Johns Hopkins, Stanford e Chicago. Essas instituições incorporam totalmente a emergência da pesquisa como um objetivo fundamental no ensino superior norte-americano.

Como era de prever, o desenvolvimento do sistema também se fez acompanhar do surgimento das mais diversas associações, como a já citada AAU, em 1900, mas também associações de estudantes (a Federation Graduate Clubs [Federação de Clubes de Graduados], por exemplo) ou de professores (American Association of University Professors (AAUP), 1915). Também surgiu a American Association of Agricultural Colleges and Experiment Stations [Associação Americana de Faculdades Agrícolas e Estações Experimentais], de 1887, depois transformada na National Association of State Universities and Land-Grant Colleges [Associação Nacional de Universidades Estaduais e Faculdades Land-Grant] e, mais tarde ainda, na Association of Public and Land-grant Universities (Aplu, 2009) [Associação de Universidades Land-grant e Públicas].

Padronizar, hierarquizar, organizar

Assim, no início do século XX, um confuso conjunto de instituições parecia esperar por alguma intervenção deliberada que empreendesse uma reforma e um rearranjo. Havia *colleges* tradicionais que seguiam sendo o que eram. Havia os *colleges* e universidades criados pelos estados (alguns deles graças ao Morrill Act), com diferentes missões (os *teachers colleges*, por exemplo, especializados na formação de professores). No campo específico das universidades propriamente ditas, isto é, no seleto grupo que se distinguia pela pesquisa e pelo ensino pós-graduado, poderiam ser distinguidos quatro tipos: (I) *colleges* privados tradicionais que se transformaram em universidades (Columbia, Harvard, Penn, Princeton, Yale); (II) universidades estaduais ampliadas e reformadas (Illinois, Michigan, Minnesota, Wisconsin, Califórnia); (III) universidades privadas (e um instituto) também ampliadas e reformadas (Cornell, Stanford, MIT); (IV) instituições que já nasceram como universidades de novo tipo, priorizando (quase exclusivamente) a pesquisa e a pós-graduação (Johns Hopkins, Clark, Chicago).

Em 1900, a coleção exibia números já bastante grandes: mais de cem mil estudantes, em cerca de mil escolas.

No período de 1900 e 1940, classificação, hierarquização e padronização foram sendo engendradas pelas associações de certificação (estaduais ou regionais) e pelas fundações privadas, basicamente a Carnegie e a Rockfeller, esta última, inicialmente, por meio de seu GEB. Pelo papel central que desempenharam (e desempenham) as fundações merecem algumas palavras.

A Carnegie Foundation (CFAT) resulta de uma dotação adicional (135 milhões de dólares em 1905) do velho barão do aço, Andrew Carnegie, dotação substancialmente acrescida depois de sua morte. A Rockefeller Foundation patrocinou o General Education Board (GEB) com a bagatela de 200 bilhões de dólares. É sabido que essas duas organizações, CFAT e GEB, tiveram papel central na modelagem do sistema norte-americano de ensino superior. Sobretudo na primeira metade do século XX, elas tomaram para si a tarefa de liderar a transformação daquela coleção de escolas "desregradas" em um sistema sequenciado, hierarquizado e ordenado por requisitos e normas.[5]

Geiger comenta que as grandes universidades de pesquisa eram as corporações desse "segmento de negócios", a educação superior. O que quer dizer essa analogia? As corporações, na era progressista, desempenharam papel fundamental no movimento de concentração e centralização do capital, mas, também, claro, na hierarquização e padronização do mundo empresarial norte-americano na virada do século, no estabelecimento de uma ordem no interior do efervescente crescimento capitalista norte-americano. Elas não foram responsáveis apenas pela criação de padrões de produção essenciais ao desenvolvimento das operações de fábrica, coisa aparentemente banal, mas decisiva – por exemplo, o estabelecimento de bitolas uniformes para as linhas férreas; a padronização de diâmetros escalonados para parafusos, bem como de suas roscas (forma, tolerâncias etc.); das composições do aço para cada uma das utilizações (qual o tratamento superficial, a têmpera, o percentual de carbono?). Foram responsáveis, também por uma nova forma de organização de negócios, como indicam os conhecidos estudos de Alfred Chandler,[6] por uma regulação da concorrência e por novas formas de financiamento, como a captação de capitais por meio da oferta pública

---

[5] Um estudo histórico documentado pode ser visto no livro de Geiger (1986). O estudo crítico de Clyde Barrow (1990, cap.3, principalmente) analisa as vinculações desse processo com o capitalismo corporativo e sua influência na "industrialização das universidades". Particularmente interessante, neste último aspecto, é a discussão da presença do primeiro presidente da CFAT, Henry S. Pritchett, na tailorização do ensino superior. Prittchet encomendou trabalho nessa direção ao próprio Frederick Taylor, mas esse, demasiado ocupado, recomendou seu pupilo Morris L. Cooke. Barrow comenta detalhadamente o livro de Cooke, *Academic and Industrial Eficiency,* documento hoje disponível na internet em: <https://archive.org/details/academicindustri05cookuoft>.

[6] *Strategy and Structure* (MIT Press, 1962) e *The Visible Hand*: The Managerial Revolution in American Business (HBS Press, 1977) criaram um padrão para esse tipo de estudo.

de ações.[7] Os dirigentes das universidades e das duas fundações estratégicas (CAFT e GEB-Rockfeller) pretendiam resolver um problema similar: padronizar certificados e critérios de admissão e aprovação, títulos, grades curriculares, missões para cada um dos disparatados tipos de instituição existentes na época. De quebra, fariam também um movimento naquilo que fora o objetivo das fusões e trustes no terreno das manufaturas: evitar a "concorrência desastrosa" e o desperdício resultante de redundâncias. A ênfase na padronização como uma espécie de pensamento dominante na época é explorada pelo estudo de Clyde Barrow (1990, p.83-9).

Barrow lembra o comentário de Frank Vanderlip, da Carnegie Foundation, segundo o qual, o "traço essencial da vida econômica" era "a tendência rumo à combinação e o distanciamento frente à competição inútil" (Vanderlip apud Barrow, 1990, p.83). O GEB, patrocinado por Rockfeller, era orientado por essa convicção. Tentava erigir, no campo da educação superior, um *"general educational system"* [sistema de educação geral], em oposição ao fragmentado e desordenado conjunto de instituições e regras. Barrow cita um ainda mais explícito fraseado, o de Daniel Colt Gilman, membro do GEB e ex-presidente da Johns Hopkins – ele comparava a tarefa do GEB ao que se tinha feito no caso das ferrovias, eliminando *"the paralleling of railroads"*. Barrow afirma a validade da analogia, mostrando como engenheiros e contadores, pioneiros na padronização corporativa norte-americana, poderiam também ser vistos como vanguarda da racionalização das universidades:

> A uniformidade de produtos (i.e. alunos), especificações padronizadas de *performance* e produtividade (i.e., corpo docente), periodização do processo de produção (i.e., requisitos para uso do tempo e das instalações), e padrões reconhecidos de qualidade (i.e., certificação), tudo isso tinha uma espetacular semelhança com os mesmos processos que tinham sido necessários (p.84) à ascensão das corporações nacionais uma década antes. Para que as universidades fossem integradas num único sistema coordenado, as partes individuais desta máquina nacional tinham que ser padronizadas para que se encaixassem. (Barrow, 1990, p.83)

Para a CFAT isso também se colocava como objetivo – inclusive para implantar seu plano de pensões para professores do ensino superior, uma arma nada desprezível para induzir as instituições. Classificar, hierarquizar, identificar cada parte e sua função no todo era essencial para que o projeto das pensões fosse implantado de modo correto, eficiente e sustentável. O que os homens das fundações doadoras e associações de certificação encontravam pela frente não era um sistema regrado e definido, mas um conjunto mais ou menos caótico. Mesmo quando compartilhavam o mes-

---

[7] O retrato documental dessa mudança é o famoso livro de Berle e Means, *The Modern Corporation and Private Property* (1932).

mo nome – *college* ou universidade – aquilo que ofereciam variava muito. Algumas dessas escolas deveriam ser encaradas mais como instituições de ensino médio, academias preparatórias. Algumas delas acrescentavam um ano de ensino efetivamente superior a esse ensino propedêutico. A diversidade era enorme em todos os planos – currículos, matrículas, tamanho das equipes, financiamento e gasto, instalações e bibliotecas, sistemas de certificação, de seleção de estudantes e de professores.

As instituições "exemplares": Wisconsin Idea, Cornell Idea, California Idea

A escalada da padronização tinha seu centro formulador nas lideranças das fundações e de algumas instituições que, em alguma medida, operavam como geradoras das diferentes *"ideas"* (modelos) norteadoras do campo. Assim, costuma-se falar na Wisconsin Idea, mas é também possível listar outras: Cornell Idea, Chicago Idea, California Idea. A Wisconsin Idea, que já comentamos, é um modelo muito relevante para entender as universidades estaduais. A California Idea também aparecerá depois – e o plano diretor estadual se tornará uma referência. No meio-oeste e no nordeste do país, no final do século XIX, Cornell Idea e Chicago Idea merecem atenção, e Columbia, um terceiro elemento decisivo na padronização, de certo modo circula entre ambas.

Chicago é um caso espantoso, a começar pela fortuna que Rockfeller doou a seus irmãos de fé batistas, para que encarassem o empreendimento. Graças a esse manancial, o primeiro reitor, Harper, pode operar como um grande açambarcador de docentes:

> Johns Hopkins tinha começado com quarenta alunos de graduação e um pequeno corpo docente. Clark tinha começado com quase "a coluna vertebral de uma universidade". Mas William Rainey Harper, com a vastidão de fundos a sua disposição, foi capaz de abrir as portas em 1892 do que era já em realidade, não apenas potencialmente, uma grande universidade. Um corpo docente de 120 professores foi preparado para dar trabalhos avançados em nada menos de 27 áreas de estudo. Já havia 594 alunos matriculados, metade dos quais fazendo trabalhos de graduação. (Brubacher; Rudy, 1976, p.183)

Harper operou um ataque agressivo em várias direções, sobretudo sobre Clark, a universidade de pesquisa criada por Stanley Hall em Worcester, Massachusetts. Harper "roubou" vários de seus professores-pesquisadores.

Harper não queria criar mais um *college* nem uma escola superior que dedicasse a maior parte de seus recursos para instrução geral e preparatória. Rudolph (1990, p.351) comenta aquilo que os estudantes encontravam ao ingressar:

Educação superior nos Estados Unidos

O que eles encontraram foi um novo modelo de universidade norte-americana, um que dividia os doze meses do ano em quarto trimestres acadêmicos e estimulava seus alunos a fazer no mínimo três, ou quatro acelerados; uma universidade que dividia os quatro anos tradicionais em duas partes iguais – a primeira veio a ser conhecida como *"junior college"* ou *"college* acadêmico"*, onde o espírito seria colegial e preparatório, e a segunda seria conhecida como *"senior college"* ou *"college* universitário"*, onde o espírito seria avançado; uma universidade onde um sistema de especializações e habilitações secundárias permitia a um aluno se devotar a um assunto com profundidade enquanto dedicava menos tempo a outro.

A Chicago Idea era, nesse sentido, algo distinta da Cornell Idea, tal como formulada por Andrew D. White:

> Em 1866 em Cornell, Andrew D. White tinha estado próximo o suficiente da tradição do college para anunciar como uma questão de política que "em uma instituição de aprendizado, facilidade e poder de comunicar a verdade são ainda mais necessários do que descobri-la". Agora, menos de trinta anos depois, a ideia da universidade era tão forte que Harper podia anunciar: "Foi proposto nesta instituição tornar o trabalho de investigação fundamental, e o trabalho de lecionar secundário". Em Chicago as promoções dependeriam de publicação. Ninguém podia esquecer que o que estava sendo construído em Chicago não era uma faculdade, mas uma universidade norte-americana modelo. (Rudolph, 1990, p.352)

Brubacher lembra que Harper, desde logo, tornou claro que os membros do corpo docente de Chicago teriam sua promoção avaliada a partir da pesquisa, não do ensino. Aliás, na mesma passagem, esse autor lembra algo que nos interessará mais adiante: Harper pretendia mesmo que os dois primeiros anos de ensino – a parte *junior* de sua graduação, como ele a denominava – fosse gradualmente transferida para fora do *campus* principal. Isso se faria por meio de acordos de "filiação" de outras instituições (*two-year colleges*) e do estabelecimento de extensões locais da universidade. O mesmo Brubacher, segundo Rudolph (1990, p.443 e 156), resume a posição dos lideres acadêmicos a esse respeito. White (em Cornell) e Butler (em Columbia) compartilhavam algo da visão de Harper, a visão segundo a qual a universidade era algo diferente daquilo que se processava nos dois primeiros anos dos *colleges* (*freshmore* e *sophomore years*). Harper (Chicago) acreditava, ou mesmo desejava, que grande parte dos *colleges* de seu tempo fossem transformados em academias preparatórias ou *junior colleges*. Ideia parecida era defendida por Andrew D. White (Cornell), tomando como exemplo o *gymnasium* alemão. Essas escolas médias forneceriam, então, alunos preparados para algo como trinta universidades nacionais. Nessa linha, White chegou mesmo a propor que o Board of Regents of the University of the State of New York [Conselho de Regentes das Universidades

37

do Estado de Nova York] se transformasse numa espécie de agência para organizar exames e conferir certificados. Butler acreditava que a média dos *colleges*, para sobreviver, deveria ter cursos de dois ou três anos. David Starr Jordan (Stanford) parecia resumir essas previsões ou expectativas: "Com o passar do tempo, o *college* desaparecerá de fato, senão no nome. Os melhores tornar-se-ão universidades, os outros voltarão a seus lugares como academias" (apud Rudolph, 1990, p.443).

Entre as lideranças das *"true universities"* do leste, havia, uma percepção comum: existia um espaço problemático entre a escolar elementar e a universidade – um espaço pouco preenchido pelas academias, departamentos preparatórios das universidades, ou pelas *high schools* que estavam se expandindo terrivelmente na época, como instituições abrangentes, isto é, terminais e preparatórias simultaneamente. Esse espaço pantanoso tinha seus reflexos na *"low division"* dos *colleges* e universidades, os dois primeiros anos de "educação geral", de conteúdo curricular semelhante ao *gymnasium* alemão ou ao liceu francês.

De fato, tudo indica que a *low division* dos dois primeiros anos era mesmo um problema. Já superpovoada de garotos imaturos e mal preparados, continuava pressionada por uma demanda por vagas que não parava de crescer. Demanda de mais estudantes, ainda mais imaturos e ainda menos preparados, egressos de uma *high school* massificada, frágil e indefinida.

De imediato, algumas universidades buscaram expedientes para enfrentar esse problema ou lacuna, como atesta o *acceleration movement* [movimento de aceleração] do final do século XIX e início do século XX. Por esse modelo, vários estudantes qualificados eram admitidos diretamente das melhores academias preparatórias para os anos iniciais dos *colleges*. Rudolph comenta que isso mostrava certa ausência de padrões estáveis na escola secundária e uma tentativa dos *colleges* de evitar, no nível superior, a repetição de conteúdos ensinados no ensino médio. Alguns experimentos merecem menção. Na Johns Hopkins, o curso de graduação (*college*) podia ser feito em dois ou três anos. Em Columbia, o reitor Murray Butler instituíra a chamada "opção profissional" – o estudante fazia dois anos de *college* e podia entrar numa escola profissional, com exceção de Direito. Desde 1882, Harvard estimulava estudantes secundários mais avançados a entrar já no segundo ano do *college*. Chicago oferecia o seu sistema de quatro trimestres anuais, que acelerava a graduação. Além disso, reconhecia créditos de disciplinas mais avançadas cursadas na *high school*. O bacharelado da Yale's Sheffield Scientific School, de Yale, era feito em três anos. Em Harvard, o reitor Eliot defendeu a polêmica proposta de um bacharelado de três anos para os estudantes bem preparados ou profissionalmente motivados – em outras palavras, diz Rudolph (1990, p.446-7) "quatro anos para os indecisos e três anos para os que sabiam para onde estavam indo".

O engendramento dos *junior colleges*

A tentativa de modelar o sistema de ensino é similar a regulações em andamento na virada do século XX, no caminho para o capitalismo "gerenciado". Ela aparecia também como a necessidade de responder a outros desafios. Um deles era a extraordinária expansão dos graduados do ensino médio (*high school*). Cada vez mais, esses estudantes buscavam educação adicional, pós-secundária – que fosse ofertada em múltiplos pontos do país (superando a concentração das universidades estaduais) e a custo menos proibitivo do que os tradicionais *colleges* liberais.

Recordemos, ainda uma vez, o equacionamento do problema, para ver as soluções que foram inventadas para resolvê-lo.

O sistema de escolas públicas (elementares e de nível médio) crescia. E isso era um fator que alimentava a expansão das universidades estaduais. Em 1870, havia apenas umas mil *high schools*, com cerca de 72 mil estudantes matriculados. Em 1900, as escolas chegavam a seis mil e os estudantes somavam mais de quinhentos mil. Os lideres de universidades estava muito atentos a esses números (Brubacher; Rudy, 1976, p.157, ver também p.237).

Desde logo, porém, apareciam algumas questões prévias a responder: o que é ou deve ser considerado "escola secundária"? O que se deve requerer para entrada no *college* e universidade? Quais os traços que fazem a fronteira entre os dois níveis? Brubacher e Rudy (1976, p.237) relatam que o terreno que ficava entre a escola elementar e a superior era povoado por várias figuras – academias, *high schools*, departamento preparatórios de universidades e pequenos *colleges*. Mas lembram que essas escolas eram bastante precárias, pouco padronizadas. Havia claramente um fosso entre a escola elementar e o nível superior, que a *high school* não conseguia corrigir.

Paralelamente, outra evidência forçava a inteligência criadora dos administradores e lideranças do campo educacional: a emergência ou crescimento de novas carreiras profissionais "médias", além das também desafiadoras engenharias superiores. Parecia emergir um novo mundo do trabalho. Ao lado de profissões agora superiores e certificadas (licenciadas), como advogados, engenheiros, médicos, criava-se um exército de ocupações secundárias e auxiliares – contabilistas e arquivistas, desenhistas e projetistas, enfermeiros e técnicos de laboratórios. De olho nesses dois problemas – o terreno confuso da preparação para o ensino superior da "*true university*" e da formação de profissões treinadas, mas não superiores –, vai-se configurando, no início do século XIX, uma inovação institucional tipicamente norte-americana, o *two-year college*, inicialmente apelidado de *junior college*, décadas depois rebatizado como *community college*.

A história do primeiro *junior college* (Joliet Junior College, 1901) é reveladora do potencial e dos dilemas que a nova invenção enfrentaria. Em 1901, o presidente da University of Chicago, William Rainey Harper, negociara com uma *high school* pública de Joliet, sul de Chicago, para que ela oferecesse os cursos correspondentes aos dois primeiros anos da graduação do *college*. Harper chegou a chamar a *"low division"* da graduação de Chicago (dois primeiros anos) de *junior college*, e de *senior college* a fase seguinte. A ideia refletia duas convicções ou preocupações dos dirigentes de grandes universidades públicas seletivas: 1) que os estudantes da *high school* norte--americana eram em geral mais imaturos e possuíam uma formação inferior aos que concluíam o ensino médio alemão (*gymnasium*) e francês (*licée*), o que transformava os primeiros anos da faculdade num programa de "educação geral" de fato pré-universitário; 2) o crescimento da demanda por vagas nas faculdades, derivado do enorme fluxo de formados em *high schools*, criaria problema para a seletividade desejada pelas universidades. Assim, se a nova invenção era uma ponte para entrar na educação superior, era também um meio de "desviar" os estudantes das universidades seletivas. Mais tarde, um famoso ensaio de Burton Clark (1960a) daria um nome para tal função latente (ou não manifesta) do ensino superior de curta duração: *cooling out* [esfriamento], uma estratégia de "amaciar" as aspirações frustradas dos estudantes oferecendo-lhes uma alternativa que funcionasse como um desvio, uma segunda opção.

Os *junior colleges* davam aos estudantes de classe média uma oportunidade de morar com sua família durante os primeiros dois anos de faculdade, economizando dinheiro antes de tentar uma transferência para um *four-year college* onde terminariam um bacharelado ou uma escola profissional de nível superior (Medicina, Engenharia, Economia, Direito). Em um efeito paralelo, o crescimento dos *junior colleges* demandou das universidades a formação de professores e administradores para a escola recém-inventada. Nos anos 1920, os programas de formação da Universidade Estadual de Ohio, da University of Chicago, do Teachers College de Columbia, da University of California (Berkeley) e da University of Michigan procuraram responder a essa demanda.

O *junior* era um elemento a mais na confusa coleção de instituições de ensino superior da época. Mas era um pouco mais do que isso, era uma peça que faltava para fazer da coleção um sistema – de modo a reduzir a confusão. Era, ou deixava de ser, um "elo perdido". Ou seja, somava ao antigo problema mais um personagem, exigindo intervenção deliberada para uma nova sistematização. As agências de certificação (*accreditation*) e as políticas de doação das fundações filantrópicas foram pouco a pouco pondo ordem no sistema que se desenhava. Padronizavam critérios de ingresso dos estudantes, separavam escolas secundárias dos *colleges*, atestavam quais requisitos eram suficientes para transferências entre instituições e quais eram suficientes para a atribuição de certificados de *bachelor* ou *master*.

2
A HIERARQUIZAÇÃO DAS ESTRUTURAS: O PERÍODO DO ENTREGUERRAS

O período 1920-1945 é marcado por um extraordinário aumento das matrículas de ensino médio. O já clássico estudo de Boyer (1985) sobre a *high school* destaca esse fenômeno. O ensino médio saltava de meio milhão de matrículas, em torno de 1900, para quase sete milhões em 1940.[1]

O percentual de cobertura é ainda mais claro no Gráfico 2.1, dos percentuais de concluintes:

Gráfico 2.1 – Concluintes do ensino médio (1890-1990)

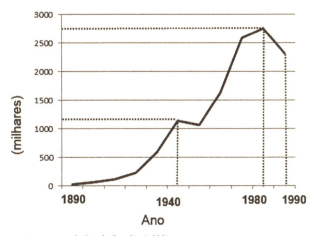

Fonte: elaboração própria com dados de Snyder (1993)

---

[1] Há um novo salto entre 1940 e 1970, quando as matrículas superam os quatorze milhões.

Essa evolução do ensino médio pode ser contrastada com a do ensino superior, na representação fornecida por Trow (Gráfico 2.2). Nele se nota que a expansão do ensino médio era enorme já nas primeiras décadas do século XX, em contraste com o movimento do ensino superior, que só decola depois da Segunda Guerra Mundial. E, como veremos mais adiante, essa mudança quantitativa foi simultânea a transformações em sua natureza.

Gráfico 2.2 – Matrículas no ensino médio e superior nos Estados Unidos (1870-1980)

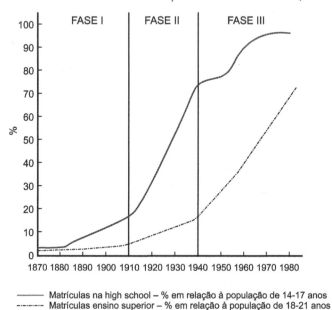

——— Matrículas na high school – % em relação à população de 14-17 anos
–·–·– Matrículas ensino superior – % em relação à população de 18-21 anos
·········· Estimativa

Fonte: Trow (2010, p.55).

A CARA DO SISTEMA

Além dessas tendências, outro ponto importante a destacar, para o período, é a consolidação de um formato geral, uma estrutura em três divisões que se manteria no período seguinte, o da massificação do pós-guerra. Na primeira metade do século XX, delineia-se com mais clareza essa partição: (a) universidades de pesquisa; (b) universidades e *colleges* conhecidas como *comprehensive* (abrangentes), prioritariamente voltadas ao ensino, onde se destacam os grandes sistemas estaduais; (c) *junior colleges* e escolas vocacionais de curta duração. Como vimos, a padronização e a hierarquização do sistema respondiam, em grande parte, ao esforço dos líderes das grandes universidades e das duas grandes fundações filantrópicas que dominavam a área (GEB-Rockfeller e CFAT).

Geiger estima que por volta de 1920 havia umas duas dúzias de universidades de pesquisa e nota que as matrículas globais nessas instituições não cresciam significativamente. Elas pareciam concentrar seu esforço na consolidação das escolas de pós-graduação e nas carreiras profissionais mais seletivas e sofisticadas. De qualquer modo, com essa estratégia, elas firmavam reputações:

> Antes da Primeira Guerra Mundial os Estados Unidos eram frequentemente vistos como um posto avançado provincial no mundo da ciência internacional. A mobilização da ciência norte-americana durante a Guerra, somada ao isolamento forçado em relação à maior parte da ciência europeia, apressou a maturação de vários campos, o da Química provavelmente sendo o mais notável. Com o retorno à normalidade, contudo, os velhos padrões se repetiram; durante a primeira metade dos anos 1920 os norte-americanos ainda iam à Europa para aprender, e os cientistas europeus que viajavam aos Estados Unidos o faziam para ensinar. Essa situação tinha mudado acentuadamente ao final da década: números crescentes de cientistas norte-americanos estavam agora trabalhando nas fronteiras da ciência. Os Estados Unidos obtiveram assim alguma paridade com as nações científicas líderes mesmo antes de os eventos na Europa forçarem a migração intelectual de 1930. A desintegração da ciência na Europa Central e o reforço das instituições norte-americanas com cientistas estrangeiros preeminentes apenas acentuou esse processo. Quando da deflagração da Segunda Guerra Mundial os Estados Unidos eram claramente o primeiro centro de ciência no mundo. (Geiger, 2008, p.233-4)

Além disso, também no que diz respeito às finanças, a conjuntura parecia especialmente favorável às universidades de pesquisa. Não apenas havia uma prosperidade geral. Havia também uma prosperidade específica, a dos doadores. É assombrosa a disparidade entre a ordem de grandeza das doações em grande parte do século XIX e aquela que se observa a partir do final daquele século e início do XX (cf. Thelin, 2004, cap.4). Geiger (2008, p.123) retrata a eufórica situação dos anos 1920:

> Os anos 1920 foram uma década de expansão sem precedentes tanto no patrimônio quanto na receita das universidades de pesquisa. No setor público, os legisladores estaduais aumentaram em 130% as dotações às cinco universidades consideradas aqui, enquanto as matrículas cresciam em apenas 40%. A assembleia de Michigan, por exemplo, em 1921, aumentou sua dotação para a universidade em mais de 50% e ao mesmo tempo aprovou 5,1 milhões de dólares em gastos de capital – uma soma quase igual a todo o gasto estadual em toda a história da instituição. Na maioria das universidades de pesquisa privadas, a renda das mensalidades e doações mais do que dobrou, enquanto as matrículas cresciam ainda menos do que nas escolas estaduais.

Clark Burton (1995, p.127) enfatiza o papel estratégico que as fundações privadas tiveram na construção de uma base econômica para a pesquisa acadêmica, nesse momento de formação. As fundações não se limitavam mais a patrocinar estudos e prover apoio ocasional a instituições autônomas. Passaram a assumir responsabilidades na construção de estruturas de pesquisa para universidades, incluindo algumas estaduais, como Michigan, Wisconsin e Califórnia. Numerosas iniciativas foram tomadas por essas fundações, principalmente a Rockfeller e a Carnegie, buscando elevar os patamares da ciência acadêmica (Clark, 1995, p.127).

Como visto anteriormente, as universidades de pesquisa – que já assumiam relevo internacional – pareciam ter um modo específico e focalizado de crescimento. Mas o sistema, no conjunto, passava por uma grande transformação. Levine (1986, p.38) chega a dizer que "a Primeira Guerra Mundial foi o ponto de decolagem na história da educação superior norte--americana", algo que seus números parecem corroborar, conforme registramos anteriormente. Por esse motivo, afirma que essa foi uma *"United States' first era of mass higher education"* ["a primeira era de educação superior em massa dos Estados Unidos"] (ibidem, p.39).

Esse fenômeno surpreendia a velha Europa:

> Em 1925, quando cerca de oitocentas mil pessoas de uma população total de 117 milhões de norte-americanos estavam matriculadas na faculdade, apenas cerca de 46 mil dos 43 milhões de britânicos e 68 mil dos 63 milhões de alemães frequentavam a universidade. Em 1930, um educador afirmou que havia mais pessoas acima de quatorze anos na escola nos Estados Unidos do que em todos os outros países do mundo combinados. Embora a maioria deste crescimento nas matrículas tenha se dado em áreas práticas que os europeus ainda não reconheciam como de interesse legítimo para instituições de ensino superior, eles reconheciam que esta expansão era uma inovação que eles logo poderiam ter que imitar. A Primeira Guerra Mundial tinha provado que o futuro da sociedade moderna estava inextricavelmente atado à ampla difusão do ensino e da pesquisa, e que os pragmáticos norte-americanos tinham nisso uma vantagem. (ibidem, p.42-3)

Vários analistas apontam para o incremento da demanda vocacional no ensino superior. Entre os segmentos que mais cresciam naquela fase, Geiger lista as escolas de Administração e de Engenharia. Os programas que preparavam professores também cresciam, aparentemente turbinados pelo fato de muitos estados regulamentarem essa carreira como profissão de nível superior. A aspiração ao *college*, tematizada por Levine (1986, p.40-1), tem um componente vocacional muito forte:

> A retórica da guerra legitimou o interesse dos alunos numa educação universitária com um viés decisivamente vocacional. Estudos mostraram que quase dois

terços dos graduandos norte-americanos vão à faculdade para se preparar para uma profissão ou ocupação específica.

A Primeira Guerra Mundial deu início à proliferação de tópicos oferecidos pelos *colleges* norte-americanos. Governo e empresas agora forneciam de bom grado apoio a cursos em áreas de estudo técnicas. Como resultado, na maioria das instituições de ensino superior, a força relativa das tradicionais artes liberais declinou em favor dos cursos vocacionais. O Departamento de Educação relatou ao final da guerra que *colleges* e universidades eram "forçados pela demanda pública a adicionar inúmeros currículos profissionais, como comércio, jornalismo, e as várias variedades de engenharia". Entre 1918 e 1925, 143 novos departamentos de comércio foram abertos nas faculdades; só quarenta programas como esse existiam antes da guerra. As matrículas em engenharia saltaram de 29.784 para 49.139 entre 1918 e 1920, um crescimento de 65%.

A REGULAÇÃO NO NÍVEL ESTADUAL

No que diz respeito à sistematização, isto é, a passagem da coleção de instituições para um sistema ordenado e regulado, o processo decisivo ocorre no nível dos estados. Os sistemas estaduais vão se estruturando e, dentre eles, o da Califórnia, já nos anos 1930, desponta como um modelo, uma vanguarda. Em 1932, o Congresso estadual encomendou à CFAT um estudo que orientasse a estruturação do seu setor público de educação superior. O relatório é, aparentemente, a mais franca e pioneira verbalização de uma filosofia para esse sistema, isto é, da proposta de diferenciação institucional clara e hierárquica.

Levine (1986) sublinha que o estudo sugeria um corpo de planejamento científico para o conjunto da educação superior do estado, papel que deveria caber ao corpo de Regents of the University of California, retirando-o da mão dos empreendedores educacionais locais e das lideranças políticas. Aparentemente, a ideia visava tornar o sistema menos caótico e financeiramente mais razoável, evitando sempre que possível as duplicações de cursos, missões, escolas. Recomendando seletividade nos níveis superiores dos *colleges* e escolas profissionais da University of California, o relatório tornava explicita a ideia de reduzir a competição inconveniente, evitando a "superprodução". Nessa visão, diz Levine (1986, p.170), os novos *colleges* estaduais atenderiam a demandas regionais e os *junior colleges* seriam encarados como uma espécie de extensão da educação secundária. Essa diferenciação do ensino superior público seria, então, uma resposta ao aumento da demanda e à necessidade de explorar os talentos e interesses dos jovens.

O relatório tinha um viés claramente hierarquizante. Procurava demarcar com nitidez os diferentes tipos de instituição. Desse modo, recomendava que apenas a University of California, *campus* de Berkeley, tivesse programas de doutorado. E que o *campus* de Los Angeles ficasse limitado aos diplomas de mestrado. Os *"teachers' colleges"* poderiam conceder mestrados apenas no campo de educação. O relatório propunha ainda o fechamento de algumas escolas (como o Instituto Politécnico da Califórnia – sediado em San Luis Obispo). E o treinamento para profissões médias ou inferiores às escolas profissionais de longa duração (Engenharia, Medicina, Direito) deveria ser reservado aos *colleges* de curta duração – *junior colleges, two-year colleges*. Aliás, esses teriam precisamente essa missão e esse limite, ainda que permanecendo no sistema de ensino superior (ibidem, p.171). Os líderes da University of California, aparentemente, tinham papel decisivo no desenho desse plano:

> Dirigindo esse Sistema estava Robert G. Sproul, presidente da University of California. Sproul declarou apoio a um sistema público de educação que oferecia a oportunidade de ensino superior para todos, mas, igualmente importante, ele também acreditava que o sistema educacional do estado devia e podia replicar a distribuição natural de talentos e necessidades na sociedade. Insistindo que "a universidade é projetada principalmente para um tipo de mente e o *junior college* para outro", ele concluía, "o que precisamos é [...] não mais *colleges* e universidades do tipo tradicional, [...] mas instituições completamente diferentes que vão treinar adequadamente aqueles alunos e levá-los a sua vida profissional mais cedo" (ibidem, p.172)

A ideia de estratificação do sistema era clara, sobretudo quando se delineava o papel especifico dos *colleges* estaduais, comparado com o da universidade:

> O *college* estadual deveria preparar para atividades como o ensino, o serviço público de nível médio, economia doméstica, jornalismo, serviço bibliotecário, enfermagem, gestão de pessoal, serviço policial, serviço social psiquiátrico, e outros serviços de bem-estar social, uma vez que cada uma dessas áreas era periférica aos interesses adequados a uma universidade. Além disso, os *colleges* estaduais não deveriam ser desviados de suas funções apropriadas pelo crescente interesse em pesquisa nas universidades. A base do currículo do *college* estadual deveria ser um estudo integrado da ordem econômica e social que mostrasse as relações orgânicas entre a personalidade individual, o método científico, o padrão social democrático norte-americano e o treinamento para estas profissões liberais. Essas instituições orientadas para o estudante, como eram chamadas, deveriam enfatizar "o raciocínio cooperativo", não a criação de conhecimento novo. Nem deviam elas cultivar a capacidade de liderança, é claro, uma vez que outras instituições com outros estudantes desfrutavam logicamente desse privilégio e responsabilidade. Socialização era claramente a primeira prioridade das instituições nesse nível. Na teoria, quando

não na prática, o *college* estadual tinha um mercado definido, que o distinguia da universidade, acima dele, e dos *junior colleges*, abaixo. (ibidem, 1986, p.173)

OS DILEMAS DO SISTEMA

Como registramos anteriormente, esse processo de diferenciação institucional designava, claramente, um lugar bem delimitado para cada tipo de instituição, inclusive para os *two-year* ou *junior colleges*. Mas também os dilemas internos das universidades de pesquisa, sua busca de uma identidade própria, pareciam sugerir um rumo e uma identidade para os demais tipos de instituição, inclusive os *junior colleges*. Os dilemas das principais escolas apareciam nas discussões sobre a difícil combinação entre ensino e pesquisa.

Geiger registra algumas ponderações graves dos líderes de universidades de pesquisa, de associações e de organizações filantrópicas influentes nessa área. Dois julgamentos eram importantes nesses depoimentos:

- as universidades norte-americanas eram *"teaching universities"*, fortemente marcadas pela vertente ensino, com cargas de aulas bem superiores a suas similares europeias;
- os estudantes ingressantes norte-americanos eram menos maduros do que seus equivalentes europeus, com a famosa e repetida lembrança de que nos Estados Unidos inexistiam instituições similares ao *gymnasium* alemão e ao liceu francês.[2]

Os presidentes das principais universidades pretendiam mudar esse quadro e fazer deslanchar a pesquisa. O que fazer? Separar os dois ciclos, privilegiando um deles? Aceitar apenas alunos mais maduros? Isso significaria transferir a formação inicial (os dois primeiros anos) para alguma outra instituição ou um departamento preparatório da universidade?

O nervo da questão parecia ser o equilíbrio (ou desequilíbrio) entre tempo de sala de aula e tempo de pesquisa. Esse debate foi intermitente nas duas primeiras décadas do século. E quem mais sentia o dilema e as pressões resultantes eram os presidentes das grandes universidades. Alguns dos expedientes vão aparecendo, como soluções temporárias. Um deles era promover uma espécie de divisão da graduação em duas carreiras: o professor-pesquisador e o professor-professor (mais voltado para a graduação). Outro experimento era o emprego de estudantes de pós-graduação

---

[2] Diz o estudo de Geiger (1986, p.68): "A universidade norte-americana é enfaticamente uma universidade de ensino", declarou David Starr Jordan em 1906. Na verdade, comparada à ênfase nos exames das universidades britânicas e francesas ou com o escopo permitido à pesquisa nas instituições alemãs, isso era certamente verdade. Os alunos norte-americanos ingressavam na universidade com muito menos preparo do que seus colegas europeus e eram, portanto, muito mais dependentes de seus mentores para a instrução básica.

como assistentes, responsabilizando-os pelos cursos introdutórios, um procedimento que, décadas mais tarde, se expandiria enormemente. De qualquer modo, o problema em geral persistia, mesmo quando atenuado. Depois da guerra, o debate parece ter ganhado um ingrediente novo, diz Geiger (1986, p.117):

> Em parte como resultado da ascensão do *junior college*, parecia haver agora uma possibilidade realista de dividir a educação universitária em dois. O trabalho preparatório básico poderia ser feito durante os dois primeiros anos, numa seção separada da universidade ou em um *junior college*. Os dois últimos anos poderiam então ser devotados ao trabalho verdadeiramente universitário em áreas acadêmicas ou escolas profissionais. A única perda sob tal sistema seria o sistema tradicional de colleges.

Aos poucos, o conjunto mudava, o ambiente se reconstruía, com o progressivo crescimento de novos atores, *os junior colleges*. Dados compilados em Cohen e Brawer mostram que havia apenas oito desses *colleges* em 1901. Em 1939 já somavam 575. As matrículas também cresciam. Com base em diversas edições dos *Statiscal Abstracts* do United States Census Bureau, disponíveis online, montamos os Gráficos 2.3 e 2.4. Neles notamos alguns fenômenos: 1) um crescimento notável das matrículas nessas quatro primeiras décadas do século; 2) o número de *junior colleges* (JC) públicos quase alcança o de escolas privadas; 3) o número de matrículas em JC públicos supera largamente o das escolas privadas, isto é, os JC públicos são unidades bem maiores.

Gráfico 2.3 – Crescimento dos *junior colleges* (1918-1940)

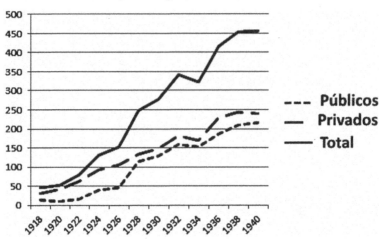

Fonte: elaboração própria. Census Bureau, Statistical Abstracts, diversas edições.

Gráfico 2.4 – Matrículas nos *junior colleges* (1918-1940)

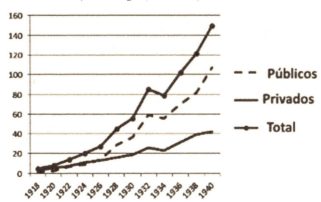

Fonte: elaboração própria. Census Bureau, Statistical Abstracts, diversas edições.

Percebe-se, portanto, a criação de um novo ambiente, com novos atores e experimentos nos dois primeiros anos da graduação, o que parece dar outro alento às iniciativas em curso nas grandes universidades de ponta. Essas iniciativas consistem em pequenas reformas, ao invés de completa reestruturação da graduação, como pretendiam alguns dos líderes acadêmicos. Em um balanço geral, Geiger (1986, p.117) avalia que, perto de 1930, a maioria das universidades tinha adotado, de fato, alguma divisão formal entre os dois anos iniciais e os dois finais da graduação, mas era algo que estava distante das tentativas de separação radical, que alguns líderes das universidades de pesquisa pareciam preferir.

Como em muitas outras facetas da história norte-americana, as mudanças incrementais, a evolução mediante tentativa-erro firmavam soluções para problemas, consolidando um pragmatismo que se tornou quase uma identidade das políticas públicas do país. Veremos, a seguir, como essa disposição foi sacudida pela conjuntura do pós-guerra, que exigia e propiciava atitudes mais enérgicas. O *New Deal* rooseveltiano, certamente ajudado pela conjuntura da Guerra, federalizou decisivamente o país e concentrou enormes poderes no braço executivo sediado em Washington. Seus resultados foram sentidos na transformação quantitativa e qualitativa do sistema de pesquisa e educação superior.

3
A MASSIFICAÇÃO DEPOIS DA SEGUNDA GUERRA MUNDIAL

Martin Trow identifica a Guerra Civil como um divisor de águas na história norte-americana e, também, na história de sua educação superior. Em certo sentido, a Segunda Guerra Mundial é outro desses grandes redefinidores da epopeia norte-americana, um terremoto que redesenha não apenas a superfície da sociedade, mas várias de suas camadas geológicas. Olhando em perspectiva, algumas das transformações provocadas por esse terremoto podem ser listadas, na medida em que interessam ao exame de nosso objeto, a educação superior. Assim, podemos dizer que a Guerra altera:

1) O Estado norte-americano. Amplia sua presença na economia, como grande comprador de bens e serviços, como produtor de alguns desses bens, como operador de redistribuições de renda e riqueza, como regulador de atividades econômicas e sociais em geral.

2) As estruturas ocupacionais, a estratificação das rendas e riquezas, as expectativas e hábitos dos diferentes segmentos da sociedade. Assim, salta à vista a massiva entrada da mulher no mercado de trabalho formal, com suas consequências econômicas, sociais e culturais. Também é visível o impacto da guerra nas relações raciais, isto é, na potencialização e no novo sentido da "questão negra", em um crescendo que desemboca nos conflitos do início dos anos 1960.

3) A educação. Sucessivas reformas e iniciativas são promovidas pelo governo federal, cada vez mais envolvido com esse campo. Trata-se de um momento de expectativas crescentes, ligadas à mobilidade social e geográfica e, também, às demandas da nova economia dos

"gloriosos 25 anos". Exacerba-se a definição de um ensino superior dividido em três ramos (os *three tiers*) do sistema: (a) um rol seleto de universidades de pesquisa; (b) grandes sistemas universitários estaduais com ensino massivo e avançado; (c) uma rede cada vez mais capilarizada de *community colleges*. Reduz-se o fosso gritante entre concluintes de *high school* e matrículas do ensino superior. Se o século XIX pode ser qualificado como o século da aspiração pelo acesso universal à escola elementar, na primeira metade do século XX esse patamar sobe para a *high school*. Depois da guerra, o *college* toma esse lugar no sonho americano.

Neste capítulo procuramos expor as iniciativas federais que transformam quantitativa e qualitativamente esses sistemas de três ramos, exacerbando a divisão entre pesquisa e ensino. Em especial, destacamos o GI Bill – promotor de crescimento do ensino, sobretudo em dois daqueles ramos do sistema (as universidades estaduais e os *community colleges*). Ao lado dele, evidencia-se o peso determinante da "pesquisa programática" federal, ou simplesmente de interesse militar. Esse investimento em pesquisa foi muito concentrado no primeiro segmento, as tradicionais universidades de pesquisa. Contudo, várias universidades estaduais entram nesse setor avançado. Nessas universidades de ponta, destacam-se alguns institutos e departamentos, e, principalmente suas Organized Research Unities (Orus) [Unidades de Pesquisas Organizadas] incorporadas às universidades, mas dotadas de relativa autonomia financeira e administrativa.

Assim, retomando o que dissemos antes, esse período do pós-guerra pode ser subdividido nas seguintes fases:

1) 1945-1970 – A era dourada do sistema. Universidades de pesquisa (públicas e privadas) se agigantam com recursos federais – formando-se um complexo industrial-militar-acadêmico e, parcialmente, da saúde, com o apoio do National Institute of Health (NIH), o setor federal de saúde pública. O ensino de graduação se massifica, com políticas como o GI Bill e as bolsas e créditos federais. Esse é também o momento de expansão dos *two-year colleges*, agora como *community colleges*, principalmente *public community colleges*.

2) 1970-1980 – Encerrados os "gloriosos 25 anos" do pós-guerra, o sistema experimenta sua "travessia do deserto". Universidades de pesquisa ainda recebem muitos recursos de pesquisa federais, mas passam por readequação. Começa a fase das anuidades altas combinadas com grandes sistemas de crédito estudantil e endividamento das famílias – o que Geiger chama de era de *"high tuitions & high aid"* [altas mensalidades e alto financiamento]. *Community colleges* começam a aparecer como praticamente o único segmento cujas matrículas mostram nítido crescimento.

3) 1980 em diante – As universidades de pesquisa, principalmente, buscam um novo modelo. Cresce a pesquisa comercial encomendada; há um período curto (anos 1980) de retomada da pesquisa militar de grande porte; o crescimento dos *community colleges* segue adiante, mas eles são cada vez mais transformados pelas mudanças de público, expectativas e padrões de financiamento. Também eles procuram seu novo perfil.

A seguir, narramos o crescimento inédito e sem par do sistema, francamente bombeado pela ação federal, elemento que faz a diferença. Em seguida, mostramos a massificação do ensino superior, com o GI Bill e as políticas para os *community colleges* e universidades estaduais. Agregamos algumas notas sobre o desenvolvimento exponencial da pesquisa e da pós-graduação sob o guarda-chuva da guerra (fria ou quente). As realizações da era dourada enfrentam, em seguida, a difícil travessia dos anos 1970. Nas últimas décadas do século, as instituições buscam um novo modo de existir, principalmente um novo modo de financiar sua sobrevivência em ambiente mais hostil. Um exame mais detido do período pós-1980 fica para um próximo capítulo.

Vejamos, aqui, o crescimento da era dourada e a manifestação de seus limites.

UM CRESCIMENTO INÉDITO E SEM IGUAL NO MUNDO

Nos três ramos aqui mencionados, as instituições públicas cresceram mais em número de matrículas, sendo responsáveis pela massificação e, também, pela capilarização do sistema, isto é, pela sua cobertura e acessibilidade.

Os sistemas estaduais expandiram-se explorando várias e distintas formas de instituições, com diferentes origens, modos de organização e missões. Por um lado, vemos as grandes universidades líderes, escolas que se candidatavam (e conseguiam chegar) ao seleto grupo das universidades de pesquisa do país. Firmaram-se com projeção internacional, verdadeiras *"worldclass institutions"* [instituições internacionais], na Califórnia, em Michigan, Wisconsin etc. De outro, multiplicaram-se as redes de *community colleges*, cada vez maiores. Por fim, ainda dentro desse subconjunto, temos uma série de *colleges* e universidades regionais que descendiam de antigas escolas normais (ou *teachers colleges*), de Agricultura, Administração ou Engenharia. Na segunda metade dos anos 1960, depois de cuidadosa pesquisa de campo, em *Colleges of the forgotten Americans. A profile of State colleges and regional universities*, Edgar Alden Dunham (1969) fez um retrato vivo deste último grupo, que atinge um universo nada desprezível da América profunda.

Ao longo do século XX, as matrículas do setor público foram subindo sempre mais rapidamente do que no setor privado. O conjunto do setor público respondia por 20% do total de matriculas por volta de 1900 e, no final dos "gloriosos 25 anos" do pós-guerra, em 1970, chegava aos 70%. O ponto de virada foi a conjuntura imediata do pós-guerra. E um fator-chave era o custo para o estudante. Mas não apenas. *Community colleges, campi* avançados das grandes universidades e escolas regionais dos "norte-americanos esquecidos" chegavam ali onde precisavam chegar, expandindo-se bem além da privilegiada fração de terra do nordeste (Nova York, Massachusetts, Pensilvânia etc.). O comentário de Dunham (1969, p.92-3) é indicativo. Seus levantamentos indicam que no máximo um terço dos calouros dos *colleges* vinha de áreas metropolitanas. A base dos *colleges* continuava a ser a cidade média, a pequena localidade, as áreas rurais.

> Números interessantes aparecem quando se examinam o passado educacional, a ocupação e a renda familiares. Apenas 12% dos pais de alunos dos *colleges* estaduais têm um diploma de faculdade, a porcentagem mais baixa de qualquer das categorias de instituições exceto os *colleges* de dois anos. Vinte e seis por cento dos pais são trabalhadores qualificados ou semiqualificados; outros 26% estão nos negócios, o que em outros tipos de *colleges* é de longe a ocupação principal da maioria dos pais. Encontramos poucos filhos de profissionais. A renda estimada dos pais conta a estória verdadeira: 38% dos alunos informam renda familiar inferior a 8 mil dólares; de fato, 8% informam renda inferior a 4 mil dólares. Esses números se comparam aos dos *colleges* públicos de dois anos e estão em agudo contraste com a renda mais elevada registrada em outros tipos de instituições. Como se pode esperar, uma porcentagem mais elevada de alunos dos *colleges* estaduais do que de outros *colleges* de quatro anos afirmam que a poupança pessoal ou o emprego são a principal fonte de apoio financeiro durante o primeiro ano de faculdade – 28%. Ao mesmo tempo, o auxílio dos pais ou da família é menos recorrente em outras universidades e *colleges* de quatro anos. (ibidem)

No final da primeira metade do século, porém, o sistema já era assombrosamente amplo e mostrava sinais de dinamismo tipicamente empresariais, fundado na combinação de escala e escopo que os trabalhos de História Econômica de Alfred Chandler identificaram como eixo organizador das grandes corporações. Entre 1900 e 1950, não cresceram apenas as universidades de pesquisa privadas, as estrelas do sistema. Um punhado de grandes universidades públicas juntou-se a esse pelotão. Estas últimas deram outra cor ao conjunto, já que expandiam fortemente o acesso à graduação, enquanto as escolas privadas cresciam mais no campo da pós-graduação e das escolas profissionais de prestígio (como Medicina e Direito). A ampliação dos sistemas estaduais públicos diversificou o conjunto e tornou-o mais próximo do norte-americano médio. Assim, de cada cem cidadãos que nasciam em 1900, apenas dez ingressavam numa faculdade e quatro concluíam o curso. Em 1950, esses números explodiam: 50% ingressavam, 24% concluíam (Goldin; Katz, 2011, p.283).

Como observamos, o setor público cresceu mais do que o privado, dando ao sistema um grau de cobertura ímpar no mundo. Mas isso tinha um custo significativo. Grande número de estados encontrou uma receita pronta para expandir o sistema: a rede hierárquica de um estado pioneiro, a Califórnia. Desde as primeiras décadas do século XX, a Califórnia estava na vanguarda na expansão de escolas superiores públicas, inclusive de *two-year colleges*. No final dos anos 1950, o executivo, legisladores e líderes acadêmicos buscaram enfrentar o enorme crescimento da demanda, que ameaçava tornar financeiramente inviável o sistema. Daí resultou o California Master Plan, liderado por Clark Kerr e efetivado em 1960. O plano era ao mesmo tempo uma garantia de acesso massificado e de capilarização geográfica. Mas era também uma clara forma de estratificar e hierarquizar esse acesso. Assim, entre os demandantes (estudantes concluintes da *high school*), apenas os 12,5% superiores teriam acesso às duas prestigiosas universidades estaduais; outro pelotão (20%) poderia ingressar nos *colleges* estaduais. Os demais (dois terços) teriam garantido acesso a *colleges* de dois anos, com possibilidade de transferência para escolas de longa duração, se comprovassem mérito (Goldin; Katz, 2011, p.279-80).

A maioria dos estados viu essa *California Idea* como um modelo a seguir. E seguiu. O enorme crescimento dos *community colleges* públicos foi um dos resultados.

Essa formula não apenas massificava o ensino superior, mas abria espaço para um salto qualitativo no desenvolvimento de universidades públicas. Como dissemos, várias delas ingressavam no seleto grupo das instituições de pesquisa. Goldin e Katz (2011) sugerem que um indicador do grau de hierarquização dos sistemas estaduais é o percentual de estudantes matriculados em seus *two-year colleges*. Curiosamente, os estados mais hierarquizados não apenas eram os que tinham maior índice de cobertura, mas também os que conseguiam encaixar suas universidades estaduais no pelotão de prestígio:

> Havia dezessete universidades estaduais entre as cem melhores universidades do mundo em 2006, e doze delas estavam em estados que tinham uma taxa de matrícula em *colleges* de dois anos acima daquela da média dos estados. A evidência sugere que estados com estruturas hierárquicas conseguem alocar mais fundos para pesquisa e construção de um ótimo corpo docente nas suas instituições líderes do que estados com estruturas não hierárquicas. Estados com hierarquias mais afinadas também podem concentrar melhores graduandos nas melhores instituições e têm programas de pós-graduação superiores. Ao mesmo tempo, eles conseguem obter

o apoio dos contribuintes ao fornecer instituições de ensino superior menos caras para a maioria dos habitantes do estado. (Goldin; Katz, 2011, p.282)

Expansão das universidades e da rede de *community colleges*: eis aí duas linhas de eventos que parecem muito ligadas. Mas como? Desenvolvem-se grandes e férteis estruturas de pesquisa *porque* se criavam *community colleges* (ou *também* por essa razão)? As universidades de ponta ascendiam porque os *community colleges* filtravam os ingressantes, protegendo-as? Ou porque eles estendiam a rede de identificação de talentos? Independentemente de planos e intenções, os dois movimentos parecem conviver. Amplia-se o recrutamento, é certo, mas filtra-se a ascensão. Muitos são chamados, mas poucos os escolhidos? São poucos os escolhidos porque muitos os chamados? Ou se tem um bom número de escolhidos porque muitos foram chamados? Muitas dessas perguntas ainda suscitam ferventes debates, sobretudo em torno do papel – positivo? Negativo? Progressista? Conservador? – dos *community colleges*.

AÇÃO FEDERAL, UM DIFERENCIAL RELEVANTE

Frederick Rudolph (1990) destaca um traço fundamental desse período, a formação de um consenso ou de um acordo tácito quanto ao novo papel do governo federal, depois da Segunda Guerra Mundial. A questão não era mais "se" deveria, mas "como" deveria ter esse papel central. Os números da ação federal foram cada vez mais evidentes. Rudolph lembra que, nos anos imediatamente seguintes a 1957, um quarto do custo da construção de *campi* foi pago por fundos federais. Nos anos 1960, uns 20% dos custos de operação eram garantidos pelo governo federal, mesmo nas escolas privadas: Harvard tinha 25% de seus gastos nessa condição. O governo federal patrocinava 70% da pesquisa acadêmica e milhões de dólares escorriam para a ajuda a estudantes (empréstimos e, sobretudo, bolsas, nessa fase). Cada vez mais, diz Rudolph (1990, p.490), parecia haver uma lógica férrea por detrás dessa tendência: o apoio governamental à educação superior era empurrado pela aceleração da revolução científica e pelo enfraquecimento do paroquialismo e do patrocínio local e privado, incapazes de responder ao desafio de financiar essa expansão da educação superior para a metade dos jovens do país.

Algumas das políticas federais vinham já da organização *para* a guerra. É o caso da pesquisa programática financiada pelas agências de Defesa – sob a batuta de Vanevar Bush, o assessor de Franklin D. Roosevelt. Comandante da pesquisa de guerra, Bush trataria de estender essa política para os tempos de paz. Voltaremos a esse aspecto mais adiante. As mudanças foram visíveis também no terreno do ensino propriamente dito.

Já de início, o presidente Harry S. Truman, sucessor de Roosevelt, criou um fato político, instalando uma comissão de especialistas para estudar o tema e propor diretrizes. Esse trabalho resultou em um alentado relatório com análises e recomendações, mas que não continha determinações precisas, uma vez que a comissão não tinha poderes legisladores ou executivos. De qualquer modo, o pensamento da equipe refletiu a realidade do momento e, ao mesmo tempo, avançou e consolidou um ponto sem retorno: o governo federal tomava como sua a responsabilidade de massificar a educação superior e deixava claro que uma instituição privilegiada para isso seria o *two-year college*, sintomaticamente não mais apelidado de *junior college*, mas, de *community college* – e, na pena de vários de seus propagandistas, de *"comprehensive community college"*, para indicar suas múltiplas missões e públicos.

Pode-se dizer que a primeira medida concreta, aquela que envolvia legislação específica e verbas significativas, foi decorrente de preocupações não diretamente educacionais. Trata-se do GI Bill, apelido popular da lei de reinserção do pessoal que fora mobilizado para a guerra. O GI Bill era uma resposta a um problema latente, que já fora verdadeiro pesadelo em ocasiões anteriores e não apenas nos Estados Unidos: as inquietações dos veteranos, famosos pelas suas marchas e manifestações. Essa iniciativa foi um marco na história educacional norte-americana. Vejamos mais de perto.

O GI BILL

Figura 3.1 – GI Bill

Quando a Segunda Guerra Mundial terminou, duas realidades se afirmavam. Por um lado, a ideia de "vencer na vida" estava ligada ao ensino superior. No imaginário popular, a mobilidade social dependia desse ativo. De outro lado, o acesso limitado aumentava a percepção de que esse era um sonho difícil, senão impossível. Os obstáculos estavam ligados à raça e à religião,[1] mas, sobretudo, a recursos financeiros.

Nesse contexto surge o GI Bill, com uma motivação que não era propriamente educacional. A preocupação de Roosevelt era o impacto econômico da volta dos veteranos e a eventual instabilidade social e política que já se havia anunciado nos anos 1930, com a marcha dos veteranos em Washington, para não falar dos similares europeus.

A guerra mobilizara dezesseis milhões de pessoas, em uma ou outra atividade, no *front* ou na retaguarda. Desmobilizadas, essas pessoas eram candidatas ao desemprego e ao desajuste social.

O GI Bill era mais do que bolsa de estudo. Era um "pacote de bondades", incluindo serviços de recolocação profissional, ajuda aos desempregados, suporte a hipotecas de moradias, benefícios educacionais. No item educação, entravam anuidades, dinheiro para livros e taxas escolares em geral e um subsídio de manutenção. Os veteranos eram livres para escolher a escola que desejavam cursar – superior, média ou profissional. E as escolas eram livres para admiti-los sem ter condições fixadas pelo governo federal, como mudar seus programas e currículos. Mesmo assim, elas perceberam que precisavam mudar para atender o novo público que escolhia a escola, mas talvez não estivesse acostumado ao seu ambiente convencional.

As resistências ao programa apareceram logo e em lugares esperados. James B. Conant, presidente da Harvard University, profetizava lugubremente a derrocada dos padrões de qualidade. Robert M. Hutchins, da University of Chicago, era ainda mais dramático: via a nova lei como uma ameaça às universidades, um risco de que elas se deixassem "comprar" e corromper pelo dinheiro federal. A imprecação tinha algo de hipocrisia: o dinheiro federal que recebia antes – para ensino, treinamento de militares ou pesquisa encomendada – não era visto por Hutchins com a mesma preocupação.

Quando foi criada a lei, com todos aqueles possíveis benefícios, os mais otimistas estimavam que cem ou duzentos mil veteranos escolheriam

---

[1] Em algumas escolas e regiões, por exemplo, o controle estrito pela elite branca protestante limitava o acesso a católicos e judeus. Jerome Karabel (2005) mostra detalhes dessa situação em seu notável estudo *The chosen* – The hidden history of admission and exclusion at Harvard, Yale, and Princeton.

o caminho da escola. Foram surpreendidos com números assombrosos: perto de 2,2 milhões escolheram cursar faculdades e 5,5 milhões optaram por cursos vocacionais de outro tipo. O impacto específico sobre o ensino superior é chocante: quando se compara o total de matrículas de 1947 com o de 1944 se vê uma expansão de mais de 50%. Em 1947 nada menos do que a metade dos estudantes de ensino superior era constituída/de veteranos beneficiários do GI Bill. E a lei foi reeditada por ocasião das muitas guerras em que os norte-americanos se envolveriam a seguir (Coreia, Vietnã, Golfo etc.). Em um dos livros sobre o tema (Olsen, 1974), o autor observa que seu irmão fora beneficiário do GI Bill de 1945, ele próprio fora beneficiário do GI Bill da Coreia – e alguns dos estudantes que ajudaram na sua pesquisa eram beneficiários do GI Bill do Vietnã.

O sucesso do programa obrigou as escolas a prestar atenção em um novo público, feito de estudantes mais velhos, casados, defasados academicamente, mas com mais experiência de vida, outros hábitos e necessidades. As dificuldades e improvisações eram inevitáveis, no que diz respeito tanto às instalações quanto à contratação de mais e mais professores jovens e relativamente inexperientes.

Figura 3.2 – GI Bill, 1945: barracão improvisado como sala de aula

Fonte: <http://arcweb.sosstate.r.us/pages/exhibits/ww2/after/gi.htm>

Figura 3.3 – GI Bill: residências estudantis em construção, trailers e pré-fabricados.

Fonte: <http://houstonhistorrymagazine.org/wp-content/uploads/2013/13/03/GI-Bill.pdf>

Figura 3.4 – Balcão improvisado para residência estudantil de veteranos e solteiros

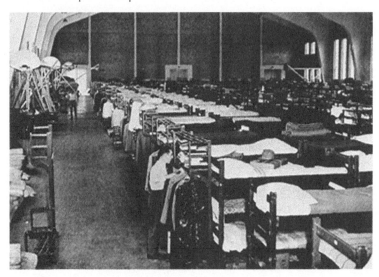

Fonte: Arquivo da University of Mayland

O resultado disso foi uma transformação radical do ensino superior norte-americano, massificado e dirigido a um público completamente novo. A massa de novos estudantes exigiu uma completa reestruturação das escolas – nas instalações como salas de aulas, laboratórios, bibliotecas, dormitórios, mas também nos professores, no modo de ensinar e nos comportamentos no *campus*.

As estimativas iniciais não foram surpreendidas apenas pelos números. Também as previsões catastrofistas quanto à qualidade dos estudantes foram completamente negadas pelos fatos. Os novos estudantes demonstrariam notável capacidade de aproveitamento acadêmico, conforme iria demonstrar um estudo especial patrocinado pela Carnegie Foundation for the Advancement of Teaching (CFAT), em 1947. O desempenho dos novos estudantes surpreendeu os mais renitentes críticos. O próprio James B. Conant, inicialmente pessimista, chegou a dizer que eles eram "os mais maduros e promissores estudantes que Harvard já teve".

O GI Bill democratizou profundamente a aspiração do *college*, isto é, a crença de que esse acesso era não apenas necessário, mas possível para todo jovem norte-americano, não somente para uma elite seleta. Mais ainda, a lei transformou o padrão de financiamento dessas escolas, por meio dessa linha de crédito, associada ao novo estudante. Esse padrão seria muitas vezes repetido no envolvimento do governo federal com a educação. Era, definitivamente, o pontapé decisivo numa certa federalização do ensino superior, não apenas da pesquisa. Com isso, Washington passa a merecer muito mais atenção das escolas e de seus *lobbies* e associações.

Se o Morrill Act (1862) pode ser visto com um marco na educação superior do século XIX, certamente seu equivalente, para o século XX, é o GI Bill.

NÃO SÓ DE GI BILL VIVE O ENSINO SUPERIOR

Além da lei dos veteranos, uma cadeia de intervenções federais foi dando suporte à aspiração (e já crença) de que "ir ao *college*" era um dado de realidade para o grosso da juventude norte-americana e para suas famílias, não apenas para suas camadas superiores. E tanto nas instituições privadas, quanto nas públicas, isso acontecia com muita injeção de dinheiro público, quer mediante o financiamento privilegiado para construção de instalações (inclusive dormitórios estudantis), quer por meio de repasses e subsídios diretamente a instituições, para gastos correntes com ensino, ou, depois, com bolsas e empréstimos às famílias. A provisão federal era visível nos trinta anos do pós-guerra:

> No começo da era, o governo como um todo contribuía com cerca de 16% da renda das instituições privadas e 69% das públicas. Ao seu final as instituições privadas estavam recebendo 29% do governo, enquanto que nas públicas a porcentagem tinha crescido para 79%. (Snyder, 1993, p.251-3)

Havia um fator decisivo para a massificação e para o predomínio das matrículas no setor público: o custo para as famílias. Nesse aspecto, essa era dourada é contrastante com as últimas décadas do século. Entre 1945 e 1970, as anuidades e taxas cresciam, sim, mas a renda média das famílias crescia mais – e a desigualdade entre estratos de renda registrava pequena diminuição (contrastando com o grande crescimento da desigualdade do final do século XX). Assim, custava menos para o orçamento das famílias manter o jovem no *college*. Estima-se que, entre 1950 e 1970, a anuidade numa universidade pública absorvia em média 4% da renda da família mediana (20% para as escolas privadas). Comparado com o período anterior e com o pós-1980, era uma pechincha (Goldin; Katz, 2011, p.279).

Como dito anteriormente, quando se comparam os "gloriosos 25 anos" com as décadas seguintes, o final do século XX, é visível uma polarização notavelmente mais forte na divisão das rendas. A desigualdade é crescente. Esse é um fator que certamente tem e terá impacto na evolução do sistema, com o endividamento das famílias (e das autoridades públicas) para pagar os custos do *college*. Essa polarização é assim representada no Gráfico 3.1, de Goldin e Katz, que aponta as diferentes velocidades de crescimento da renda nos diferentes estratos (*quintis*).

Gráfico 3.1 – Crescimento anual da renda real por classes de renda familiar (1947-1973 comparado com 1973-2005)

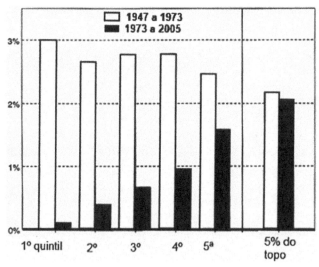

Nota: as famílias do Censo foram divididas em cinco estrados (quintis). O primeiro é o de mais baixx renda. Os valores foram convertidos em dólares constantes, para permitir a comparação entre períodos, descontada a inflação

Fonte: Reproduzido de Goldin; Katz (2011)

No segundo período (mais para o final do século XX e inícios do XXI), nos andares inferiores da sociedade, a renda cresce a velocidades muito pequenas, quando cresce. Em troca, nos andares superiores a velocidade é maior – o que resulta, acumuladamente, numa participação maior desses segmentos mais ricos na renda nacional.

Educação superior nos Estados Unidos

Essa crescente desigualdade tem impacto imediato e quase linear na educação. A elevação das anuidades é significativa, conforme indica o gráfico a seguir (Gráfico 3.2):

Gráfico 3.2 – Variação das anuidades (1930-2010)

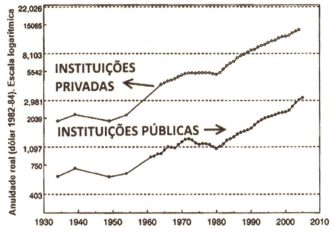

Fonte: Reproduzido de Goldin; Katz (2011, p.176)

Essa elevação dos preços da educação superior é contrastante com a renda média das famílias. No Gráfico 3.3 podemos ver que, mesmo nas escolas públicas, o gasto com anuidades consome um percentual cada vez mais significativo da renda familiar, com uma elevação brutal depois de 1980.

Gráfico 3.3 – Relação entre anuidades e renda média familiar

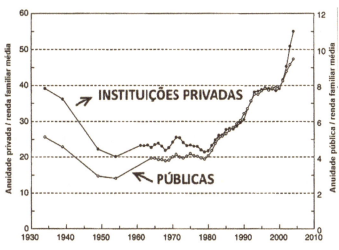

Fonte: Reproduzido de Goldin; Katz (2011, p.176)

63

Assim, a primeira fase do período, a era dos "gloriosos 25", pode ser justamente chamada de era de massificação do sistema, de ampliação fantástica de seus índices de cobertura.

É também um período de concentração, de aumento do tamanho médio das escolas. Com os dados fornecidos por Cohen (1998, passim), podemos construir indicadores gráficos dessa concentração, em número de estudantes e em renda total das escolas. No Gráfico 3.4, notamos que o número de instituições cresce, paulatinamente. Mas o número de matrículas simplesmente explode: o tamanho médio das escolas (em número de estudantes) é muito maior depois de 1945. Algo de similar ocorre quando tomamos outro número, a renda das escolas (Gráfico 3.5). A concentração é evidente.

Gráfico 3.4 – Crescimento de matrículas e número de instituições

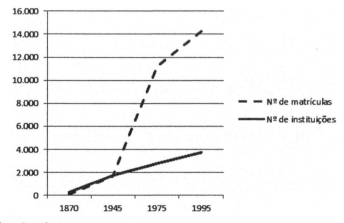

Fonte: elaboração própria

Gráfico 3.5 – Crescimento da receita média das instituições

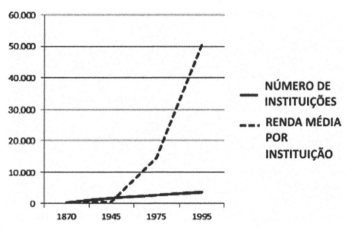

Fonte: elaboração própria

TRAJETÓRIA DA POLÍTICA FEDERAL PARA EDUCAÇÃO SUPERIOR

Existe um senso comum sobre os Estados Unidos – sobre sua política, sua economia e, também, seu sistema de educação superior – que tende a enfatizar a "ausência do Estado". Essa visão é em grande medida distorcida ou astigmática.

A primeira lente corretora a ser estabelecida refere-se ao peculiar desenho do Estado norte-americano, de seu federalismo – com a enorme importância que nele têm as esferas estadual e local. Talvez isto ajude a explicar um dos "erros de Tocqueville" apontados por Theda Skocpol (1997, p.455-79). Afinal, o sábio francês visitava a América no momento em que estados e governos locais alavancavam energicamente a construção da infraestrutura da economia e criavam as bases de um "país em desenvolvimento". Aliás, visitando o mesmo país, e na mesma época, o alemão Georg Friedrich List viu esse "detalhe" de um ângulo muito diferente.[2]

A mencionada visão antiestatista, contudo, precisa ser retocada, mesmo que concentremos nossa atenção apenas no governo federal, deixando em segundo plano a importantíssima atividade empreendedora e reguladora de estados e governos locais. A presença do governo federal na educação superior vem desde o nascimento da república. Ganha grande visibilidade com o Morril Act, de 1862, mas mesmo as medidas previstas por essa famosa legislação já vinham sendo antecipadas, com doações de terras para os estados e territórios, doações condicionadas à construção de escolas.

A intervenção, é verdade, sempre foi orientada por regras tácitas razoavelmente distintas daquelas que vigoraram em outros países: (1) a União, em geral, faz doações de vários tipos aos estados, para tais fins; (2) com muita frequência, a ação nesse campo, educação, é instrumental, com vistas a promover reformas sociais, corrigir desigualdades etc., ela não declina seu próprio nome, por assim dizer; (3) doações, subsídios e crédito estudantil não discriminam entre instituições públicas, privadas sem fins lucrativos ou, mesmo, instituições comerciais. Assim, o setor privado é com frequência fortemente alimentado por recursos públicos. No campo da pesquisa, analistas como Richard Nelson, David Mowery e Nathan Rosenberg, entre outros, têm salientado a distinção entre financiamento e execução, para salientar esses diversos arranjos entre público e privado, governo e indústria, governo e universidades ou governo e instituições sem fins lucrativos.

É certo que a Segunda Guerra ampliou consideravelmente a escala dessa intervenção e o grau de articulação entre Estado e instituições não estatais de educação e pesquisa. O envolvimento chegou ao ponto de, no final da Guerra, algumas dessas instituições terem cerca de metade de sua renda proveniente de recursos originados no Estado (doações, contratos, bolsas

---

[2] Para comentário mais detalhado dessa questão, ver Moraes; Silva (2014).

etc.). Mas há precedentes. Já lembramos, anteriormente, a criação em 1918 do Student Army Training Corps, um programa que alavancou e mudou significativamente vários *campi* acadêmicos.

Outro episódio relevante ocorreu com a Depressão pós-1929, quando o governo federal era praticamente empurrado a ensaiar iniciativas para resolver problemas sociais alarmantes, como aqueles retratados em filmes como *Bony & Clide* ou *A noite dos desesperados* e *Vinhas da ira*, para citar apenas alguns exemplos conhecidos do grande público. Pode-se até dizer que um dos problemas da Depressão acabou sendo solução para alguns: colocar ou manter os jovens na escola em uma época de poucos empregos, de modo que eles não "se perdessem" enquanto o novo ciclo de crescimento não chegasse. Um fundo especial de uma agência federal, a National Youth Administration (NYA) [Administração Nacional da Juventude] financiou faculdade para mais de seiscentos mil estudantes, entre 1935 e 1945, um programa que, de certo modo, anteciparia o já mencionado GI Bill (1944), que beneficiaria mais de dois milhões de veteranos, com bolsas para pagar faculdade, ajuda-desemprego, assistência médica.[3]

Outras medidas viriam para dar suporte às escolas superiores que recebiam essa massa estudantil. É o caso do Surplus Property Act [Decreto de Propriedade Excedente] (1944), que mediante renúncias fiscais e transferências permitia a aquisição de equipamentos e outros recursos. Ou o College Housing Loan Program [Programa de Empréstimo para Moradias Estudantis] (1950), que direcionava empréstimos de longo prazo e baixo custo para a construção de instalações (como os dormitórios e residências estudantis). É evidente que a isso se deve somar um gigantesco volume de dinheiro para pesquisa que resultava da guerra fria e da competição com a então União das Repúblicas Socialistas Soviéticas (URSS). Esse dinheiro beneficiava indiretamente o ensino, sobretudo o de pós-graduação, mas não apenas. Estima-se que, no início dos anos 1960, dois terços ou mais da pesquisa feita nas universidades dependiam desse tipo de suporte financeiro.

Em 1944, um fato político foi relevante para a história da educação superior norte-americana, um evento já mencionado e ao qual voltamos. O presidente Harry Truman encarregou o American Council on Education, liderado por George Zook, de elaborar um estudo sobre o futuro da educação superior – que foi publicado em 1947, *The Report of the President's Commission on Higher Education for American Democracy* [Relatório da Comissão Presidencial sobre Educação Superior para a Democracia Americana],

---

[3] O NYA anteciparia também outras políticas reformistas. Algo por vezes pouco reconhecido é o papel de Lyndon Johnson nessas políticas. Johnson, ex-professor primário no Texas, tornou-se diretor estadual do NYA e transformou o programa num modelo de sucesso. Anos mais tarde, presidente, ele próprio diz ter tomado essa experiência para os programas do *"War on Poverty"* [Guerra à Pobreza]. Os programas reformistas dos democratas, nos anos 1960, devem muito mais ao *cowboy* texano Johnson, tantas vezes minimizado, do que ao *glamour* e à retórica de John F. Kennedy.

dividido em seis volumes. O relatório pregava um aumento dos gastos federais para expandir o sistema e propunha a expansão da rede de *junior colleges* para que se tornassem *"community colleges"*. A mudança de nome não era casual. A nova denominação refletia uma ideia que era muito forte entre os administradores e ideólogos da nova escola, embora não tão apoiado pelos estudantes e suas famílias: o *two-year college* não seria apenas (nem principalmente) uma etapa *"junior"* da universidade, visando uma transferência para o *senior college*; seria também, principalmente para os dirigentes e ideólogos, uma escola "terminal", predominantemente vocacional. Um dos primeiros líderes do "movimento *junior college*", Leonardo Koos, acreditava mesmo que esse tipo de escola estava mais próximo do nível secundário do que do superior. A palavra *"community"* sugeria a ligação com as "necessidades da comunidade local", nomeadamente a formação de mão de obra, a formação dos cidadãos e a coesão social. Como dissemos, era mais do que uma mudança de nome.

Os anos do pós-guerra foram anos de muito investimento federal no ensino superior e na pesquisa acadêmica, não apenas pelo fantástico impacto do GI Bill. Em 1950, o Congresso federal criaria a National Science Foundation (NSF) [Fundação Nacional de Ciência]. E em 1958, em resposta algo dramática ao ameaçador avanço soviético (o legendário Sputnik), era promulgado o National Defense Education Act (NDEA) [Decreto Educacional de Defesa Nacional]. O fantasma da União Soviética parece ter sido muito útil para dobrar resistências à intervenção federal, rompendo objeções religiosas, ideológicas e particularistas. Com o ato, o governo federal injetava imediatamente um bilhão de dólares no sistema para expandir instalações e, principalmente, melhorar o ensino de ciências e matemática. Essas áreas de ensino vinham sendo objetos de mudanças fortes já no nível de *high school*, com materiais que, inclusive, chegaram ao Brasil – primeiro com os livros texto de Física do Physical Science Study Committee (PSSC)[4] e, depois, seus correspondentes de Química e Biologia. Os recursos do NDEA cobriam muitas atividades e frentes de intervenção – empréstimos aos estudantes de faculdade, com descontos para aqueles que lecionassem em escolas públicas; verbas para as escolas públicas e empréstimos para privadas, destinados a compra de equipamentos e atualização de material didático nos campos de Ciências, Matemática e Línguas Estrangeiras; bolsas de pós-graduação; programas para estimular o uso de televisão e outras novas tecnologias de comunicação com fins educativos etc.

O National Defense Education Act seria reeditado várias vezes e os recursos federais para o ensino de graduação se multiplicariam: 3,7 milhões de dólares em 1960, 8,5 milhões em 1970, e 12 milhões em 1980.

---

[4] Em 1956, professores do Massachusetts Institute of Technology (MIT) lideraram um grupo de físicos para renovar o ensino de sua disciplina. O PSSC produziu um conjunto de materiais que, nos anos 1960, foram introduzidos no ensino médio brasileiro.

Vale a pena registrar, ainda, que o crescimento das instituições, alavancado por essa massa de graduandos, refletiu-se nos níveis seguintes, nos *graduate programs* e na capacidade de pesquisa. A rede das chamadas universidades de pesquisa, que girava em torno de duas dúzias de instituições nos anos 1920, chegaria, nos anos 1960, a uma centena de escolas, muito maiores e equipadas.

A utilização, tácita ou declarada, de razões de segurança para implantar uma política de educação mostra, mais uma vez, que essa era uma prática usual e bem sucedida. Isso já ocorrera com o Student Army Training Corps (SATC) [Corpo de Treinamento dos Estudantes do Exército], a NYA, o GI Bill e, agora, com o NDEA. Porém, ao mesmo tempo em que facilitava a adoção dessas políticas, essa tática parecia tornar menos viável a formulação de uma política nacional coerente especificamente para a educação – e para a educação superior em particular.

A utilização da educação como parte de programas de reforma social reaparece no Higher Education Act (HEA) [Decreto do Ensino Superior] de 1965. Lyndon Johnson, recém-eleito presidente, queria aproveitar a força do início de seu mandato para deslanchar um conjunto de políticas sociais, a chamada *War on Poverty* [Guerra à Pobreza], e para isso montou vários grupos-tarefa para elaborar planos. O grupo de educação era presidido por John W. Gardner e reunia nomes como Clark Kerr, Francis Keppel, David Riesman, Ralph W. Tyler, Stephen J. Wright e Jerrold R. Zacharias (um dos líderes do mencionado PSSC). Eles primeiro redigiram o Elementary and Secondary Education Act (Esea) [Decreto da Educação Elementar e Secundária], que passou no Congresso muito rapidamente. Em seguida veio o HEA. O projeto de educação era parte essencial da *War on Poverty*, um caminho para a *Great Society* [Grande Sociedade], programa reformista do Partido Democrata.

Uma alteração importante na política federal para o setor foi introduzida a partir da edição 1965 do HEA e acelerada nos anos 1970. A lei de 1965 alterou profundamente a relação entre as instituições de ensino superior e o governo federal. Até então, os programas de financiamento fluíam diretamente para os centros de pesquisa, os programas de pós-graduação e a construção de instalações. Esse financiamento da pesquisa continuou a existir, concentrado em uma centena de universidades que recebem cerca de 80% dos recursos. O que há de novo, na lei de 1965, é a ampliação da ajuda financeira dirigida diretamente ao estudante, mediante bolsas, subsídios e empréstimos. Isso teria efeitos transformadores: a partir de então, estudantes beneficiados por esses programas tinham mais liberdade para decidir quais faculdades e universidades receberiam esses dólares. Isso criou um gigantesco consumo de massas centrado na educação superior. Mais do que nunca, o estudante virava consumidor de um bem que escolhia em um mercado de massas. Não surpreende que as transformações institucionais – as práticas e a administração das escolas – tenham ido para o rumo de "atendimento ao cliente".

Assim como não surpreende o surgimento de empresas de educação, o *for--profit sector* [setor com fins lucrativos] cada vez mais numerosas e maiores.

Um elemento importante na modelagem dessa política federal para educação superior – agora turbinada – era, precisamente, a percepção das instituições e de seus grupos de *lobby*. Basta ver o crescimento dos escritórios desses grupos em Washington DC, como as *Big Six* (principais associações do ramo), a American Association of Community Colleges (AACC) [Associação Americana de Faculdades Comunitárias]; American Association of State Colleges and Universities (AASCU) [Associação Americana de Faculdades e Universidades Públicas]; American Council on Education (ACE) [Conselho Americano de Educação]; Association of American Universities (AAU) [Associação de Universidades Americanas]; National Association of Independent Colleges and Universities (NAICU) [Associação Nacional de Faculdades e Universidades Independentes]; National Association of State Universities and Land-Grant Colleges (NASULGC) [Associação Nacional de Universidades Públicas e Faculdades Land-grant]. O ACE é uma espécie de coordenação entre elas, tentando produzir consensos e acordos para ações comuns junto ao Congresso e ao Executivo.

A adoção dessas políticas e a crescente força dos *lobbies* parecem ter influído no crescimento do United States Office of Education (USOE), o escritório presidencial voltado para a educação, resultando, enfim na criação do U.S. Department of Education (ED), durante o governo Jimmy Carter (segunda metade dos anos 1970). O ED mantém o importante National Center for Education Statistics (NCES) [Centro Nacional de Estatísticas de Educação], com seus grandes bancos de dados e pesquisas periódicas. Fonte que esta pesquisa, aliás, utilizou para consultas e confirmação de dados da literatura.

O HEA foi reeditado diversas vezes. A mais influente reedição, contribuindo em grande medida para dar uma nova cara ao atual quadro (do século XXI), parece ter sido a de 1972, pelos programas, regimes e regras que implantou. Um desses programas é o Basic Educational Opportunity Grant (Beog) [Oportunidade de Empréstimo para a Educação Básica] que se tornaria conhecido como *Pell Grant*. Esse programa acentuava enormemente a tendência de dirigir as ajudas e créditos não para as instituições, mas para os estudantes, que então escolheriam as instituições onde "comprar" o serviço educacional. Isso aprofundava em muito as disposições da lei de 1965, tornava seus efeitos ainda mais concretos. Outra inovação importante foi a extensão de escolas superiores "não tradicionais" para os programas de ajudas, créditos e financiamentos diversos. Isso inclui as escolas privadas com fins lucrativos e as técnicas e vocacionais. Sublinhe-se ainda a crescente ênfase em empréstimos (e não apenas bolsas e doações) como forma de impulsionar a educação superior, o que dá cada vez papel maior para as instituições de crédito – e cobrança.

O fim da era dourada, contudo, era mais ou menos visível. Burton Clark comenta essas oscilações, marcantes nos cortes do período1968-1978 e numa relativa recuperação em anos seguintes:

> O caminho do apoio federal para a pesquisa e a educação universitária, no entanto, não foi suave. A grande expansão em todas as linhas de apoio federal que ocorreu entre meados dos anos 1950 e o fim dos anos 1960 foi seguida por uma "década de estagnação". Na medida em que os governos conservadores, começando com a presidência de Richard Nixon, afastaram-se da pesquisa básica, os fundos para bolsas e contratos de pesquisa estancaram. Fundos para capital de pesquisa – "instalações de pesquisa e desenvolvimento" – foram drasticamente cortados, caindo de um pico de 126 milhões de dólares em 1965 para cerca de 35 milhões de dólares anuais durante os anos 1970. Bolsas para alunos de pós-graduação caíram bastante, de um pico de 447 milhões de dólares em 1967 para apenas 185 milhões uma década depois. Mas quando parecia que esse período de estagnação e declínio ia antecipar o futuro, houve uma reversão gradual, levando a uma década razoavelmente próspera depois de 1978. Em uma época de baixo crescimento no número de alunos e professores, a economia da pesquisa universitária cresceu mais de 50% em termos reais. O gasto em pesquisa e desenvolvimento acadêmicos cresceu durante uma década a uma taxa anual média de 12% (5% ao ano em dólares constantes), totalizando mais de 12 bilhões de dólares em 1987 para atividades de pesquisa e desenvolvimento em ciências e engenharia orçadas separadamente. Mais 1,8 bilhão de dólares (de todas as fontes) foi desembolsado naquele ano para investimento de capital em instalações e equipamento, um crescimento de 17% sobre o ano anterior. Para as universidades de pesquisa em geral os orçamentos de instrução cresceram em 30% em termos reais entre meados dos anos 1970 e meados dos anos 1980. (Clark, 1995, p.131)

O governo Reagan também promoveria cortes e redirecionamentos. Desde 1980, principalmente, o custo das taxas escolares vinha crescendo muito e a renda média das famílias baixava sistematicamente. A opção do governo Reagan foi endurecer as regras para os empréstimos, reduzir o montante e subir os juros e garantias exigidos.

Mas houve certa folga no período 1978-1987, no financiamento da pesquisa. Como? Clark (1995, p.131-2) esboça uma explicação:

> Se o empreendimento de pesquisa nas universidades norte-americanas foi muito mais vigoroso em 1990 do que uma dúzia de anos antes, o governo federal, na verdade, mereceu apenas parte do crédito. Durante esse retorno à prosperidade o aumento do apoio federal foi menor do que os aumentos de fontes não federais: para o período 1977-1987, 4% ao ano comparado a 7%, respectivamente. As fontes não federais, para gastos universitários em pesquisa e desenvolvimento orçados separadamente, cresceram de menos de um terço do total em 1977 para quase dois quintos em 1987: o quinhão do governo federal caiu de 67% para 61%. Enquanto que ao fim desse período o governo federal fornecia 7,3 bilhões de dólares, as outras fontes reuniam

não desprezíveis 4,8 bilhões de dólares. No topo da lista de provedores estavam as próprias instituições, capazes de fornecer 2 bilhões (em dólares de 1987). Em segundo lugar estavam os governos locais e estaduais, oferecendo mais de 1 bilhão de dólares. E todas as outras, incluindo fundações privadas, contribuíram com mais de 800 milhões de dólares. Essencialmente, para o item separado de investimento em capital ou infraestrutura de pesquisa, o 1,8 bilhão de dólares mencionado acima para 1987, mais de 90% veio de fontes não federais.

Outro traço distintivo do pós-Segunda Guerra Mundial – além do salto quantitativo – é a crescente importância das universidades estaduais no pelotão de elite da pesquisa. Clark lembra que as grandes estrelas privadas continuam a brilhar – Harvard, Stanford, Chicago, Yale, Cornell, Princeton, Columbia, Massachusetts Institute of Technology (MIT), California Institute of Technology (Cal Tech). Mas a seu lado erguem-se gigantes no campo do ensino público que, paralelamente, criam centros de pesquisa de primeiro nível. Em 1990, lembra Clark, a estadual UCLA tinha 36 mil estudantes, comparados aos dez mil de Yale. Michigan tinha 36 mil, Princeton, seis mil. Novas escolas ascendiam, em regiões antes desprovidas desse brilho – no Texas, no Arizona, na Geórgia. Elas se somavam a instituições já conhecidas de Wisconsin, Minnesota, Illinois. A lista de membros da seleta AAU – reproduzida no Quadro 3.1 com as datas de admissão – indica essa tendência, bem como uma maior dispersão geográfica.

Quadro 3.1 – Membros da AAU por data de filiação (1900-2010)

Instituição	Ano admissão
Columbia University	1900
Cornell University	1900
Harvard University	1900
The Johns Hopkins University	1900
Princeton University	1900
Stanford University	1900
University of California, Berkeley	1900
The University of Chicago	1900
University of Michigan	1900
University of Pennsylvania	1900
The University of Wisconsin-Madison	1900
Yale University	1900
University of Virginia	1904
University of Illinois at Urbana-Champaign	1908
University of Minnesota, Twin Cities	1908
University of Missouri-Columbia	1908

Continua

Reginaldo C. Moraes

Quadro 3.1 – *Continuação*

Instituição	Ano admissão
Indiana University	1909
The University of Iowa	1909
The University of Kansas	1909
The Ohio State University	1916
Northwestern University	1917
The University of North Carolina at Chapel Hill	1922
Washington University in St. Louis	1923
McGill University	1926
University of Toronto	1926
The University of Texas at Austin	1929
Brown University	1933
California Institute of Technology	1934
Massachusetts Institute of Technology	1934
Duke University	1938
University of Rochester	1941
New York University	1950
University of Washington	1950
Vanderbilt University	1950
Iowa State University	1958
The Pennsylvania State University	1958
Purdue University	1958
Tulane University	1958
Michigan State University	1964
University of Colorado Boulder	1966
Case Western Reserve University	1969
University of Maryland, College Park	1969
University of Oregon	1969
University of Southern California	1969
University of California, Los Angeles	1974
University of Pittsburgh	1974
Carnegie Mellon University	1982
University of California, San Diego	1982
Brandeis University	1985
Rice University	1985
The University of Arizona	1985
University of Florida	1985
Rutgers, The State University of New Jersey	1989

Continua

Quadro 3.1 – *Continuação*

Instituição	Ano admissão
University at Buffalo, The State University of New York	1989
Emory University	1995
University of California, Santa Barbara	1995
University of California, Davis	1996
University of California, Irvine	1996
Stony Brook University-State University of New York	2001
Texas A&M University	2001
Georgia Institute of Technology	2010

Se quisermos desenhar um quadro sinótico do sistema de ensino superior norte-americano, tal como se consolida já no final do século XX, ele teria a seguinte forma:

Figura 3.5 – Quadro sinótico da educação superior norte-americana em 2010

Fonte: US Dept. of Education, 2010

Assim, um sistema se firmara na era gloriosa (1945-1970), enfrentara um choque na década seguinte e, enfim, buscava novos caminhos no final do século. Esse novo período, porém, será objeto de outro capítulo.

PARTE II

COMMUNITY COLLEGES – A MASSIFICAÇÃO DO ENSINO SUPERIOR NOS ESTADOS UNIDOS

4
JUNIOR COLLEGE, UMA INVENÇÃO NORTE-AMERICANA (1901-1945)

APRESENTAÇÃO

Neste capítulo iniciamos uma descrição mais detalhada do ensino superior de curta duração nos Estados Unidos. De fato, o que se expõe é a história de uma invenção institucional norte-americana. *Junior college* e *community college* são dois nomes (e duas identidades) para o *two-year college* [graduação de dois anos], a faculdade que oferece dois anos de cursos superiores preparatórios ou vocacionais. Eles não são apenas uma parte do ensino superior daquele país – são a parte principal do ensino de graduação. Hoje, mais da metade dos calouros norte-americanos entram no ensino superior pela porta aberta do *community college*, sonhando mais tarde transferir-se e obter um diploma de bacharel em uma escola mais ambiciosa, um *four-year college* [graduação de quatro anos] ou uma universidade.

A inovação não se limitou aos Estados Unidos. Nos anos 1970, propagaram-se pelo mundo experimentos de ensino superior de curta duração ou de ensino superior não universitário, como tentativas de responder à pressão da demanda por educação pós-secundária. Fachhochschulen na Alemanha; Institutes Universitaires de Technologie na França; Further Education colleges na Inglaterra e na Austrália; colégios técnicos no México; *junior* e *community colleges* no Canadá, na Austrália, no Japão, na Coreia, na Iugoslávia – são variadas as denominações e formatos. Em muitos casos, trata-se de alguma forma de mimetismo institucional – o modelo norte-americano atraia atenções. Por vezes, era até mais do que um mimetismo. Tome-se o caso do Japão. Não deixa de ser revelador que a Autoridade de Ocupação norte-americana, chefiada pelo famoso general MacArthur, tenha levado para sua equipe nada menos do que o presidente da Associação de Junior Colleges dos Estados Unidos, Walter C. Eells. Nos países da "área japonesa", como Coreia e Taiwan, a criação de *junior colleges* garantiu a expansão do ensino pós-secundário naquela parte do mundo.

Esses experimentos pelo mundo agora têm perto de quarenta anos de idade. Seu predecessor, o *junior college* norte-americano, nasceu em 1901, é mais do que centenário. A utilidade de ver de perto a história de uma invenção institucional como essa nos parece clara, se a percebemos dentro do contexto em que nasceu e, principalmente, dentro dos contextos em que se transformou. Desse modo, temos a oportunidade de compreender melhor suas motivações, as forças que a determinavam e modelavam os sucessos e insucessos que tinha de enfrentar. Para países em desenvolvimento, que por vezes confrontam desafios semelhantes, essa é uma ferramenta heurística indispensável.

Dividimos a história dessa instituição em três ciclos. O primeiro ciclo é o da formação de sua primeira identidade, o *junior college*: 1900-1945. O segundo ciclo compreende o período do pós-guerra, incluindo a era turbulenta dos anos 1970. Rebatizado e reconfigurado, o *community college* massifica-se e se transforma em parte fundamental do sistema educativo e do "sonho americano".

A seção que segue examina o primeiro ciclo e é dividido em duas grandes partes. A primeira parte começa descrevendo a invenção do *junior college* (1900-1920), como um dispositivo voltado para resolver determinados problemas e preencher determinadas lacunas na hierarquia educativa norte-americana, a preparação para a vida universitária. Em seguida, mostramos como, em uma segunda fase (1920-1945), a liderança que se forma nessas instituições procura um nicho especial no sistema de educação superior norte-americano, acentuando sua vertente profissionalizante. Com esses dois ramos, o acadêmico ou preparatório para a universidade e o profissionalizante, o *junior college* chegaria ao início dos anos 1940 já como parte integrante do sistema, não mais como um elemento marginal e pouco significativo.

CRONOLOGIA DO ENSINO SUPERIOR DE CURTA DURAÇÃO NORTE-AMERICANO

As duas grandes inovações no ensino superior nos Estados Unidos foram o movimento *land-grant* do século XIX e o movimento do *community college* do século XX. Os *land-grant colleges* introduziram treinamento para os segmentos produtivos da vida econômica, inicialmente Agricultura e Engenharia, e pesquisa e serviços a eles associados. Abrir o ensino superior para os jovens capazes de todos os segmentos da população tornou-se uma política nacional. Os Estados Unidos se tornaram a nação mais produtiva da Terra. O movimento do *community college* começou a grande transformação para uma sociedade educada em que cada pessoa que quisesse poderia estudar quase qualquer assunto em quase qualquer lugar do país. Os Estados Unidos estão se tornando a nação com os cidadãos mais bem educados do mundo e foram os primeiros a oferecer acesso universal à educação pós-secundária. (Kerr, 1985, p.vii)

O juízo entusiasta de Clark Kerr, acima reproduzido, é retomado com ênfase por numerosos outros estudiosos dos *community colleges*, conduzindo mesmo ao título da mais importante coletânea de documentos sobre o tema, *Growth of an American invention*: A documentary history of the junior and community college movement [O crescimento de uma invenção norte-americana: Uma história documentada do movimento dos junior e community colleges], compilada por Thomas Diener (1986).

Mesmo críticos radicais dos *community colleges* aceitam tal rótulo. É o caso do conhecido estudo de Brint e Karabel a respeito daquilo que chamam de "*diverted dream*" [sonho desviado]: "A invenção do *community college* é a maior inovação da educação superior norte-americana do século XX" (Brint; Karabel, 1989, introdução). A ideia é repetida logo adiante: "Dentre todas as mudanças da educação superior norte-americana no século XX, nenhuma teve impacto mais formidável do que a ascensão do *junior college*" (Brint; Karabel, 1989, p.4). Como dissemos, a relevância do experimento não se limita ao território norte-americano: o "ensino superior não universitário" ou "ensino superior de curta duração", na forma do *two-year college* ou similar, é uma espécie de produto de exportação, acolhido por diversos países, como Canadá, Austrália, Japão, Coreia e, até mesmo, pela socialista Iugoslávia (cf. Duperre, 1974; Elsner et al. 2008).

Ora, compreendemos bem a invenção de um dispositivo, bem como seu desenvolvimento, quando nos referimos ao problema que pretende resolver, ao vazio que busca preencher. Um dispositivo – incluindo um dispositivo institucional, como o *community college* – tem um papel, uma função na sociedade que o funda ou acolhe. Essa abordagem é essencial também para entender como o papel se altera, mudadas as circunstâncias, os usuários, o público-alvo. Ao longo do século, as alterações quantitativas na rede de *community colleges* norte-americanos são notórias, espantosas. Mas as transformações qualitativas não são menos relevantes e reveladoras. Assim, uma ressalva deveria ser feita à publicação do Policy Information Center (2000), divisão do renomado Educational Testing Service. Seu título é este: *Educational Testing Service*: The American Community College Turns 100. De fato, dadas as mudanças de identidade, é duvidoso que, no final do século XX, estejamos tratando com o mesmo sujeito que reconhecíamos cem anos atrás. Talvez o *community college* comemorado pela publicação seja, de fato, um neto ou bisneto do *junior college* do começo do século XX.

A literatura especializada registra diferentes tentativas de cronologia ou reconhecimento de fases na história dessa rede institucional. Para fundamentar a periodização que escolhemos é bom observar o crescimento dos *community colleges* (em número de escolas e de matrículas) em uma perspectiva de longo prazo. Isso pode ser visualizado nos Gráficos 4.1 e 4.2.

Gráfico 4.1 – Número de *community colleges* (1900-1944)

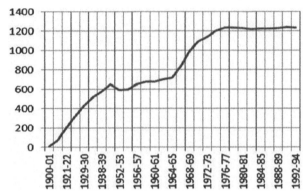

Fonte: elaboração própria, a partir de dados reunidos de Cohen e Brawer (1996)

Gráfico 4.2 – Número de matrículas em *community colleges*

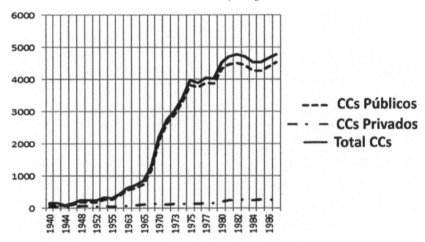

Fonte: elaboração própria, a partir de dados reunidos de Cohen e Brawer (1996)

Nossa cronologia leva em conta as características desse crescimento, seus pontos de inflexão e, também, as forças dominantes na definição do papel (ou missão) da instituição, bem como as forças que alteram sua ordem de grandeza (seu grau de participação no total do sistema de educação superior). Assim, podemos identificar:

a) Uma fase de formação (1900-1920) em que a escola ganha seu primeiro rosto e se torna, paulatinamente, parte da rede pública de educação.

Nesse período, o *junior college* é, basicamente, um espelhamento das lideranças universitárias que o promovem e patrocinam;

b) Uma fase em que se constitui um conjunto de lideranças no interior do próprio movimento e se esboça, também, uma ideologia própria – 1920-1945, simbolicamente demarcada pela criação da Associação Nacional de Junior Colleges;

c) O início da fase seguinte é marcado, em 1945, por referência ao fim da Segunda Guerra Mundial e pela emergência de políticas e iniciativas federais que claramente impulsionam o movimento e o dirigem para outros papéis e, inclusive, outra denominação. É a era do *community college*, sucedendo ao *junior college*. A fase é severamente marcada por iniciativas como a Comissão Trumman (1946) e pelo GI Bill (1944), o gigantesco programa de apoio à educação dos veteranos da guerra. Aqui, a mudança quantitativa é muito mais visível no número de matrículas do que no número de *colleges*.

d) A fase seguinte começa na segunda metade dos anos 1960. A partir de algum momento nesse intervalo, é muito visível a aceleração da curva de crescimento – nos dois indicadores, escolas e matrículas. A partir do final dos anos 1960, o segmento dos *community colleges* se torna o único segmento de educação superior que cresce em número de matrículas de graduação, cumprindo, de fato, o papel líder na massificação do sistema. Como vemos nos Gráficos 4.1 e 4.2, a partir do final dos anos 1970, o número de escolas permanece em um platô, embora as matrículas ainda mostrem uma aceleração.

Em suma, temos dois ciclos, o ciclo do *junior college* (1900-1945) e o ciclo do *community college* (pós-1945). Cada um desses ciclos é dividido em duas fases, que descreveremos a seguir.

QUESTÕES CENTRAIS DA FASE DE GESTAÇÃO E A LITERATURA QUE TENTA RESPONDÊ-LAS

Logo no início de seu estudo crítico, Brint e Karabel (1989, p.V) listam as questões que julgam fundamentais para avaliar o significado do *junior college*: quais eram as forças que deram origem aos *two-year colleges*? Quais fatores explicam sua forma de crescimento, inicialmente regional? Quais fatores explicam sua posterior difusão em termos nacionais? Quais os fatores que influenciaram a transformação de seu perfil, de instituição inicialmente voltada para a preparação acadêmica para a universidade e, depois, em instituição predominantemente vocacional? Qual o seu lugar específico no sistema de educação superior? E o que essa história nos diz a respeito da sociedade em que essa instituição se desenvolveu?

Esses mesmos autores sublinham uma dessas transições – aquela que afeta o papel da instituição e, de quebra, seu nome. Lembram que, nas primeiras décadas de sua história, essas escolas de dois anos eram chamadas exclusivamente de *junior colleges*. Esse nome indicava a clara subordinação do *two-year college* ao *senior college* – isto é, a instituição para a qual os concluintes do *junior college* deveriam se transferir para obter um diploma de bacharel. O *junior college* era, sobretudo, uma escola preparatória, de formação acadêmica geral. Como veremos em detalhe, depois da Segunda Guerra, a mudança de nome, para *community college*, indicava um relacionamento mais próximo com a comunidade local, com a provisão de serviços educativos e culturais, como a formação profissional de nível intermediário, funções que não eram estritamente dependentes dos *senior colleges*. Desse modo, o *community college* deixaria de ser uma espécie de degrau inferior de um edifício, abaixo do *senior college*. Adquiria uma fisionomia e papel próprios (Brint; Karabel, 1989, p.234).

Dois outros estudiosos, Brenemam e Nelson (1981, p.22), emitem juízo semelhante. Em uma pesquisa sobre o perfil dessas escolas e suas fontes de financiamento e sustentação, registram que a mudança de orientação, notada ao longo do tempo, era consistente com a mudança do nome. Era mais do que uma alteração de rótulos, era uma alteração de sentido, de missão.

Mas o perfil da instituição foi se transformando desde as primeiras décadas. Entre 1900 e 1920, os *junior colleges* privados superavam os públicos em número de escolas, mas já perdiam na soma dos estudantes matriculados. É visível essa inclinação do *junior* ou *community college* para se tornar, predominantemente, uma escola pública. Nos primeiros anos do pós-Segunda Guerra Mundial, o setor público já possuía 75% do total de estudantes dos *two-year colleges*, e no final dos "gloriosos 25 anos" o percentual passaria dos 90%.

O levantamento de Walter C. Eells, em 1941, recolhia evidências desse perfil em formação: o *junior college* tendia a ser, predominantemente, uma escola pública e de grande porte. Os dados mostravam outro aspecto interessante: o *junior college* estava ancorado, inicialmente, fora da costa Leste – 51% dos estudantes do sistema estavam em três estados, Califórnia, Texas e Illinois. No final deste capítulo anexamos e comentamos alguns dados do estudo de Eells.

Este capítulo reconstrói o nascimento e a evolução dessa rede, isto é, a história do movimento *junior college*. O relato é baseado fundamentalmente em literatura secundária (esboços históricos) ou em livros-depoimentos. Aqui e ali, são comparados com informações que estão disponíveis na página na internet da associação nacional desses colleges, a AACC, do Departamento de Educação e seu centro de dados (NCES).

Essa literatura sobre os *community colleges* pode ser dividida em diferentes categorias ou tipos. Há, certamente, a literatura dos militantes da causa, como Leonard Vincent Koos e Walter Crosby Eells, inicialmente, e Charles R. Monroe, James W. Thornton, Ralph R. Fields, mais tarde. Entusiasta e mesmo apologética, essa literatura tem por vezes a aparência de viver de mitos e de propagá-los. Contudo, aqui como em muitos outros processos sociais, o mito está longe de ser infértil. Pelo contrário, como dizia Fernando Pessoa em "Ulisses", em não existindo, bastou: o mito escorre para a realidade e a fecundá-la decorre. A mitologia foi combustível essencial ao entusiasmo criador do movimento. Os críticos posteriores apontam repetidamente como suas pregações e previsões mais fortes – como a inclinação dos *junior colleges* para o terreno vocacional – foi negada pelos fatos e pela vontade dos usuários, os estudantes. No entanto, era isso o que animava os fundadores e propagandistas dessas escolas e anunciava, de modo inesperado e imprevisto até para eles – os que chamamos de profetas –, algumas tendências da segunda metade do século XX.[1] Ou seja, o vocacionalismo aparentemente "fora de lugar" ou pouco efetivo, na primeira metade do século XX, vicejou fortemente nas últimas décadas do milênio.

De outro lado da trincheira, posiciona-se uma literatura radicalmente crítica dos *community colleges*, empenhada em desconstruir as crenças dos profetas e propagandistas e desvelar seus pressupostos negativos. Os estudos de Steven Brint e Jerome Karabel, David F. Labaree ou de L. Steven Zverling são os mais duros. Crer inteiramente nessa literatura inclina o leitor a concluir pela negação dos *community colleges*, pela necessidade de sua radical transformação até mesmo pela sua liquidação. Assim, *The diverted dream*, o citadíssimo estudo de Brint e Karabel (1989), mostra os *community colleges* como um mecanismo que classifica e estratifica os estudantes a partir de suas pertinências de classe, principalmente. Na opinião desses autores, os *community colleges* desviam a maioria dos estudantes da educação liberal configurada nos programas de transferência, isto é, de preparação para escolas superiores "verdadeiras", empurrando-os para programas vocacionais menos prestigiosos. A seu modo, Brint e Karabel reinterpretam e radicalizam a função *"cooling out"* [esfriamento] definida por Burton Clark (1960a).[2]

Em certa medida, a tese de Gregory Goodwin (1973) vai nessa direção. Trata-se de uma reinterpretação meticulosa dos argumentos de duas dezenas de famosos e prolíficos defensores dos *junior colleges*. Com base nessa análise, Goodwin chega à conclusão de que o *junior college* era "mais uma ideia do que uma instituição" – e essa ideia era, basicamente, um movimento de reforma social muito tímida, controlada, limitada por preocupações com a eficiência social, adaptação ao capitalismo, cooperação entre classes sociais. Os líderes do movimento, diz Goodwin (1973, p.13), viam os *junior colleges* como uma "panaceia para males sociais".

---

[1] Numa fase posterior, outros profetas surgiriam, como Edmundo Gleazer Jr.

[2] Voltaremos ao *"cooling out"* de Clark. Por enquanto, basta dizer que ela tenta descrever a "função latente" (não manifesta) do *junior* ou *community college*, isto é, a função de amaciar uma derrota (não conseguir a universidade) e oferecer uma oportunidade de segunda linha para o estudante.

Outro campo de análise é constituído por uma literatura histórico-crítica que não tem nenhum dos alinhamentos militantes anteriormente descritos. Parece mais preocupada em compreender e reformar o sistema. Nessa estante se enquadram os estudos de Kevin J. Dougherty, W. Norton Grubb e Marvin Lazerson, John H. Frye.[3]

A análise de Frye aponta as ironias que a história teria feito com os líderes e profetas: eles difundiam entusiasticamente uma visão de *junior college* predominantemente vocacional, dirigido para semiprofissões da nova economia, e essa visão parecia estimular fundadores, dirigentes, administradores, levando à propagação das escolas. Ao mesmo tempo, porém, as escolas cresciam povoadas por massas de estudantes que tinham outra expectativa. Cresciam em estados que não correspondiam, na estrutura ocupacional, àquilo que os profetas anunciavam. Entusiasmavam comunidades locais e políticos, por motivos diferentes, como o prestígio de "verdadeiras" escolas superiores. Frye aponta uma falha no raciocínio de Brint e Karabel. Esses autores teriam avaliado mal a importância dessa "escolha" dos estudantes e de suas famílias: os líderes nacionais (vinculados à AACC) pregavam escolas vocacionais, mas a maioria dos estudantes optava pelos programas de transferência, preparatórios para a universidade e era para isso que povoavam os *colleges*. Em certa medida, o sucesso (ampliação e enraizamento) dependia de um descompasso e de um engano. Deus escrevia certo por linhas tortas.

A literatura crítica enfatiza o conservadorismo da liderança e o papel "reprodutivista" do *community college*, reforçador da ordem social e das distinções de classe. Mas isso pode colocar equivocadamente em segundo plano as forças progressistas que também empurravam o movimento. Além disso, a análise por vezes cai numa armadilha lógica. Tomava o alegado efeito *"cooling out"* [esfriamento] e o identificava com uma intenção ou plano, subestimando o resultado não intencional das decisões.

MOVIMENTO *JUNIOR COLLEGE*: A FASE DE FORMAÇÃO (1900-1920)

Nas primeiras quatro décadas do século XX, o *junior college* superou a condição de experimento marginal para assumir um papel mais destacado, como parte integrante do sistema norte-americano de educação superior. Quando a sua Associação Nacional foi fundada, em 1920, os estudantes dessas escolas somavam menos de dez mil almas. Quando a Segunda Guerra Mundial eclode, já somavam 150 mil.

---

[3] Neste primeiro momento do texto, o comentário se limita aos trabalhos que cobrem prioritariamente o período mencionado, 1900-1945. Não incluímos a literatura sobre o período posterior.

Educação superior nos Estados Unidos

A fase inicial (1900-1920) contou com ideólogos, promotores e padrinhos poderosos, instalados na direção das maiores universidades de pesquisa do país: Chicago, Stanford, Michigan, UC-Berkeley.

A preocupação dos líderes das grandes instituições vinha desde a metade do século XIX, com a pretensão de Henry Tappan (Michigan University) de construir, na jovem república, uma *"true university"* [universidade de verdade], e não apenas *colleges* tais como existiam em seu tempo. Estes, a seu ver, eram algo próximo do *gimnasyum* alemão, a referência e paradigma para muitos educadores norte-americanos da época.[4] Depois de Tappan, nomes como Nicholas Murray Butler (Columbia), David Starr Jordan (Stanford) e William Rainey Harper (Chicago) ergueriam a mesma bandeira. Outro nome de destaque é Alexis F. Lange, líder da Escola de Educação da Universidade da Califórnia (Berkeley).

Os líderes das universidades pareciam preocupados com a inexistência dessa escola secundária, a escola de nível preparatório para a universida-de, e concordar com a caracterização do presidente da Universidade do Missouri, citado no estudo de Monroe (1972, p.8): "No nível secundário e, pelo menos, nos primeiro e segundo anos do *college*, não apenas os alunos são idênticos, mas a natureza do ensino é a mesma".

Assim, não deveria surpreender o perfil desenhado por Alexis Lange para a instituição nascente. A seu ver,

> Com esse nome ou sem ele, o *junior college* é, em sua origem e natureza, uma es-cola secundária. Sua existência legal, no que diz respeito à Califórnia, foi introduzida pela lei de 1907 como uma extensão da escola secundária. Legislação subsequente tornou-a parte integral do sistema escolar público e, assim, fixou seu *status* como uma instituição voltada para a educação secundária. Em conformidade com isso, ele é idêntico às escolas secundárias no que concerne a fonte de receita, organiza-ção, administração e métodos de preparação e credenciamento dos professores. Tampouco é a posição presente do *junior college* uma excentricidade ou anomalia. Um olhar comparativo sobre sistemas escolares europeus, por exemplo, é suficiente para mostrar que ele corresponde aos últimos anos de escolas secundárias como os ginásios ou liceus. (Lange, republicado em Diener, 1986, p.68-9)

Harper vai ainda mais longe, imaginando uma reforma mais ampla, rumo à construção de um verdadeiro sistema. As suas declarações são relevantes também porque mostram essa compreensão global, essa ideia de que havia um conjunto em formação, um sistema, e que, dentro dele, uma lacuna se mostrava evidente, tornando necessária a invenção de um novo dispositivo, uma nova instituição:

---

[4] Vários outros estudiosos salientam essa referência germânica (mais precisamente, prussiana). Ver Bledstein (1976) e Zwerling (1976), entre outros.

85

A transformação de alguns *colleges* em *junior colleges*, e de outros em academias, a associação entre *colleges* de uma religião ou de diferentes distritos geográficos com outro e a íntima associação de tais colleges com as universidades – tudo isso contribuiu para um sistema de ensino superior (algo que não existe atualmente nos Estados Unidos), e cuja falta é lamentavelmente sentida em todas as esferas da atividade educacional. Sistema quer dizer organização e, sem organização, com as fortes distinções e os padrões reconhecidos que vem com a organização, o trabalho, não importa o quão excelente, carece do elemento essencial que lhe dá as melhores características e produz os melhores resultados. (Harper, 1901, republicado em Diener, 1986, p.58)

As propostas mais radicais dos líderes, diz Thornton (1972, p.49-50), poderiam ser vistas como uma espécie de profecia, à espera de comprovação:

Na Universidade de Stanford, o presidente David Starr Jordan reviu o que ocorria em Chicago e arriscou uma profecia e uma recomendação: é seguro profetizar que a universidade norte-americana vai abandonar seus *junior colleges*, relegando seu trabalho ao *college* por um lado e aos cursos pós-secundários por outro. Eu peço ao Conselho que considere o projeto de separação imediata entre *junior college* e universidade ou *college* universitário, e que considere a possibilidade de requerer o trabalho do *junior college* como um pré-requisito de admissão à universidade a partir do ano de 1913, ou tão logo um certo número das melhores escolas secundárias do estado estejam preparadas para assumir este trabalho.

A proposta de Harper era uma dessas profecias-programas:

No processo de conflito e ajustamento alguns *colleges* se fortalecerão; alguns se tornarão academias; alguns, *junior colleges*; as escolas secundárias serão alçadas a uma posição ainda mais importante do que a que agora ocupam; enquanto todos juntos, escolas secundárias, *colleges* e universidades, irão desenvolver uma maior semelhança entre seus padrões e uma maior variedade de tipos; e, ao mesmo tempo, desenvolverão uma associação mais íntima e proveitosa entre si. O resultado geral será o crescimento do caráter sistemático no ensino superior dos Estados Unidos, onde atualmente, não há um sistema.

O futuro do pequeno *college* será um grande futuro; um futuro melhor do que seu passado, porque este futuro será mais aparelhado, mais organizado e mais ajustado. (Harper, 1900, republicado em Diener, 1986, p.80-4)

Evidentemente, o firme apoio desses dirigentes de universidades vinha marcado pelo papel que viam na admirada "invenção". Eles olhavam o *junior college* a partir da universidade, isto é, como um dispositivo que permitia selecionar estudantes maduros e mais preparados para os anos finais da graduação, quando se dava a formação mais especializada e, de fato, universitária. Aos *junior colleges* caberia a formação dos calouros – *freshmore*, primeiro-anistas, e *sophomore,* segundo-anistas. De quebra, isso garantiria um espaço protegido para a *"true university"* de Tappan, o lugar da pesquisa, da formação especializada e do estudo erudito.

Se esse apoio condicionava o perfil do *junior college*, ele era um combustível decisivo para a multiplicação das escolas, como lembra o estudo de Fields (1962, p.19). Esse autor também sublinha que o ímpeto maior do movimento vinha do apoio da universidade – os *junior colleges* cresciam mais onde essa liderança era favorável ao movimento e nele tomava papel ativo. Era assim no meio-oeste, com a University of Chicago, na Califórnia, com Stanford, no Missouri, Michigan, Minnesota, Texas, onde as universidades estaduais tiveram papel decisivo (Fields, 1962, p.19).

O dirigente universitário que leva a fama de pai-fundador dos *junior colleges* é William Harper, reitor da University of Chicago. Mas o movimento iria florescer, de fato, no extremo-oeste, na Califórnia, onde despontariam duas outras grandes influências intelectuais. Uma deles era Alexis F. Lange, dirigente da School of Education [Escola de Educação] da University of California (de 1906 a 1924). A outra era David Starr Jordan, de Stanford. Também eles viam o *junior college* como um modo de proteger a universidade, filtrando os estudantes menos talentosos. E buscavam trilhar esse caminho batalhando por uma legislação estadual que permitisse e orientasse a *high school* nessa direção. Monroe reproduz fala de Jordan nesse sentido:

> Como você sabe, espero ansioso pelo momento em que as grandes escolas secundárias do estado em conjunção com os pequenos *colleges* livrarão as grandes universidades da necessidade de dar instrução nos dois primeiros anos universitários. A instrução nesses dois primeiros anos é necessariamente elementar e da mesma natureza geral do trabalho das próprias escolas secundárias. (Jordan, 1931, apud Monroe, 1972, p.10)

As inovações legislativas na Califórnia avançaram – e em boa parte graças ao empenho de líderes como Jordan e Lange. Já em 1892, lembra Monroe, os líderes da University of California defendiam a ideia de que os dois primeiros anos da universidade deveriam ser transferidos para a escola secundária. Foi o primeiro estado que criou legislação para estabelecer *junior colleges* nas comunidades locais. Em 1907, uma lei permitia que os conselhos de educação criassem esses cursos "pós-graduados" nas escolas secundárias. O primeiro *junior college* público do estado foi estabelecido na cidade de Fresno, em 1910. Mas desde 1892 a University of California já aceitava reconhecer créditos de cursos feitos nos níveis "pós-graduados" das escolas secundárias (Monroe, 1972, p.11).

De fato, lembra Fields (1962, p.30), a lei de 1907 autorizava algo que algumas escolas secundárias já faziam. Mas, ainda assim, isso tinha importância, porque estimulava o apoio estadual a tais iniciativas. Era ainda uma lei permissiva, sem garantia de apoio financeiro. A sanção legal, porém, era um passo importante. Fields lembra ainda que a Califórnia tinha condições singulares que em parte explicavam por que aquele estado liderava a criação de *junior colleges*. Embora rico (novo rico), o estado tinha poucos *four-year colleges*, ao contrário dos estados ricos do leste. Nesse sentido, a capilarização do sistema de ensino superior dependia da rede de *junior colleges* e de *high schools* com extensões pós-secundárias.

Assim, não apenas a Califórnia liderou o movimento em números, mas também liderou a definição do *junior college* como uma instituição dual, com a função "transferência" ao lado da vocacional.

A forma de criação dos *colleges* ia lado a lado com a definição de seu tipo ou missão. Ainda em 1929, F. M. McDowell distinguia quatro tipos:

1) o *junior college* ou a "divisão inferior" do *college* de artes liberais da universidade. Essa é a organização que se encontra atualmente nas universidades de Chicago, Califórnia e Washington.
2) Escolas normais credenciadas para dois anos de ensino de graduação. Tais instituições foram oficialmente reconhecidas nos seguintes estados: Arizona, Indiana, Michigan, Minnesota, North Dakota, Nebraska, Oklahoma, Utah, West Virginia e Wisconsin.
3) A escola secundária pública estendida para incluir os dois primeiros anos de ensino de graduação. Estão registrados os nomes de 39 instituições como essas. Desse número, 21 estão na Califórnia.
4) O pequeno *college* privado que limitou seu trabalho a dois anos. Estão registrados os nomes de 93 instituições como essas. Desse número, dezesseis estão no Texas, quatorze no Missouri, nove na Virginia e cinco em Illinois (McDowell, 1919, republicado em 1986, p.77-78).

Na construção de uma rede tão diversificada, desigual e titubeante, a improvisação era evidente, como sublinha Gleazer (1968, p.35-6):

> Embora os *community colleges* atuais geralmente tenham suas próprias instalações, eles frequentemente começam em estruturas preexistentes que foram modificadas para permitir a matrícula de alunos o mais rápido possível. Dallas e Philadelphia começaram em lojas de departamento reformadas no centro da cidade. Várias instituições tiveram seu início em antigos hospitais ou instalações militares. Algumas começam em uma ala de um grande hospital ou escola. O Rock Valley College, em Illinois, adaptou as instalações de uma fazenda de laticínios para fazer frente às suas necessidades iniciais. Alguns poucos *colleges* experimentaram "*campi* instantâneos": edifícios pré-fabricados que podem ser rapidamente montados e então movidos para outro lugar para outro *college* quando estruturas permanentes estejam prontas. Em alguns poucos casos, um *campus* inteiramente novo é desenvolvido antes de começarem as aulas. Tarrant County Community College, em Forth Worth, começou a operar dessa forma, como fez o College of the Desert, na Califórnia. Mas, independentemente do modo como foram inaugurados, a maioria dos *community colleges* tem hoje suas próprias instalações identificáveis. As pessoas que passam de

carro podem dizer: "Ali está o *community college*". Embora isso possa parecer uma observação minúscula, ela representa uma evidente mudança nas condições de uma geração atrás, quando os *junior colleges* públicos eram frequentemente hóspedes de permanência incerta no espaço excedente fornecido pela escola secundária local.

FASE 2: A CRIAÇÃO DE UMA LIDERANÇA E DE UM PROGRAMA PARA O MOVIMENTO (1920-1945)

O entreguerras foi um período de avanços notáveis dos *junior colleges*. Fields recupera algumas informações relevantes que permitem notar que não apenas é importante identificar os lugares em que os *junior colleges* crescem mais (Califórnia, Texas, Illinois e outros estados do oeste e do sul), mas também os momentos em que mais crescem. O Gráfico 4.3 (Fields, 1962, p.43) mostra o surto dos anos 1920 e, algo surpreendente, um notável crescimento no período da Grande Depressão (anos 1930). Os novos *colleges* são, predominantemente, públicos. E mais: são significativamente maiores, isto é, as matrículas no setor público crescem muito mais do que no setor privado. Em outras palavras, o crescimento em tempos de Depressão parece ser, ainda uma vez, uma política social, ao lado de uma política educacional – e talvez seja mais a primeira do que a segunda.

Gráfico 4.3 – Número de novos *junior colleges* fundados em cada período de cinco anos (1900-1949)

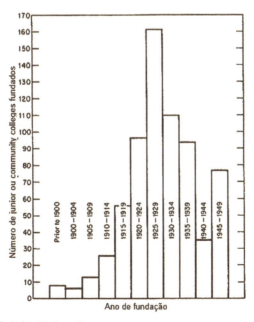

Fonte: Reproduzido de Fields (1962, p.43)

O entreguerras é também um momento de redefinição de lideranças, projetos e modelos. A fundação da American Association of Junior Colleges (AAJC), em 1920, é quase um símbolo dessa mudança.[5] O outro é o surgimento do *Journal* da Associação, dez anos depois. Pode-se dizer que a primeira dessas iniciativas funda a igreja e a segunda ergue seu púlpito.

Leonard Vincent Koos (1924) era um desses lideres da AAJC, um profeta e pregador prolífico e dedicado. Seu conceito de *"semiprofessional training"* [treinamento semiprofissional] fornecia um novo foco e uma bandeira para o movimento e sua associação. Localizava um nicho próprio para o *junior college*, diferente daquele das universidades. Era assim que ele o definia. A seu ver, entre as profissões de nível superior e os ofícios ensinados na escolar secundária, haveria um espaço próprio para os *community colleges*: o ensino das "semiprofissões" (Koos, 1924, p.144).[6]

A partir dos catálogos de cursos dos *junior colleges* e de entrevistas com dirigentes e professores, Koos sugeria que esse "treinamento ocupacional terminal" deveria ser introduzido sistematicamente – as escolas deveriam ser cada vez mais ocupacionais e terminais, e não preparatórias. Mas reconhecia a dificuldade: a maioria das instituições ainda era orientada quase que exclusivamente para o trabalho preparatório para a universidade, os programas que visavam à transferência.

Como vimos na citação anterior, para Koos, as "semiprofissões" eram um terreno intermediário entre os ofícios (*trades*) e as carreiras superiores ou profissões (*professions*). Em determinado momento de sua defesa, busca uma sistematização dessa hierarquia ocupacional e pedagógica, sistematização que utiliza para montar os formulários e roteiros de seus inquéritos:

PROFISSÃO: uma ocupação para a qual o treinamento deve ser aquele fornecido por uma instituição cuja admissão demande, pelo menos, graduação de uma escola secundária credenciada, oferecendo um curso de graduação de não menos de quatro anos de extensão e que culmine em um diploma adequado e reconhecido.

SEMIPROFISSÃO: uma ocupação para cujo ingresso se deve preparar com um curso de treinamento de aproximadamente dois anos de extensão, com educação secundária ou equivalente como pré-requisito.

OFÍCIOS OU OCUPAÇÕES ADMINISTRATIVAS: ocupações para cujo ingresso se requer treinamento em escola secundária pública ou privada, escola profissionalizante, escola de comércio ou outra instituição que pressuponha conhecimento das matérias da escola comum e forneça educação de nível inferior ao de graduação. (Koos, 1924, p.153)

---

[5] Mais tarde, American Association of Community Colleges, AACC.

[6] Os dois volumes do livro de Koos, *The Junior College*, estão disponíveis em: <http://archive.org/details/juniorcollegevol008507mbp> e <http://archive.org/details/juniorcollegevol027370mbp>.

Nas instruções para as respostas ao inquérito, acrescentava esta sintomática observação: "Pense em cada ocupação, não como um primeiro passo para algo superior, mas como uma meta final" (ibidem).

A doutrina de Koos era a afirmação do caráter fortemente vocacional e terminal do *junior college*, ao lado, e mesmo em oposição, aos programas acadêmicos, os *"transfer programs"* [programas de transferência], que visavam preparar o estudante para os anos seguintes da universidade ou do *four-year college*. De quebra, aliás, Koos, diferentemente de outros líderes da Associação, como Walter C. Eells, via o *junior college* como parte do ensino secundário, não do superior.

Como a definição das semiprofissões corria o risco de parecer abstrata ou pouco precisa, seguidamente Koos vale-se de descrições, de exemplos de profissões engendradas pela complexificação da estrutura ocupacional norte-americana na virada do século. Para compor a lista, um de seus recursos era submeter questionários a especialistas – dirigentes e coordenadores de faculdades de Engenharia e Agricultura, escolas de comércio, unidades de extensão universitária e outros, inclusive escolas por correspondência. O capitulo V de seu tratado de 1925 – *The Junior College Movement* – traz páginas e mais páginas dos resultados dessa tentativa (Koos, 1925, p.136-41). Curiosamente o titulo do capítulo é: "The Junior College in its Democratizing Function" [O *junior college* em sua função democratizante]. O fato é curioso, mas não parece casual – esse parece ser um dos indícios do sentido limitado da democracia no universo imaginado por Koos.

As listas de semiprofissões razoavelmente consolidadas em áreas-chave da economia do trabalho (Engenharia, Agricultura, Administração) incluíam um vasto rol. Assim, na área de Comércio e Administração figuram ocupações como estas:

> corretores de títulos e ações, chefes de compra de lojas de departamento, chefes de escritório, desenhistas comerciais, agentes de seguros, comerciantes atacadistas, estatísticos, chefes de departamento de transporte, lojistas, vendedores, [...] secretárias particulares, contadores, gerentes de tráfego, [...] auditores, controladores, administradores de crédito, gerentes de vendas. (ibidem, p.137)

Entre as profissões relacionadas à Engenharia, aparecem: operadores de laboratórios químicos; mestres de obras; desenhistas de várias especialidades (mecânico, estrutural, arquitetônico, topográfico etc.); eletricistas, peritos etc.

Nos campos relacionados à agricultura e extrativismo, surgem ocupações como: capatazes, operadores de veículos agrícolas, gerentes de fábricas de processamento, especialistas em madeira e serraria, vendedores, guardas florestais etc.

Koos (1925, p.140-1) adverte que há campo para considerar também aquilo que chama de "semiprofissões futuras": gerentes de cafeterias e refeitórios; nutricionistas; desenhistas e artesãos do vidro; decoradores; desenhistas de trajes e joias; especialistas em litografia e fotografia; veterinários; massagistas; enfermeiros; farmacêuticos; supervisores de serviços sociais etc.

O ponto de partida de Koos é essa análise – ou, mais precisamente, tentativa de descrição – da estrutura ocupacional e da demanda por novos profissionais. Daí deduzia o que seria recomendável para o sistema educativo, no sentido de desenvolver programas, currículos e cursos que ocupassem esses nichos. E não tinha dúvida sobre o lugar em que tal tipo de educação e treinamento deveria ser concentrado: o *junior college* (ibidem, p.165).

De todo modo, esse viés de Koos na direção do ensino vocacional e terminal não era, de modo algum, algo inconteste entre estudantes, suas famílias e os criadores e administradores dos *junior colleges*. Até pelo contrário: entre esses predominava a ideia do *junior college* como etapa do ensino superior, como andar de baixo da universidade ou do *four-year college*. Não o viam como terminal.

Outro argumento utilizado por Koos para afirmar a superioridade de sua concepção era o suporte da ciência social, ou daquilo que se apresentava como tal na ocasião. Uma dessas evidências (ou retóricas) científicas era o teste de inteligência. Alguns analistas lembram o prestígio que estavam adquirindo, na época, os testes de aptidão, no campo militar (o Army Alpha Test da Primeira Guerra) ou civil. Na verdade, a história desse instrumento mostra elementos que vale a pena retomar, pelo modo como Koos o utiliza.

Daniel Kevles (1968) mostra que essa técnica de "mensurar" a inteligência não tinha grande reputação até a véspera da Primeira Guerra Mundial. Entre os psicólogos, a aceitação era precária, até o advento dos trabalhos de Lewis Terman, em Stanford. No campo da Educação e da Indústria, os testes encontravam ceticismo, quando não uma franca hostilidade. Mas a Guerra mudou esse quadro. O exército passou a utilizar tais ferramentas em massa, para avaliar e classificar seus recrutas, ajudando a definir "quem era o quê" e onde poderia ser encaixado a partir da escala de habilidades e aptidões. A partir daí, o cenário se alterou (ibidem, p.565-81). É a partir dessa mudança que Koos elabora seu argumento.

Ele utiliza tal suporte "científico" largamente. Os testes, afinal, pareciam apoiar decisivamente um pilar básico de sua argumentação: era possível atestar "cientificamente" quem se enquadrava em qual destino possível. Essa ferramenta ou arma argumentativa é explorada em um capítulo de título também sintomático: "The *Junior College* and Mental Democratization of

Higher Education" [O *junior college* e a democratização mental da educação superior] (Koos, 1924, p.102-3).

Retomemos o fio da história. Em dois livros – *The Junior College* (Koos, 1924) e *The Junior College Movement* (Koos, 1925), que largamente se repetem – Koos tem duas bases empíricas para justificar "cientificamente" o enquadramento que pretende dar ao *junior college* como parte do sistema educativo e de treinamento. Uma dessas bases é a análise da estrutura ocupacional norte-americana (o que o país precisa para se desenvolver) – é isso que supostamente lhe fornece a lista de semiprofissões. A segunda base empírica é o resultado dos "testes científicos" de nível mental – que lhe forneceria um desenho estratificado do material humano disponível para ser enquadrado na sua sociedade hierárquica (aquilo que o país dispõe para uso).

Como apontamos, o teste "validado" pelo exército aparecia como essa autoridade científica. Koos expõe um evidente fosso entre o desempenho nos testes (nível mental) e o desempenho no *college*. Parecia haver algo errado nesse contraste. No Gráfico 4.4, o espaço que aponta a diferença indica a existência de um conjunto de estudantes que não terminariam os quatro anos, por definição – isto é, que "não foram feitos" ou não estão feitos para estarem lá. É o motivo de um dos tópicos de seu estudo, que tem precisamente este título: "Relationship Between Army Alpha Scores and Length of Stay in College, Success in Courses Taken etc." [Relação entre testes Alpha do Exército e duração da assistência à faculdade, êxito em cursos realizados etc.] (Koos, 1924, p.107-22).

Gráfico 4.4 – Comparação dos resultados de testes aplicados a 344 calouros da University of Minnesota e a 51.620 soldados, do Relatório do Exército. As linhas A e B dividem a distribuição dos calouros (linhas tracejadas) nos grupos baixos, médio e alto. A linha M localiza a média dos resultados do Relatório do Exército (linha contínua)

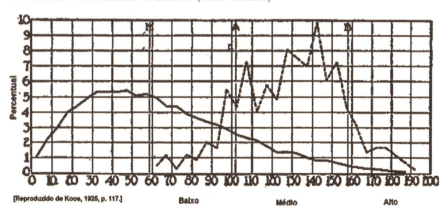

Fonte: Reproduzido de Koos (1925, p.103)

Assim, os dados dos testes pareciam reforçar o diagnóstico traçado por Koos, algumas páginas antes. A seu ver, a aplicação dos testes do exército, depois do fim da Guerra, propiciava a realização de estudos mostrando a relação entre seus resultados, o desempenho e o grau de sucesso dos estudantes, medido pelo tempo de permanência, resultados das notas etc. Assim, municiariam as decisões sobre o tipo de democratização a ser escolhido no plano do ensino superior, ao estendê-lo para os segmentos inferiores da "distribuição mental" (Koos, 1924, p.107).

Esse conjunto de proposições parece induzir Koos a fechar o argumento (quase um teorema) com a defesa do *junior college* com orientação ocupacional, terminal, vocacional, conciliando as exigências de democratização com a preservação de padrões de excelência (ibidem, p.119). Democratização mas, também, segmentação, hierarquia. Koos lembra como o conflito entre esses dois vetores vinha sendo admitido, implicitamente, mas sendo tratado de modo aleatório pelas escolas existentes, bastante seletivas.

> Sob a pressão de uma torrente de candidatos "inferiores" para o ensino superior – muitos dos quais, embora merecessem alguma oportunidade além do nível secundário atual, não justificam a aspiração ao tradicional *college* completo ou ao curso universitário – as escolas superiores protegiam o curso mais longo (bacharelado) através de algum processo de seleção. Muitas das instituições privadas e algumas das públicas estabeleceram barreiras de entrada; por exemplo, o plano de somente aceitar candidatos cujas médias na escola secundária os colocassem nos dois terços superiores de suas turmas, a exigência de ser aprovado em um rígido exame de admissão, ou a prescrição para admissão de uma grande quantidade de unidades em temas de alto valor seletivo, como línguas antigas ou matemática. Isso foi frequentemente justificado pela ausência de instalações para cuidar de um grande número de alunos. (ibidem, p.120, tradução nossa)

Koos sublinha ainda que outras instituições, sobretudo as públicas, tinham menos chance de adotar tais instrumentos de seleção na entrada. Então, criavam mecanismos de seleção "depois do ingresso", isto é, durante o desenrolar do curso. De fato, elas pareciam admitir o estudante para, em seguida, botá-lo para fora.

Diante desse desafio, a solução proposta por Koos não é a de alterar as instituições existentes, para abrir suas portas, mas criar um tipo de instituição específica para esse tipo específico de democratização, o *junior college*. Esse *college*, com um certificado de conclusão ao fim de dois anos, opera uma diferenciação entre "aqueles que podem e devem continuar sua educação e aqueles que não podem ou não devem continuá-la" (Koos, 1925, p.118-21).

Paulatinamente, os simpatizantes da vertente vocacional aceitam o terreno das profissões médias de Koos, aquele espaço que ficaria entre os ofícios e as profissões superiores, acadêmicas. As semiprofissões requisitariam um tipo de treinamento específico, menos rico cognitivamente do que o da

Educação superior nos Estados Unidos

universidade, mas distinto do ofício, porque se voltava para a aprendizagem de "rotinas intelectuais" e não para as "rotinas manipulativas", distinção que aparece caracterizada desse modo na fala de um dos líderes da AAJC, L. W. Smith, numa convenção de delegados da entidade, em 1923. Além de distinguir conceitualmente esses dois tipos de "aprendizagem de rotinas", Smith sugere alguns exemplos:

> Engenheiros *junior* em escritórios de arquitetos e engenheiros são exemplos. A profissão de enfermagem é outro. Pessoas que ingressam nessas áreas vocacionais serão os mestres de certos conjuntos definidos de técnica e se esperará que usem inteligência de ordem superior em seu trabalho. Eles estão distintivamente abaixo da especialização altamente profissional que ocorre no nível universitário. (apud Goodwin, 1973, p.157)

Frye, por sua vez, retoma a argumentação de outro líder do movimento, William H. Snyder, diretor do Los Angeles Junior College. Refere-se ao lugar dessas semiprofissões e da natureza da educação para elas dirigida:

> Snyder descreveu os três grupos em que os alunos da escola secundária "prontamente" se dividem: os "intelectuais", os "manuais" e "aqueles que não são nem um nem outro, mas que serão a maior parte dos nossos produtivos cidadãos industriais". Para o primeiro grupo havia universidades, institutos de tecnologia e *colleges* de artes liberais. Para os "manuais" havia bons programas de escolas secundárias e as escolas profissionalizantes. Mas para o grande terceiro grupo havia apenas alguns *colleges* de administração e institutos técnicos privados. A função real do *junior college* era, então, fornecer um programa, um programa semiprofissional, para esse grande grupo intermediário. (Frye, 1992, p.58-9)

Esses depoimentos são relevantes porque de certo modo reconstroem uma época e um ambiente intelectual, um clima das ideias. É nessa direção que vai a pregação de Alexis Lange. A seu ver, também, a maior contribuição do *junior college* é criar um caminho para treinar os trabalhadores que ficam entre o ofício manual e as profissões superiores. Afirma que não se pode negar a necessidade dessa ferramenta institucional – e a *high school* não cumpre esse papel. O *junior college* tem como preencher esse espaço intermediário:

> Dele deveria vir o agricultor científico, que sabe que a agricultura é uma ciência aplicada, um negócio, um estilo de vida e, acima de tudo, uma questão de cidadania cooperativa. Dele deveria vir o empregado urbano treinado, familiar aos problemas municipais e competente para fazer "sua parte" sob as regras e no espírito do serviço civil. Dele deveriam vir não apenas mecânicos altamente capacitados, mas também aqueles que além de sê-lo entendem os aspectos humanos e econômicos das indústrias e têm as qualificações para uma liderança, mas não para as arbitrariedades da autocracia do capital. (Lange, 1917, republicado em Diener, 1986, p.71-2)

O CONTRASTE ENTRE AS CONVICÇÕES DOS LÍDERES E AS TENDÊNCIAS DA SOCIEDADE NORTE-AMERICANA

O que se pode perceber, tanto nas lideranças universitárias quanto nos seus competidores (os "vocacionalistas" da AAJC), é uma concepção hierárquica de sociedade, de uma estratificação que atribui a cada indivíduo um lugar na sociedade. E atribui à escola a preparação para esse destino percebido ou prenunciado. De um lado, diriam, porque a sociedade não precisa de tantos profissionais superiores. Em 1931, Eells (1941a, p.289) escrevia que, para preencher as tais "profissões" não seriam necessários mais do que 10% da população registrada pelo censo. Junte-se o desnecessário ao quase impossível: os testes de aptidão mostravam que seria algo hercúleo (e em grande medida condenado ao insucesso) tentar guindar a "parte de baixo" dos estudantes ao escalão superior. Em suma, temos dois vetores ou coeficientes para o cálculo: (a) o sistema socioeconômico, a estrutura produtiva e a cidadania informada não precisam de tantos graduados em nível superior (*leaders* [líderes]) e precisam de muitos níveis intermediários (bons *followers* [seguidores]); (b) o contingente humano disponível (de jovens) abriga potenciais qualitativamente distintos.

Leonard Koos, Walter Eells e Doak Campbel, dirigentes da AAJC e de sua revista, lideram essa construção de um campo ideológico próprio aos *junior colleges*, substituindo a visão de "transferência" da antiga liderança universitária. E fazem questão de utilizar um argumento progressista para justificar a posição conservadora descrita no parágrafo anterior: a seu ver, o que estavam propondo era uma democratização baseada na popularização do acesso à educação, nos níveis possíveis e desejados pelas diferentes clientelas. Uma espécie de democratização possível ou "adequada". Goodwin procura mostrar que a ideologia dos *junior colleges*, exposta por esses líderes da AAJC, não era apenas uma panaceia pedagógica, era uma panaceia social. A nova visão se apresentava como um programa prático, realista, democrático e responsivo para o seu público.[7]

Em 1930, a AAJC criou sua revista, o *Junior College Journal*, dirigida por Walter Eells. Desde o editorial de lançamento, o periódico assume, claramente, o papel de tribuna para o argumento vocacional, um órgão formador para uma corrente de pensamento e uma arma para se libertar da tutela das universidades e de suas lideranças. Além da ênfase nos currículos vocacionais, Eells, em especial, elaborou formulações algo proféticas, procurando mostrar que os

---

[7] Ainda uma palavra deve ser dita sobre as convicções sociais ou ideológicas dessa liderança. Frye insiste no fato de que eles viam o futuro com viés ao mesmo tempo confiante (confiança na técnica, na ciência e na liderança americana) e preocupada. A preocupação se referia à necessidade de suprir necessidades da nova sociedade e da nova economia (o vocacionalismo) e, também, de suprir um tipo de educação geral (associada à ideia de eficiência social) que fizesse frente ao inevitável stress resultante das rápidas transformações sociais em curso.

junior colleges deveriam operar uma conversão: "olhar para fora, em direção à comunidade" e não "para a cima, em direção à universidade" (Eells 1931, p.2).

O paradoxo, porém, é que os estudantes dos *junior colleges* e suas famílias pareciam preferir os programas de ascensão acadêmica (as transferências) e não os vocacionais. Também políticos locais e professores preferiam que suas comunidades abrigassem escolas superiores "de verdade" e não escolas secundárias "melhoradas". Além disso, outra defasagem era evidente. Se era verdade que a passagem para uma economia industrial moderna e uma socie-dade urbana mais complexa engendrava novas profissões e semiprofissões, o crescimento dos *junior colleges* ocorria muito mais fortemente em estados que não respondiam a esse perfil. Meier (2008, p.357) resume o problema:

> A maioria dos primeiros *junior colleges* estava localizada em comunidades de porte pequeno ou médio, predominantemente em condados rurais. Os líderes de movimentos locais eram sensíveis à maioria de estudantes-consumidores que de-mandavam cursos que permitissem transferências, dado que o currículo vocacional, terminal, ofereceria pouca oportunidade em mercados de trabalho locais fracos. Dougherty (1994) demonstra que os *junior colleges* de Washington começaram como instituições paralelas à universidade. A vocacionalização só começou seriamente depois da Segunda Guerra Mundial. Mas isso porque a economia da Washington do pré-guerra confiava fundamentalmente na agricultura, na pesca, nas indústrias extrativas e no transporte, áreas que não requeriam muito em termos de educação técnica formal. Havia poucas opções locais de colleges de quatro anos para alunos, similares ao Central Valley da Califórnia, e menos oportunidades ainda dentro dos mercados de trabalho pré-profissionais. Os líderes podem ter pressionado pela vocacionalização do sistema após a guerra por razões pessoais e profissionais, mas eles só puderam fazê-lo porque os mercados de trabalho de Washington estavam mais complexos depois da guerra; os estudantes-consumidores viam oportunidades para avanço vocacional através dos *community colleges*. Há também pouca dúvida de que os administradores públicos e líderes educacionais em Washington tentaram pressionar mais consumidores educacionais para as trilhas vocacionais.

Frye insiste nesse ponto. Por um lado, aponta a transformação nas es-truturas ocupacionais, fator que constituía enquadramento fundamental nos arrazoados dos líderes da AAJC:

> O declínio no trabalho agrícola e a forte expansão no trabalho não agrícola mu-daram o foco da oportunidade nos Estados Unidos. O emprego para trabalhadores não manuais cresceu de 5.115.000 para 16.082.000 postos entre 1900 e 1940. Isso inclui um crescimento de 2.645.000 nas vagas profissionais, técnicas e afins e um crescimento de 3.459.000 vagas administrativas no mesmo período. O impacto bruto foi impressionante. Entre 1900 e 1940 a população dos Estados Unidos estava sendo submetida a mudanças rápidas e dramáticas nos requisitos ocupacionais.

Essa mudança supunha mudanças igualmente radicais tanto residenciais quanto comportamentais. (Frye, 1992, p.23)

O lugar em que os *junior colleges* cresciam, contudo, não era o lugar onde se desenvolviam essas tendências:

A população rural declinou como proporção do total nacional. Alguns estados predominantemente rurais vivenciaram declínios populacionais absolutos e relativos depois de 1929. Este incluem Montana, Oklahoma, Kansas, South Dakota, North Dakota e Vermont. Oklahoma, Kansas e Nebraska foram três estados que mostraram desenvolvimento significativo de *junior colleges* ao longo deste declínio. Os junior colleges públicos, na verdade, cresceram nas áreas economicamente menos avançadas. (Frye, 1992, p.22)

Com raras exceções esses colleges eram em cidades pequenas afastadas de universidades e *colleges* de quatro anos, públicos ou privados. Entre as poucas exceções, a maioria estava em grandes cidades como Los Angeles e Chicago. Levando em conta que a ideologia do *junior college* enfatizava a educação terminal para todos os estudantes, é reveladora a ausência deles em áreas já servidas por *four-years colleges* e universidades. (ibidem, p.77)

Críticos acerbos dos *community colleges*, Brint e Karabel batem muito em uma dessas defasagens, para apontar o conflito entre a pressão dos "de baixo" e o programa dos "de cima": apenas a minoria dos estudantes dos *junior colleges* matriculava-se em programas vocacionais ou terminais. A maioria preferia os programas preparatórios para a continuidade dos estudos – pretendia chegar à universidade, ao *four-year college*. Os dados confirmam e os próprios líderes da AAJC reconhecem esse fato. Eells e Koos, como vimos, lamentam tal inclinação. Contudo, parece-nos que talvez Brint e Karabel deixem de perceber um matiz. Os ideólogos da AAJC não pregavam apenas para os que já estavam nos *junior colleges*, nem, talvez, tivessem esse público como principal referência. Ao que tudo indica, eles estavam de olho numa ampliação da audiência, rumo àqueles que ainda estavam excluídos do sistema, aquele segmento da sociedade norte-americana apelidada de "maioria negligenciada" por Dalle Parnell (1989) ou daqueles "americanos esquecidos" de E. Alden Dunham (1969).

DESDE LOGO, A CALIFÓRNIA NA VANGUARDA

Como vimos, o estado pioneiro do movimento *junior college* foi, sem dúvida, a Califórnia. Estado rico, populoso, com uma *high school* massificada, tinha tudo para isso e contava com um ambiente institucional favorável, inclusive o apoio decidido das lideranças universitárias e dos administradores do sistema escolar. Não por acaso, portanto, o movimento dos *junior colleges* teve uma alavanca em um relatório da Carnegie Foundation for the Advancement of Teaching (CFAT), sobre a educação superior daquele estado. O relatório foi encomendado pelo governador, seguindo recomendação da legislatura, que discutia a possibilidade e/ou conveniência de transformar os *two-year colleges* e os especializados *teacher's colleges* em *colleges* liberais de quatro anos. O relatório – *State Higher Education in Califórnia*, publicado em 1932 – tornou-se uma referência para todas as posteriores iniciativas de "racionalização" dos sistemas estaduais de educação, dando nascimento ao que se poderia chamar de Califórnia Idea, ou modelo-Califórnia.[8]

A comissão da CFAT – chamada de Comissão dos Sete – era em grande parte hegemonizado pelos administradores das universidades e constituía uma síntese da elite de formuladores de política educacional. Seu foco era a racionalização, a seleção científica dos elegíveis para cada segmento de educação, de alocação eficiente dos recursos, de democratização "bem dosada". A Comissão desde logo endossou a tese vocacional ou terminal como missão preferencial dos *junior colleges* e, além disso, tendia a concordar com Leonardo Koos, vinculando-os mais ao sistema secundário do que à educação superior. Antecipando-se a algo que seria forte depois da Segunda Guerra Mundial (e da comissão Truman), questionava mesmo a denominação *junior college*, que induzia a pensar a instituição-invento como um degrau inicial da universidade. O *junior college*, dizia a Comissão, deveria ser visto como o lado de cima da "educação comunitária para uma vida civilizada em geral" (CFAT, 1970, p.43), um instrumento de socialização.

A modelagem dos currículos deveria ser coerente com essa missão, visando essa função terminal, não a transferência para a universidade. Comentando essa formulação, Brint e Karabel destacam que o relatório rebaixava e contrariava as aspirações dos estudantes, os quais, na sua maioria, tendiam a declarar a intenção de seguir adiante rumo à universidade. Mais uma vez, parecem esquecer que a CFAT, assim como os ideólogos da AAJC, estavam falando para uma plateia maior, aquela que ainda estava fora de qualquer escola superior.

A CFAT (1970, p.41) também se apoiava nas "evidências cientificas" dos testes de aptidão e avaliações psicológicas, que, na época, tendiam a legitimar a ideia de estratos encaixáveis ou destinados a diferentes destinos.

De todo modo, as pressões para a expansão do sistema estavam na ordem do dia. Era quase imperativo promover a massificação da *high school* e uma política de preços baixos nos *junior colleges*, baixos para o poder público e para a família do estudante. A tendência era tão forte que as matrículas cresceram mesmo durante a Depressão dos anos 1930, já que a escola passava a ser uma alternativa de ocupação num mundo sem empregos. Uma vez mais na história norte-americana, e de modo algum a última, a política de educação era um sucedâneo não declarado de políticas sociais

---

[8] Ver história detalhada desse modelo em Douglass (2000, c.4).

com outros alvos, não exatamente educacionais.[9] Assim, a frase de Eells (1940, p.33) não fazia mais que expressar um argumento comum durante a depressão: "Certamente, tanto do ponto de vista econômico quanto do social, é preferível o investimento na educação em *junior colleges*, mesmo que inteiramente às custas do governo, do que investir no cuidado de jovens em presídios estaduais e federais".

Outro depoimento confirma essa substituição da política social pela linha de menor resistência de uma política educacional:

> Ao longo de 1934, vários estados reconheceram a necessidade de fornecer educação e, particularmente, ensino superior, para os graduados de escolas secundárias que não conseguiam achar emprego, e que, devido a restrições financeiras, não conseguiam frequentar a faculdade mesmo estando qualificados para isso. Ao mesmo tempo, eles reconheceram a necessidade de por para trabalhar aqueles professores de escola e faculdade que estavam entre os desempregados. Como recompensa por seus esforços, fundos da Federal Emergency Relief Administration – Fera [Administração Federal para Auxílio de Emergência] foram disponibilizados para desenvolver junior colleges emergenciais onde milhares de estudantes se matricularam. Algumas universidades associadas concordaram em aceitar transferências desses *junior colleges* e a reconhecer integralmente o crédito pelo trabalho que neles se realizara. De modo geral, esses *junior colleges* de emergência são instituições provisórias que ocupam edifícios de escolas ou espaços cedidos para uso depois do expediente – isto é, no fim da tarde ou à noite quando os edifícios não estavam sendo usados. Eles têm permissão para usar as instalações da escola, como mesas, bibliotecas, cantinas e equipamento. Professores são selecionados entre instrutores e professores desempregados com base em seu treinamento e capacidade. O movimento do *junior college* de emergência não é geral, mas localizado em alguns poucos estados. (Greenleaf, 1936, p.25-8)

A aspiração da profissão ou da "semiprofissão" era também consequência de transformações no mundo dos negócios norte-americanos. Ao homem que erguia e desenvolvia seu próprio estabelecimento, comercial ou manufatureiro, ou que o herdava do pai, sucedia outro personagem, agora bem mais numeroso: o homem que encontra emprego especializado numa corporação. David Levine comenta detalhadamente a relevância desse fator. Lembra que entre as duas grandes guerras, pela primeira vez na história dos Estados Unidos, a educação superior se tornava uma espécie de parte essencial da estratégia de sucesso, de conquista de prestígio e riqueza. Sintetizava: "O dia do *self-made man* estava passando; a era do especialista treinado pela faculdade tinha chegado" (Levine, 1986, p.43). O mesmo autor registra o impacto dessa mudança na confecção dos currículos e conteúdos

---

[9] Em outro contexto, Grubb lembra essa tendência do "Evangelho da Educação": fazer que a instituição escolar cubra a ausência ou fragilidade de um estado de bem-estar social.

dos cursos, lembrando que, um após o outro, os *colleges* modificaram seus currículos e padrões de admissão e organização (ibidem, p.43).

Aceleradamente, caía o percentual de estudantes formados que se encaixavam na rubrica do *"self-employed"*: 51,9% no começo do século; 32% nos anos 1920; e 24,9% nos anos 1930. O ensino superior parecia cada vez mais um fornecedor do novo e crescente segmento dos funcionários de "colarinho branco", uma nova classe média:

> Não apenas cresceu substancialmente a proporção de administradores formados em colleges após a Primeira Guerra Mundial, mas outras ocupações que requeriam uma graduação também desfrutaram de uma parcela desproporcional do crescimento econômico durante os prósperos anos 1920 e sofreram menos do que as antigas ocupações durante a Depressão dos anos 1930. O valor de um diploma de graduação subiu na medida em que as instituições de ensino superior ampliaram sua órbita de influência para incluir ocupações administrativas além do âmbito das profissões liberais. O tempo do *"self-made man"* tinha acabado; as décadas entre as duas Guerras Mundiais testemunharam a ascensão dos homens formados pela faculdade. (ibidem, p.67)

Como resultado da disputa entre a transferência (*transfer*) e vocacional, a maioria dos *junior colleges*, nesse período, tinha uma estrutura curricular de duas trilhas. A AAJC cumpria um papel decisivo na unificação do movimento, na manutenção de seu entusiasmo, nas políticas de padronização. E, claro, na difusão de convicções ideológicas como aquelas expressas por seu dirigente principal, Walter Eells (1941b, p.29):

> Há uma crescente necessidade de que os jovens estejam mais preparados para as responsabilidades cívicas, a compreensão social, responsabilidades e deveres domésticos, observância da lei e devoção à democracia. Em uma época em que o modo de vida democrático está sendo posto à prova como nunca esteve, é essencial ter cidadãos inteligentes e bem instruídos. Não é suficiente que as lideranças sejam instruídas. Também é essencial que sejam instruídos aqueles que seguem os líderes [...] De modo geral, a universidade tende a selecionar e educar os jovens com inteligência e habilidades superiores. Numa democracia, no entanto, o voto do cidadão de habilidade inferior ou média conta tanto, nas urnas, quanto o voto do gênio.

Eells via o *junior college* como parte do sistema de educação superior. Koos preferia vê-lo como parte do sistema secundário. A diferença de opiniões era patente e registrada pelos documentos da época e comentada na literatura especializada posterior. Concretamente, grande parte dos *junior colleges* funcionava em prédios de *high schools*. Mais uma vez, com base em volumosa documentação, a literatura especializada na história do sistema corrobora esse vínculo, sintetizado em registro de Levine (1986, p.175):

Ainda nos anos 1930, bem mais de três em cada quatro *junior colleges* ainda eram abrigados em escolas secundárias. Em Creston, Iowa, o *junior college* ocupava o segundo andar da nova escola secundária aberta no outono de 1926. Localizado, ou "felizmente situado", a 65 milhas do *college* de quatro anos mais próximo, o Creston Junior College atraiu 104 alunos de dezoito escolas secundárias para suas modestas instalações, escritórios, biblioteca, sala de redação e poucas salas de aula. Os estudantes do *junior college* partilhavam o laboratório, o ginásio e o auditório com os 570 alunos da escola secundária.

No estado líder dos *junior colleges*, a Califórnia, essa estratificação aparecia claramente nas estruturas de governança do sistema público de educação. Veja-se o quadro fornecido por Douglass (2000) (Figura 4.1).

Figura 4.1 – Estruturas de governança do sistema público de educação superior da Califórnia

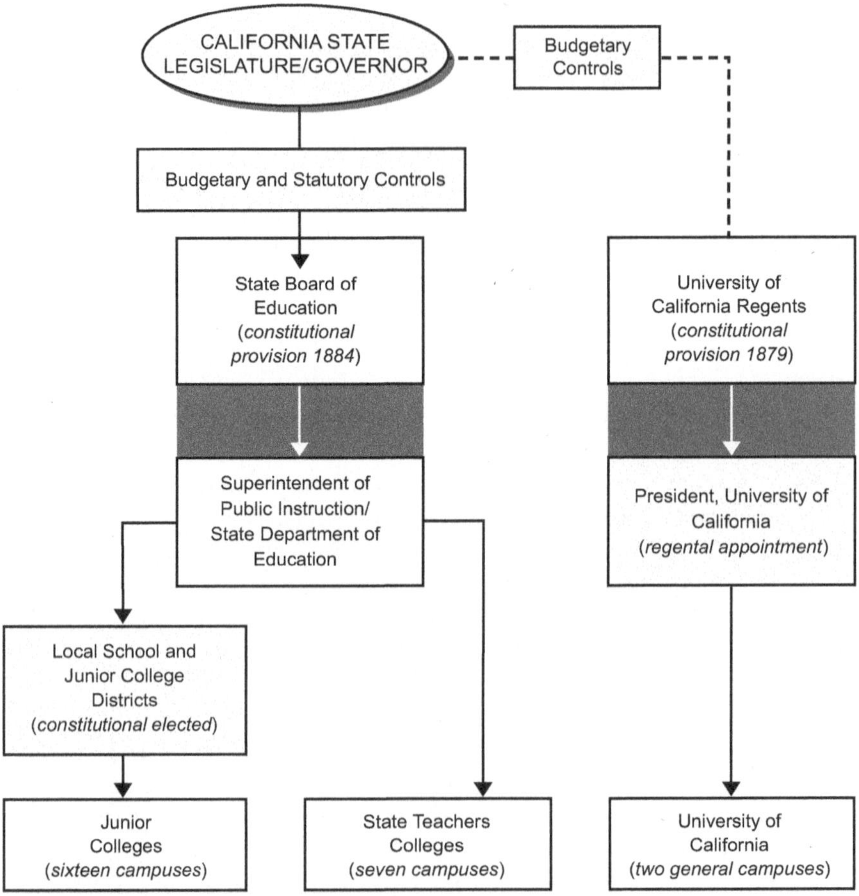

Fonte: Reproduzido de Douglas (2000, p.129)

Educação superior nos Estados Unidos

A posição de Eells acabou por predominar no debate e nos fatos: o *junior college* ocupou um nicho do ensino superior, não do secundário. A argumentação de Eells parecia sedutora: chegar à faculdade se tornara uma ambição e já quase um hábito norte-americano. E *"college"* queria dizer, no interior dessa aspiração crescente, escola superior, não ensino médio. Seria difícil e improvável vender a ideia de um *college* híbrido, nem superior, nem médio (Eells, 1931, p.72).

Naquilo em que concordavam – a ênfase sobre o caráter predominantemente terminal e vocacional do *junior college* – Eells, Campbell e Koos ganharam poderosos aliados, os *think-tanks* das fundações filantrópicas relevantes. O General Education Board (GEB), patrocinado pela Fundação Rockfeller, e a Carnegie estavam decididos a fazer vingar essa trilha. Verbas eram destinadas a estudos, promoção de eventos e conferências, publicações. Era uma campanha, enfim.

Mas, ao que tudo indica, mais uma vez, como em todas ou quase todas grandes definições de políticas norte-americanas, coube à guerra a palavra fundamental. A Segunda Guerra Mundial teve notável importância para acentuar a missão vocacional e/ou comunitária dos agora denominados *Community Colleges*. Os experimentos realizados durante o conflito, na área de educação de adultos e formação profissional de curta duração, teriam não apenas ampliado a influência do *junior college* na comunidade, mas, também, alterado sua missão e o tipo de estudante que o procurava (Meier, 2008, p.137). Nessa transfiguração, um papel relevante coube à pervasiva e polifacética noção de educação continuada, ou *"lifelong learning"* [educação continuada].

O estudo de Meier lembra o caso emblemático da formação de enfermeiros:

> Um dos fatos mais importantes durante a guerra foi o crescente envolvimento da Associação Americana de Junior Colleges (AAJC) no recrutamento de alunos dos junior colleges para serviços de enfermagem nos hospitais militares e locais. Essa atividade levou à investigação da educação técnica de enfermagem após a guerra. Essa era uma área de educação vocacional na qual as demandas dos alunos de *junior colleges* por mais aulas e professores se expandiriam continuamente. Em parte graças ao ímpeto da Segunda Guerra Mundial, enfermagem e programas de saúde relacionados representam a mais proeminente história de sucesso vocacional dos *community colleges*, dado que hoje 62% de todos os profissionais e paraprofissionais de saúde recebem seu treinamento em *colleges*. (Meier, 2008, p.116)

Como não podia deixar de ser, a literatura especializada destaca o impacto das iniciativas federais nos *community colleges* (cf. Vaughan, 1984a; Brint; Karabel, 1989). Do ponto de vista do discurso, a Comissão Truman popularizara o nome *community college* e, em certa medida, oferecia um painel de propaganda e legitimação para o movimento, difundindo a crença,

103

a expectativa (e a reivindicação) de que um desses *colleges* estivesse sempre perto de onde se morava. Do ponto de vista prático, o GI Bill parece ímpar: os *junior colleges* (agora *community*) dobraram seu número de estudantes entre 1944 e 1947. Um grande número de *community colleges* públicos foi criado nesse período, mais uma vez com a liderança da Califórnia. Em 1946, mais de 40% dos estudantes dos *community colleges* eram veteranos bolsistas.

Figura 4.2 – Educação vocacional ligada à guerra

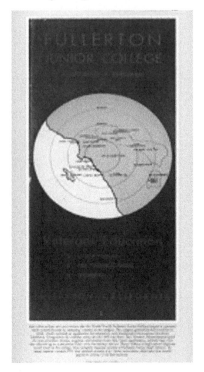

BALANÇO DO PRIMEIRO CICLO (1900-1945)

Neste ponto já podemos fazer uma avaliação do crescimento do "movimento *junior college*" nessa primeira metade século XX:

1) O movimento cresce a despeito das diferenças cada vez mais evidentes entre os ideólogos nacionais, vinculados à AAJC, e a "clientela", isto é, estudantes e suas famílias. Os primeiros preferem escolas terminais ou vocacionais, os segundos preferem os programas de transição ou transferências para a universidade. As autoridades locais são frequentemente inclinadas para essa segunda linha, pelo prestígio mais alto que uma comunidade tem ao abrigar uma escola

superior "de verdade". Para os professores, a ascensão na hierarquia do prestigio também empurrava nessa direção.

2) Se, por um lado, é verdade que a emergência de uma sociedade urbana mais complexa e uma economia industrial moderna engendram novas profissões e "semiprofissões", por outro, o crescimento dos junior colleges se deu muito mais fortemente em estados que não respondiam a esse perfil.

3) Mesmo antes da Segunda Guerra Mundial, o junior college cresceu e deixou de ser marginal no conjunto do sistema de educação superior, embora continuasse confinado a segmentos reduzidos da sociedade norte-americana, a elite e sua periferia mais próxima.[10] Esses estudantes estavam mais interessados na continuação dos cursos, ou seja, na universidade, do que em cursos vocacionais, terminais. Depois da Segunda Guerra, a escola superior de dois anos se massificaria, quase que repetindo, em outro patamar, o destino da *high school* do começo do século. Invade as grandes cidades, deixa de ser um fenômeno do Oeste e do Sul, incorpora os segmentos de renda media-baixa e a classe trabalhadora. É o que veremos no próximo capítulo.

---

[10] Os *junior colleges* matriculavam porcentagens menores de estudantes de grupos socioeconômicos mais elevados do que as escolas de quatro anos. Eles matriculavam mais alunos dos grupos sociais mais baixos do que as escolas de quatro anos; no entanto, a porcentagem de estudantes do grupo mais baixo ainda era pequena. Os *junior colleges* parecem ter ampliado a matrícula nos *colleges* horizontalmente, por meio dos grupos sociais, mas não verticalmente, nos grupos mais baixos, de forma significativa. Na sua constituição social, os *junior colleges* refletem mais o movimento das matrículas na escola secundária do que os *colleges* públicos ou privados de quatro anos. Mas esses fatores não resultaram na matrícula em cursos direcionados a ocupações intermediárias nem a posições sociais intermediárias. Ao contrário, os alunos dos *junior colleges* faziam cursos que eram preparatórios para o estudo nas universidades (Frye. 1992, p.98).

ANEXO AO CAPÍTULO 4
OS DADOS DO *JUNIOR COLLEGE* REUNIDOS POR UM DE SEUS PROFETAS, WALTER CROSBY EELLS

Em um livro de 1941,[11] Walter Crosby Eells, presidente da AAJC e editor de sua revista, faz uma avaliação dos avanços dessas instituições no mapa da educação superior norte-americana. Vale a pena comentar alguns de seus dados, porque ilustram tendências que iriam se consolidar a seguir.

A primeira constatação, alicerçada em contagem cuidadosa da AAJC, é a concentração dos *junior colleges* e das matrículas em determinados estados e regiões: apenas uma pequena fração é registrada para a costa leste. Isso se destaca no mapa da Figura 4.3 e é detalhado pelo Quadro 4.1.

Figura 4.3 – Desequilíbrio das matrículas em *junior colleges* (1941)

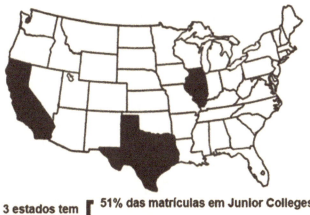

---

[11] Todos esses dados e imagens foram extraídos (traduzidos e adaptados) de Eells (1941a).

Quadro 4.1 – *Junior colleges*: números de escolas, matrículas e quadro docente por estados e regiões (1941)

Regiões e Estados	Junior Colleges			Matrícula			Corpo docente		
	Total	Public	Private	Total	Public	Private	Total	Public	Private
United States..	610	261	349	236,162	168,228	67,934	13,545	7,176	6,369
New England	47	0	47	10,665	0	10,665	1,077	0	1,077
Connecticut ...	14	0	14	3,170	0	3,170	302	0	302
Maine ..	4	0	4	517	0	517	70	0	70
Massachusetts	23	0	23	5,994	0	5,994	564	0	564
New Hampshire	3	0	3	530	0	530	75	0	75
Vermont .	3	0	3	454	0	454	66	0	66
Middle States	67	10	57	15,399	2,974	12,425	1,384	143	1,241
Canal Zone	1	1	0	499	499	0	18	18	0
Dist of Columbia	11	0	11	3,049	0	3,049	263	0	263
Maryland	8	0	8	1,163	0	1,163	165	0	165
New Jersey	11	3	8	2,990	1,234	1,756	196	46	150
New York	12	0	12	2,936	0	2,936	303	0	303
Pennsylvania	24	6	18	4,762	1,241	3,521	439	79	360
North Central .	224	136	88	67,747	52,564	15,183	4,401	2,822	1,579
Arizona	2	2	0	1,184	1,184	0	54	54	0
Arkansas	9	6	3	2,692	2,416	276	164	133	31
Colorado	7	3	4	2,106	1,577	529	133	74	59
Illinois	24	12	12	19,589	16,574	3,015	796	524	272
Indiana	5	1	4	623	128	495	56	11	45
Iowa.	36	27	9	3,768	2,554	1,214	437	291	146
Kansas	24	15	9	5,798	5,125	673	438	320	118
Michigan	13	9	4	4,187	3,779	408	267	231	36
Minnesota	16	13	3	3,326	3,062	264	278	244	34
Missouri .	24	10	14	8,143	3,741	4,402	717	223	494
Nebraska ..	5	2	3	800	355	445	73	35	38
New Mexico	2	2	0	1,319	1,319	0	69	69	0
North Dakota .	4	4	0	912	912	0	76	76	0
Ohio	8	1	7	2,203	249	1,954	144	17	127
Oklahoma	30	26	4	5,409	5,136	273	410	370	40
South Dakota	4	0	4	363	0	363	39	0	39
West Virginia	4	1	3	1,052	351	701	73	20	53
Wisconsin .	7	2	5	4,273	4,102	171	177	130	47
Southern	183	56	127	47,577	24,403	23,174	3,233	1,228	2,005
Alabama	8	0	8	1,173	0	1,173	116	0	116
Florida	7	1	6	1,908	124	1,784	133	22	111
Georgia	20	11	9	5,635	4,360	1,275	340	247	93
Kentucky	14	2	12	3,514	381	3,133	212	19	193
Lousiana	3	2	1	876	781	95	70	56	14
Mississippi	22	12	10	5,205	4,156	1,049	410	269	141
North Carolina	25	2	23	6,602	1,818	4,784	450	11	439
South Carolina	11	0	11	1,553	0	1,553	110	0	110
Tennessee .	14	1	13	2,860	420	2,440	284	30	254
Texas	43	24	19	15,085	11,822	3,263	818	574	244
Virginia	16	1	15	3,166	541	2,625	290	0	290
Northwest	25	11	14	8,535	5,621	2,914	577	346	231
Idaho	4	3	1	2,110	1,764	346	140	123	17
Montana	5	3	2	770	708	62	74	55	19
Oregon	2	0	2	958	0	958	74	0	74
Utah	6	5	1	3,299	3,149	150	191	168	23
Washington	8	0	8	1,398	0	1,398	98	0	98
Western (California)	64	48	16	86,357	82,666	3,691	2,905	2,637	268

Um outro traço relevante do fenômeno, que também é retratado no Quadro 4.1 e representado no Gráfico 4.5, é o caráter basicamente público da expansão. O *junior college* tende, cada vez mais, a ser uma escola pública.

Gráfico 4.5 – *Junior colleges*: escolas e matrículas, públicos e privados

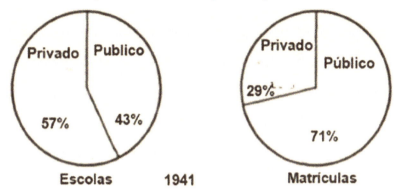

Mesmo quando o número de escolas privadas é maior (como se vê no Gráfico 4.5), o número de matrículas no setor público é claramente superior. Isso se dá porque o *junior college*, além de ser cada vez mais uma escola tipicamente pública, é, também, cada vez mais, tipicamente grande. Veja-se o Gráfico 4.6.

Gráfico 4.6 – Número de *junior colleges* e matrículas por classe de tamanho (1941)

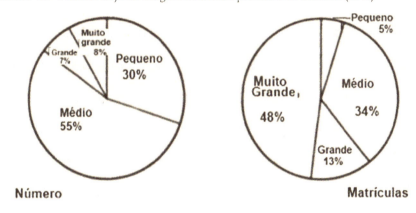

Essas duas tendências explicam as curvas do Gráfico 4.7 e Figuras 4.4 e 4.5. O número de *colleges* mostra uma inclinação significativa ao longo do tempo. Mas o número de matrículas tem uma inclinação sensivelmente maior. Em outras palavras: o *junior college* tende a ser público e de grande porte. A discriminação das curvas do setor privado e do setor público evidencia essa tendência.

Gráfico 4.7 – Crescimento do número de matrículas em *junior colleges* (1900-1941)

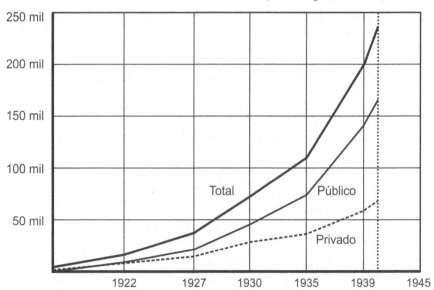

A concentração nos estados fora da costa leste também fica mais caracterizada quando Eells separa, no mapa, os *junior colleges* públicos (em geral grandes) e privados (em geral pequenos).

Figura 4.4 – *Junior colleges* públicos (1941)

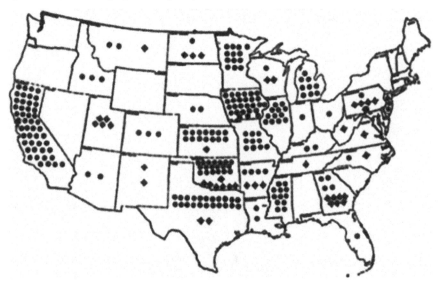

Educação superior nos Estados Unidos

Figura 4.5 – *Junior colleges* privados (1941)

5

COMMUNITY COLLEGES DEPOIS DA SEGUNDA GUERRA MUNDIAL – CRESCIMENTO E NOVA IDENTIDADE (1945-1985)

Este capítulo começa com as grandes mudanças do pós--Segunda Guerra Mundial. Fortemente estimulado pelo governo federal, o *junior college* transforma-se no *comprehensive community college*. Não se trata apenas da mudança de nome, mas como veremos, de concepção. Veremos, também, que na metade dos anos 1960 inicia-se uma escalada dos *community colleges* para se tornarem o segmento numericamente mais significativo da graduação superior, a principal porta de entrada nesse sonho americano. A narrativa para na metade dos anos 1980, quando se abriria uma fase completamente nova da educação superior norte-americana, aquela que Roger Geiger chama de "era da privatização". Trataremos desse momento no próximo capítulo.

DO *JUNIOR AO COMMUNITY* COLLEGE (1946-1985)

Como dissemos, dois eventos marcam o início desse período. O primeiro deles é a emissão do GI Bill, a lei que beneficiava os veteranos da Guerra. Já tratamos desse tópico anteriormente. Detalhemos o segundo evento.

Em julho de 1946, o presidente Harry Trumman estabeleceu a President's Commission on Higher Education [Comissão Presidencial para a Educação Superior], mais conhecida como Comissão Trumman. Tratava-se de um grupo de 28 especialistas, liderado por George F. Zook, ex-chefe da divisão de educação superior do governo federal (1920-1925). Em 1920, Zook encabeçara a conferência que deu origem à AAJC. Em 1946, era presidente do American Council on Education (ACE) [Conselho Americano de Educação]. Em dezembro de 1947, a comissão entregava seu relatório, "Higher Education for American Democracy" [Educação superior para a democracia americana], em seis volumes.

O documento é marcante na história dos *community colleges*. O entusiasmo pelo ensino superior curto era visível e, em grande medida, reproduzia os evangelhos dos homens da AAJC (principalmente Koos). Também era entusiasta da trilha dita terminal dos *two-year colleges*, voltada para a formação das "semiprofissões". Tomava o cuidado de recomendar tempero não vocacional nos cursos, evitando a exclusão da chamada "educação geral" e combinando competência técnica com compreensão social. Um elemento simbólico, mas significativo, foi o novo batismo: a comissão propunha substituir *junior college* por *community college*, com tudo o que isso implicava na missão da escola.

De fato, a elaboração da Comissão tinha como ponto de partida um experimento maior e alguns outros precedentes. A partir do modelo Califórnia, hierárquico e segmentado, outros estados haviam mergulhado na construção de grandes sistemas – Nova York, Washington, Pensilvânia, Geórgia. Alguns estados resistiam à ideia. Em Ohio, por exemplo, a relutância em grande parte se devia ao fato de que cinco universidades públicas mantinham *campi* auxiliares (extensões do *campus* principal) em muitas comunidades locais (cf. Medsker, 1960, p.259-64), uma solução alternativa para estender e capilarizar o acesso.

A esse respeito, Medsker recolhe o depoimento de D. H. Eikenberry, da Ohio State University:

> Com 54 *colleges* e universidades servindo uma população total de oito milhões, é forte a crença, entre educadores e leigos igualmente, de que as oportunidades educativas no nível pós-secundário são adequadamente proporcionadas e que, consequentemente, não há necessidade de *junior colleges* públicos. (apud Medsker, 1960, p.260)

Esse diagnóstico, formulado em 1954, seria fortemente corroborado pelos fatos alguns anos depois. Assim, em 1959, as universidades públicas de Ohio mantinham unidades de ensino em 22 comunidades locais, oferecendo praticamente os mesmos cursos e atividades que existiam nos *campi* principais. As aulas eram programadas para o período vespertino, noturno e aos sábados. O sistema de escolas públicas colaborava com as universidades disponibilizando suas instalações (Medsker, 1960, p.261). Era um modo alternativo de buscar metas semelhantes.

Arranjos como esses não aconteciam apenas em Ohio. Há outros exemplos de universidades que tomaram iniciativas para capilarizar e facilitar acesso ao ensino superior mediante a criação de pontos de ofertas dos primeiros anos de *college*. Na Pensilvânia, os primeiros *two-year colleges* eram criados como *campi* auxiliares do Pennsylvania State College. A University of South Carolina criou diversos *campi* auxiliares. As universidades estaduais do Kentucky, Alaska e Hawaii também organizavam *community colleges* em torno de si. Algumas universidades públicas criavam *community colleges* dentro de seu próprio *campus* principal (Cohen; Brawer, 1996, p.18).

Um caso algo singular é o da Flórida, tal como relatado por Gleazer (1968). Naquele estado se desenha uma forma nova de articular Universidades e *community colleges*:

> Duas universidades, Florida Atlantic e West Florida, foram criadas para concentrar esforços no terceiro e quarto anos do programa de bacharelado e na primeira graduação. Não ofereciam cursos de primeiro e segundo anos. Os formados pelos *community colleges* seriam uma fonte principal de alunos para estas novas universidades. (Gleazer, 1968, p.25)

E o crescimento seria extraordinário. Em 1957, 20% dos calouros do estado estavam em *community colleges*. Em 1967, o percentual saltara para 60%. O Gráfico 5,1 mostra essa evolução:

Gráfico 5.1 – Flórida – ingressantes no ensino superior e sua distribuição entre diferentes instituições (1957-1966)

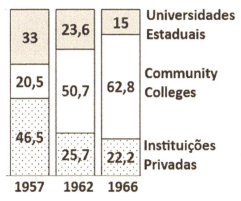

Fonte: Gleazer (1968, p.25)

Esse crescimento capilarizado se devia em grande parte a uma especificidade dos *two-year colleges*. Gleazer (1968, p.8-9) sublinha que a articulação universidades/*community colleges* é complexa e que estes não são apenas replicas dos dois primeiros anos da universidade. Suas especificidades em certa medida os aproximam dos serviços de extensão. Gleazer reproduz passagem de um documento do Coordinating Council for Higher Education da California, datado de janeiro-1965, que resume essa percepção de um lugar próprio e distintivo para os *community colleges*:

> Por sua história e por seu mandato legal, os *junior colleges* da Califórnia devem complementar e não imitar os outros segmentos do ensino superior. Essa diversidade entre iguais reconhece certas sobreposições nas qualificações dos alunos atendidos e na natureza dos programas oferecidos pelos *junior colleges*, *colleges* estaduais e pela universidade estadual. Mas os *junior colleges* estão particularmente encarregados de fornecer serviços e programas não oferecidos pelas outras instituições e de educar um corpo discente mais heterogêneo. (apud Gleazer, 1968, p.9)

De certo modo, essa expansão respondia a dois movimentos – de baixo para cima e vice-versa. Um novo público demandava ensino superior e acreditava nessa possibilidade e nesse direito. Ir ao *college* tornava-se uma aspiração popular disseminada e legitimada. De outro lado, lideranças políticas e acadêmicas tinham outros motivos para apoiar tal expansão: eficiência econômica (treinamento, produtividade), apoio político, coesão social, captura de talentos. Assim, dizem os estudiosos, a educação superior parecia, finalmente, chegar aos andares de baixo da sociedade norte-americana (Cohen; Brawer,1996, p.46).

NOVOS PÚBLICOS PARA A EDUCAÇÃO SUPERIOR?

Essa expansão "para baixo" implicava maior variedade na admissão dos calouros, agora mais distribuídos no que diz respeito aos estratos de renda e propriedade, e das etnias minoritárias (negros, hispânicos, asiáticos). Em contrapartida, registra uma transformação em especial, a incorporação das mulheres, em percentuais cada vez maiores, algo também estimulado pelo esforço de guerra e mantido a seguir (Cohen; Brawer, 1996, p.48).

Com base em dados do National Center for Education Statistics, Cohen aponta que mesmo assim, no começo dos anos 1990, ainda se mantinha a distinção entre carreiras majoritariamente masculinas, como a Engenharia, e as femininas, como as de Enfermagem ou Secretariado. Mas anota uma curiosa equiparação entre os certificados para mulheres e homens em setores como computação e ciência da informação (Cohen; Brawer, 1996, p.247).

Os traços dos "novos públicos do ensino superior" são repetidos e enfatizados pelos analistas. Era cada vez mais visível a presença dos estratos inferiores de renda e das minorias, atraídos pelas anuidades mais baixas, pela proximidade da escola e, portanto, pela possibilidade de frequentá-la sem precisar pagar por nova residência. As novas escolas eram *"commuter institutions"* [instituições de trânsito] e não faculdades com residência estudantil. Quer dizer, o estudante ia ao *college* e voltava para casa, não morava na escola. Outra vantagem era o conceito de *"open door"* [porta aberta] – acesso facilitado a qualquer estudante que tenha concluído o ensino médio. Assim, os *community colleges* vão ganhando o perfil de instituições de "segunda oportunidade" para muitos que pareciam haver desistido do ensino superior. Grubb lista todos esses fatores para explicar porque o percentual de latinos e de negros é maior nessas escolas (Grubb et al., 1999, p.3). Esses grupos são os mais marcados por essas características

Era visível, também, uma elevação da média de idade, com as consequências derivadas, no plano do comportamento e das expectativas. Além da segunda chance para os desistentes, os *community colleges* recebiam estudantes que queriam fazer um segundo percurso, isto é, uma nova graduação. Recebiam também mais mulheres, que vinham para a escola uma vez seus filhos já adultos– ou depois de um divórcio. Também era o *community college* o lugar de acesso para os trabalhadores atingidos por deslocamentos econômicos ou mudanças tecnológicas. Mais da metade dos seus estudantes tinha mais do que 24 anos, estavam além da chamada "faixa etária adequada" do ensino superior (Grubb et al., 1999, p.3-4).

As escolas precisavam acolher esses estudantes "diferentes" diversificando o modo de oferta dos cursos. E, pelo que indica um estudo de Grubb, eram correspondidas nesses esforços, porque os estudantes mais velhos e ocupados eram também mais maduros, experientes e comprometidos. Cada vez mais o discurso dos *community colleges* era marcado por expressões como *"lifelong learning"* – educação contínua ou permanente – ou pela lógica da "matrícula flexível". Grubb registra o comentário de um instrutor sobre seus alunos: "Eles agendam suas aulas em torno de suas horas de trabalho". O estudante tradicional do *college* era visto na lógica do sequestro: o período da escola é uma quebra com a vida cotidiana e mesmo o ambiente familiar. O estudante não tradicional mescla as duas realidades. E precisa mesclá-las. Além disso, ou talvez por isso, ele parece ter mais clareza quanto àquilo que espera do *college* (Grubb et al., 1999, p.4).

Outro fator tinha que ser levado em conta. Na segunda metade do século XX, registrava-se um novo pico migratório, também originado, como na virada do XIX para o XX, de países não anglofalantes. Assim, era imperativo alfabetizar e "americanizar" essas novas multidões de adultos, o que empurrava os *community colleges* (receptores por excelência desses grupos) a oferecer grades curriculares diferentes. Os *community colleges* eram, para os imigrantes, a oportunidade de aprender inglês a baixo custo, de conhecer melhor as regras de vida e os hábitos do novo país e de aprender a viver naquela terra. Os cursos de "educação remedial", isto é, de recuperação acadêmica para os estudantes com deficiências de escola média, eram cada vez mais cursos "livres" para muitos desses imigrantes. Por isso, talvez seja pouco confiável medir o "fracasso" da escola pelo número de estudantes que não seguem rumo ao *associate degree* ou ao bacharelado. Alguns dos estudantes obtinham na escola aquilo que procuravam imediatamente, o idioma, algumas habilidades que facilitavam a conquista de um emprego. Uma vez vencida essa etapa, saíam da escola. A escola "falhou" com eles? É duvidoso dar resposta tão definitiva._

Uma vez mais, como em outras ocasiões da história norte-americana, o ingresso desses estudantes "não tradicionais" era visto, por alguns dirigentes, como um problema, uma "irrupção da turba". Para vários deles, a criação de *community colleges* soava como o estabelecimento de diques protetores, filtros ou válvulas seletivas. Essa concepção foi usual entre tais dirigentes.

COMMUNITY COLLEGES SÃO DIQUES PROTETORES PARA AS UNIVERSIDADES DE ELITE?

O estudo de Dougherty (2001, p.154 e 159) destaca esse papel de diques protetores dos *community colleges*. Mostra como era recorrente essa preocupação com as "ondas invasoras". Ela aparecera no final do século XIX e começo do século XX. Como vimos em passagem anterior, naquela ocasião, os lideres das grandes instituições sonhavam com "*true universities*" à moda germânica. E viam os *community colleges* como escolas preparatórias, filtrando os "melhores" para o nível superior e oferecendo alternativas mais realistas e limitadas para aqueles com menor potencial acadêmico. O dispositivo seletor tornaria viável a expansão a baixo custo e, também, ajustava-se muito claramente a uma visão de sociedade como um conjunto hierárquico em que "cada um tem seu lugar". O sistema escolar seria, assim, parte de um sistema de "destinos sociais", algo que o próprio termo "vocação" sugere, pela etimologia. Dougherty (2001, p.159) registra o comentário do diretor da Escola de Educação da Universidade de Washington a respeito dos custos: "O *junior college* chegou apenas como um alívio necessário para os *colleges* e universidades sobrecarregados". O envolvimento da Universidade nessa operação de desvio era explicitado por outro dirigente (da University of Illinois):

> Os cursos [nos Colleges da cidade de Chicago] eram organizados sob a sua [da Universidade de Illinois] direção e sob fiscalização rigorosa dos professores da Universidade de Illinois [...] a universidade é sobrecarregada no primeiro ano e, de

Educação superior nos Estados Unidos

fato, fica feliz de "desviar" alguns de seus alunos para outras instituições onde eles podem obter a preparação para o *senior college*. (ibidem)

Esses fantasmas do período de formação dos *junior colleges* reapareciam no momento de sua decolagem e provocavam declarações de semelhante teor. Assim, por exemplo, em 1973, um importante relatório da Carnegie Commision on Higher Education declarava:

> Instituições "de elite" de todos os tipos – *colleges* e universidades – deveriam ser protegidas e encorajadas como uma fonte de sabedoria e de treinamento de lideranças do mais alto nível. Elas não deveriam ser homogeneizadas em nome do igualitarismo [...] elas deveriam ser protegidas por políticas de diferenciação de funções. (Carnegie Commision on Higher Education, 1970, p.30)

A ideia de transformar essas reações e improvisos em ordenações mais abrangentes e explícitas redundaria na confecção de planos diretores estaduais, inaugurados pelo famoso Master Plan da Califórnia. Anos depois, Clark Kerr dava um depoimento exemplar sobre esses cuidados:

> Quando eu estava coordenando o desenvolvimento do plano Diretor para o Ensino Superior na Califórnia, em 1959 e 1960, eu considerei a grande expansão dos *community colleges* como a primeira linha de defesa para a Universidade da Califórnia como uma instituição de renome acadêmico internacional [...] De outro modo, a Universidade seria ou dominada por um grande número de alunos com baixo desempenho acadêmico, ou atacada por tentar manter um monopólio sobre o ingresso no status mais elevado. (Kerr 1978, p.267)

Nesse artigo, Kerr lembra a deterioração do segmento "de elite" da educação superior, aquele voltado para o ensino das profissões superiores e para a pesquisa e pós-graduação

> Eu não creio que haja uma razão inerente pela qual o ensino superior de massa ou universal deva ser o inimigo do ensino superior de elite, embora isto tenha frequentemente ocorrido. É verdade, o ensino superior de elite, que já foi a totalidade do ensino superior, assume uma proporção constantemente menor. Mas o acesso universal e de massa ao ensino superior pode ajudar a identificar novos talentos para transferi-los ao setor de elite; eles podem tornar possível para a elite se tornar mais elite – tanto Harvard quanto a Universidade da Califórnia são mais elite hoje do que quando desempenhavam mais as funções menos seletivas, na ausência de um setor de massa; e o acesso universal e de massa ao ensino superior pode criar uma base para a progressão social na democracia, que reduz as distinções agudas (e potenciais ressentimentos) entre as classes educadas e as massas não educadas, o que ajuda a abrandar as distinções e antagonismos de classe. A continuação da

119

atitude de classe está claramente relacionada à perpetuação do acesso da elite ao ensino superior. (Kerr, 1978, p.266-7)

A ideia de válvula de controle ou de dique protetor talvez seja o segredo do sucesso do Modelo Califórnia de inclusão – e modelo de compartimentação, simultaneamente. Configura um modo de controlar o ingresso da turba e, ao mesmo tempo, permitir a filtragem, seleção dos "melhores dentro da plebe". Em 1962, T. R. McConnell, diretor do Centro de Estudos de Educação Superior de Berkeley (CSHE), sintetizaria precisamente esse procedimento defensivo. Para preservar a escola seletiva e elitizada, diria ele, é necessário criar instituições alternativas, que acolham "os outros".

> A Universidade da Califórnia não poderia ter se tornado tão seletiva sem o sistema de *colleges estaduais*, que admitem estudantes com um amplo espectro de habilidades, e os *junior colleges*, que são essencialmente não seletivos [...] A existência de 66 *junior colleges* torna possível a uma instituição pública de quatro anos rejeitar um estudante sem negar-lhe uma oportunidade de ensino superior. Isso é um fator central na manutenção de um *college estadual* seletivo e de um sistema universitário frente à generalizada demanda pública pelo acesso ao ensino superior. (apud Brint; Karabel, 1989, p.90)

É notável o paralelo dessa visão de Kerr com aquela exposta por uma longa tradição "elitista" ou "reformadora-elitista". Poderíamos encontrar algo semelhante em Platão, no Livro XI da *República*, onde aparece a famosa alegoria dos homens de ferro, bronze, ouro. Nessa figura, Platão fornece uma explicação e justificativa para as diferenças sociais – diferenças inscritas na natureza das pessoas. Ao mesmo tempo, o magistrado pode reconhecer elementos de mérito nos subalternos (pedaços de outro em homens de ferro), guindando-os a um estrato superior. Bem mais tarde, Augusto Comte faz outra tentativa de conciliar a divisão em castas com a ascensão pelo reconhecimento de mérito. Assevera que a sociedade ideal deveria permitir e mesmo estimular que os "melhores da plebe" fossem admitidos no patriciado, inclusive para impedir a estagnação dessa elite, para melhorar o estrato superior.

Mas não precisamos recuar tanto tempo na história. Basta ler o que diz um de nossos personagens, Charles Eliot, reitor de Harvard entre 1869 e 1909:

> [...] a sociedade democrática [...] é dividida em camadas. Essas camadas são quatro em número e de espessura muito diferente. A camada superior é muito fina; trata-se da classe dirigente, líder, guia – os descobridores intelectuais, os inventores, os organizadores e os administradores e seus assistentes diretos. Em seguida, vem uma classe absolutamente indispensável e muito mais numerosa, ou seja, os trabalhadores manuais altamente treinados, isto é, os homens que obtêm o seu sustento

pelo trabalho manual especializado. Podemos esperar que o seu trabalho manual se tornará cada vez mais do tipo artístico; podemos esperar que venha a ser uma espécie de trabalho manual braçal em que as atividades agradáveis do sistema nervoso influam cada vez mais. Vemos claramente que esta camada está se tornando mais ampla, na medida em que as máquinas e a força mecânica invadem velhas indústrias que anteriormente dependiam da energia muscular humana ou animal. A próxima camada, indispensável e espessa, é a classe comercial, a camada que é empregada na compra, venda e distribuição. Por último, há a espessa camada fundamental engajada no trabalho doméstico, na agricultura, na mineração, nas pedreiras e no trabalho das florestas. Esta camada é constantemente diluída através da absorção de alguns dos seus membros na segunda ou terceira camada; mas continua a ser numerosa e, como regra, é comparativamente negligenciada pelas autoridades escolares. Essas quatro camadas são indispensáveis para o progresso da sociedade democrática moderna, assim como de todas as formas mais antigas de organização industrial e política; e nossos sistemas de ensino devem ser reorganizados de modo que sirvam a todas as quatro camadas sociais ou conjuntos de trabalhadores e os sirvam com inteligência e com aguda apreciação das várias finalidades em vista. (Eliot, 1909, p.217-18)

DESCENTRALIZAÇÃO COMO FATOR DE INCLUSÃO

A extraordinária expansão dos *community colleges* devia muito à filosofia de "*open door*", da não seletividade. Dependia, também, das taxas e anuidades baixas ou mesmo nulas. Contudo, um elemento fundamental nesse quadro explicativo é a política de capilarização do sistema. De início, não se trata, exatamente, de uma política, mas de um processo não deliberado, resultante de decisões descentralizadas. Com o tempo transformou-se em estratégia de governos estaduais e, mais adiante, do federal. A proximidade da escola baixava os custos materiais – menos gastos de moradia e manutenção, possibilidade de conciliar a escola com o trabalho, formal ou informal. Baixava também os custos que poderíamos chamar de psicológicos, como o distanciamento da família, a inserção do estudante em território desconhecido. De qualquer modo, as séries históricas mostram inequivocamente que a instalação de *community colleges* numa região fazia subir a taxa geral de matrículas na educação superior, simplesmente porque criava uma oportunidade não existente.

Proximidade e capilarização parecem andar de mãos dadas com a democratização do acesso, diz Cohen, até porque viabilizam a figura do estudante *commuter*, isto é, daquele que se desloca para o campus para estudar, ao invés de nele residir. Não por acaso, os *community colleges* têm um percentual bem maior de estudantes do próprio estado ou localidade e não "de fora" (Cohen; Brawer, 1996, p.17).

Com o tempo, os estudos focados foram evidenciando algo como uma "distribuição ótima" dos *community colleges*: o ideal era que um estudante tivesse esse ponto de acesso ao ensino superior a cerca de quarenta quilômetros de sua residência, no máximo. Os especialistas chegaram a prever que seriam necessários algo como mil *colleges* para cobrir adequadamente o país. Esse número foi atingido na década de 1970. O site da AACC registra a existência de 1166 *community colleges* em 2012. Computando também os "*branch campuses of community colleges*" [*campi* auxiliares], o número chega a 1.600. A representação gráfica é eloquente:

Gráfico 5.2 – Número de *community colleges*, incluindo *campi* auxiliares (1905-1998)

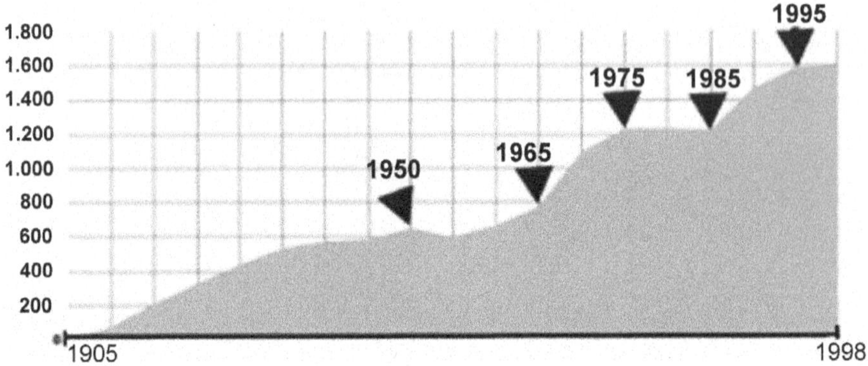

Fonte: National Center for Educational Statistics e arquivos da AACC. Disponível em: <http://www.aacc. nche.edu/Aboutcommunity college/history/Pages/pasttopresent.aspx>

Considerando os números globais, o balanço parece claro. Para o conjunto do sistema de ensino superior norte-americano, os dados reunidos em Cohen e Brawer (1996, p.40) mostram contínua ampliação da cobertura durante todo o século:

Tabela 5.1 – Estados Unidos: matrículas na graduação, *colleges* e universidades da população de 18-24 anos (1900 a 1970)

Ano	Faixa etária adequada 18-24 (milhares)	Matrículas na graduação (milhares)	%
1900	10.357	232	2,2
1910	12.3	346	2,8
1920	12.83	582	4,5
1930	15.28	1.054	6,9
1940	16.458	1.389	8,4
1950	16.120	2.421	15,0
1960	15.677	2.874	18,3
1970	24.712	6.274	25,4

É importante olhar para esses dados e, ao mesmo tempo, lembrar a crescente participação dos *community colleges* no conjunto das matriculas de graduação: ela passa de 24%, em 1970, para mais de 40%, em 1980. E a velocidade parecia crescer: se focalizamos apenas os calouros (os ingressantes), o percentual ainda é maior, mais de 50% em 1980. O balanço de Grubb é incisivo: quase a metade dos estudantes ingressa no ensino pós-secundário através de *community colleges*" (Grubb et al., 1999, p.3).

É verdade que o crescimento dos *community colleges* continua mais concentrado em alguns estados e áreas do país, tal como ocorria na época do balanço de Eells, para a primeira metade do século XX. Gleazer, cerca de quarenta anos depois do estudo de Eells, volta a essa constatação. *Community colleges* haviam sido criados em quase todos os estados (exceto Maine e Dakota do Sul). Mas sete deles concentravam a maioria das escolas e das matrículas: Califórnia, Flórida, Illinois, Nova York, New Jersey, Michigan, Pennsylvania (Gleazer, 1968, p.27).

Ao lado disso, continuava o movimento de concentração, de crescimento do tamanho médio das escolas. Algumas delas se transformam em gigantes, como o Miami-Dade Junior College (vinte mil estudantes em 1967), ou os *community colleges* da City University de New York no Queens e no sul de Mannhatan. Vários dos *community colleges* da Califórnia tinham, nessa ocasião, mais de dez mil estudantes.

AINDA A INFLUÊNCIA DAS FUNDAÇÕES FILANTRÓPICAS

Mesmo nessa fase em que se torna tão presente a ação do governo federal, as fundações filantrópicas (principalmente CFAT e Rockfeller) seguiam tendo grande influência na educação superior norte-americana e um papel-chave na promoção desse "invento americano", o *junior college*.

A CFAT e a Rockfeller continuaram um forte trabalho de propaganda e fortalecimento dos *community colleges* e de seu papel tipicamente vocacional e alternativo à universidade e ao *college* de quatro anos. E a essas fundações se juntou o esforço de novos parceiros, como U. S. Steel Foundation, Sears Roebuck Foundation, Fund for the Advancement of Education, a W. K. Kellogg Foundation, Sloan Foundation.

O trabalho conjunto dessas duas instituições – grandes universidades e fundações privadas – era relevante na primeira metade do século e continua sendo, mesmo com a entrada massiva do setor público.

Gleazer (1968, p.37) descreve como as universidades colocavam seus serviços em suporte à criação de *community colleges*. Preparavam cursos e programas de assistência, para ajudar a administrá-los, qualificar pessoal etc. Isso contava com o apoio fundamental dessas fundações, que financiavam projetos especiais com esse fim.

Dougherty (2001, p.152-3) destaca o papel da Fundação Carnegie. Ela financiou a criação do Center for Studies in Higher Education (CSHE) [Centro de Estudos sobre Ensino Superior na Califórnia] fomentando investigações sobre a diversificação do sistema, com destaque para os *community colleges*, como forma de viabilizar a expansão da oferta. Alguns dos livros de referência sobre o tema foram escritos graças a doações da Carnegie, tais como: *The Junior College*: Progress and prospect, de Leland Medsker (1960); *The open door college*, de Burton Clark (1960b); *A general plan for higher education*, de T. R. McConnell (1962).

As fundações também financiavam as atividades da American Association of Community Colleges (AACC): realização de pesquisas, publicação de estudos e relatórios, promoção de encontros, provisão de consultoria técnica a comunidades, orientando a montagem de *colleges*, desenvolvimento de novos programas, apoio a campanhas para difusão de ensino vocacional e educação continuada etc. (Dougherty, 2001, p.153).

Ainda que reconheça esse papel das organizações privadas filantrópicas, Dougherty (2001, p.175) aponta a ação do governo federal, porém, como o grande traço distintivo do pós-guerra. Não apenas a União se envolvia na política educacional em geral, como já mostramos, mas assumia liderança no papel de estimular o segmento dos *community colleges*.

A nova legislação federal cuidou sempre de reservar apoio aos *community colleges* no acesso a diferentes tipos de fundos, bolsas, benefícios. Assim, o Higher Education Act de 1965 permitia que os *community colleges* recebessem 22% dos fundos destinados às *"developing institutions"*, recursos dirigidos a treinar professores, projetar novos currículos, promover convênios e ações cooperativas com empresas públicas e privadas. O Adult Basic Education Program de 1966 e o Allied Health Professions Act de 1966 também destinavam fundos específicos para os *community colleges*.

> Dos anos 1940 até o início dos anos 1970, quase todo os tipos de auxílio foram baseados em categorias definidas, projetados para auxiliar grupos particulares de estudantes. O maior grupo de beneficiários foi o de veteranos de guerra; na Califórnia, em 1973, os veteranos eram mais de 13% da matrícula total. Os estudantes de grupos minoritários e economicamente desfavorecidos também foram grandes beneficiários de auxílio financeiro [...] No geral, um terço dos alunos que ingressaram nos *community colleges* em 1989-1990 receberam algum tipo de ajuda financeiro durante seu primeiro ano de estudo, com o auxílio total girando em torno de 2 mil dólares por estudante beneficiado. (Cohen; Brawer, 1996, p.42)

Importante observar a ajuda federal condicionada, isto é, ajuda concedida de tal modo a estimular ou mesmo obrigar a contrapartida dos governos estaduais e locais. Gleazer (1968, p.33) sublinha essa orientação:

Uma das leis federais antigas que tinha sido de grande auxílio para o ensino superior foi a Lei de Instalações do Ensino Superior de 1963, que autorizou 22% dos fundos disponíveis para instalações para os *junior colleges* públicos. Havia necessidade de coparticipação estadual ou local.

Por que a participação dos estados era importante? Em quais aspectos? Os elementos centrais são a cobertura, a jurisdição e, ainda mais importante, o financiamento. Com o tempo, a multiplicação de escolas levaria a administração estadual a organizar agencias especificas para gerir a rede e suas relações com o restante do sistema educativo e com os cofres públicos. E além dessa responsabilidade administrativa e financeira, havia o problema da certificação, essencial para, por exemplo, tornar a escola elegível nos programas federais que destinavam fundos às *community colleges*. Sem a devida certificação, a escola não podia concorrer a tais fundos.

O processo de reconhecimento das escolas era conduzido por uma das seis agências regionais de certificação. Isso demorava não menos do que três ou quatro anos depois da abertura dos cursos. Como já visto, dessa certificação dependia o acesso das instituições aos diferentes fundos federais de apoio ao ensino.

Gleazer aponta um problema crucial para a "municipalização" ou descentralização do sistema escolar em nível de distrito ou condado. Se isso se tornasse padrão único, a escola dependeria exclusivamente de decisões e de fundos locais, o que poderia aumentar desigualdades nos estados, entre condados e distritos ricos e pobres. A intervenção da administração estadual poderia minimizar a desigualdade mediante fundos de participação, por exemplo.

Aos poucos vai se definindo também um padrão no financiamento das operações das escolas, com esta ordem: contribuições do estado, do distrito e do estudante (anuidades). Há enormes variações nessa fórmula geral. Em alguns estados, as escolas são gratuitas ou quase gratuitas; em outros, as anuidades e taxas cobrem até um terço ou mais do custo do estudante.

Como já citado anteriormente, depois da Segunda Guerra Mundial, a ação federal torna-se bem mais relevante e, cada vez mais, parece ter um apoio suprapartidário. Ainda assim, o peculiar federalismo norte-americano reserva aos estados um papel normativo e gerencial de primeira importância, Dougherty (2001, p.145-6) insiste nesse ponto, lembrando que, no federalismo norte-americano, regulado pela Constituição, a educação é, basicamente, um assunto dos estados, mesmo quando delegam administração, condicionalmente, a distritos escolares locais ou a instituições de educação superior.

A intervenção dos estados na expansão dos *community colleges* se dá, inicialmente, por meio de legislação *permissiva*, isto é, autorizando a criação de níveis "pós-secundários" em *high schools* ou a instalação de *junior colleges*.

Reginaldo C. Moraes

A Califórnia toma a dianteira nessa linha, a partir de 1907. Outros estados fazem isso bem mais tarde – Illinois, em 1937, Washington em 1941, Nova York em 1948. Nesta última data, 1948, cerca de metade dos cinquenta estados tinham uma legislação regulando estabelecimento de *two-year colleges* públicos. Em 1964, 43 estados tinham tais leis (Dougherty, 2001, p.145).

Aos poucos, a intervenção se torna mais *ativa*, com a destinação de fundos estaduais para os *community colleges* e a criação de agências para a regulação do sistema. A Califórnia foi mais uma vez pioneira nesses procedimentos, seguida pelos estados de Washington, New York e Illinois. Em 1961, 21 dos cinquenta estados tinham leis permitindo que os *community colleges* fossem incluídos nos cálculos de distribuição de fundos de apoio à educação (Dougherty, 2001, p.145).

Dougherty (2001, p.146) esboça uma série histórica dessa presença da ajuda estadual:

Tabela 5.2 – Ajuda dos estados aos *community colleges* (1920-1990)

	1920s	1949-1950	1957-1958	1969-1970	1978-1979	1989-1990
Valor absoluto (milhões de dólares)		26,3	47,7	755,9	3100	
% da renda total dos *community colleges*	5%	30%	30%	41%	49%	49%

Fonte: Reproduzido de Dougherty (2001, p.146)

Junto com a ajuda, a regulação e gerenciamento do sistema era quase inevitável. Nos anos 1960, vários estados criaram agências estaduais para esse fim. Os formatos dessas agências variavam, mas a tendência era similar (Dougherty, 2001, p.146).

REDEFINIÇÃO DOS *COMMUNITY COLLEGES* NO PERÍODO 1970-1985

Ainda em janeiro de 1967, a CFAT criara a Carnegie Commision on Higher Education, liderada por Clark Kerr, o famoso reitor da Universidade da Califórnia e cabeça do Master Plan, o plano diretor que sistematizara o sistema de três estratos da educação superior daquele estado.

O programa político da comissão aparece claramente no seu relatório, o *The open-door colleges*: Policies for the Community Colleges, publicado em 1970. Um dos eixos do programa era ampliar a participação dos *two-year colleges* ante as escolas de quatro anos (*liberal colleges* e universidades). O segundo eixo consistia em ampliar, dentro dos *community colleges*, a parte vocacional e terminal, ante os programas de transferência.

126

Educação superior nos Estados Unidos

A expressão *"career education"* foi popularizada pela secretaria da presidência dedicada ao setor – o U. S. Office of Education, nos anos 1970. Era uma categoria ampla, que incluía as diferentes formas de ensino ocupacional, vocacional ou técnico. Em certa medida, imitava-se a lógica argumentativa das "semiprofissões" de Koos e Eells, na primeira metade do século XX. A *career education* era vista como algo mais complexo do que aquilo que se ensinava na *high school* ou se aprendia na oficina. Ao mesmo tempo, era menos exigente do que aquilo que se ensinaria em quatro anos de curso superior. Contudo, havia algo de novo no contexto em que a coisa se colocava. Já mencionamos o conflito entre as metas daqueles ideólogos e as inclinações da clientela efetiva dos *junior colleges*, bem como o fato de que essas escolas cresciam em áreas (estados rurais do oeste e do sul) que não correspondiam ao florescimento de tais "semiprofissões", ocupações mais tipicamente associadas à urbanização e à industrialização. Depois da guerra, a maioria desses fatores se alterou profundamente.

A expansão do setor do *community college* no conjunto da educação superior norte-americana, como visto anteriormente, está intimamente relacionada com a chegada ou a busca de "novos públicos", de segmentos da sociedade dos Estados Unidos que, antes, ficavam fora do *college*. Trata-se de um corpo estudantil mais velho, com mais mulheres e minorias étnicas, com mais trabalhadores e pessoas de classe média baixa, mais estudantes de meio período (*commuters*, não residentes no *campus*). Na média, os estudantes dos *community colleges* vinham de famílias de mais baixa renda e tinham pais com menos educação formal, quando comparados com os estudantes de *colleges* de quatro anos e universidades (Warren, 1985, p.67).

Os *colleges* e universidades procuravam adaptar-se a esse novo público de vários modos (Cohen; Brawer, 1996, p.31-3; cf. também Warren, 1985, p.67). A proporção de estudantes de meio período é crescente. Utilizando dados do National Center for Education Statistics, Cohen e Brawer (1996, p.43) mostram que em 1970 eles eram 49% do total de matrículas. Passavam a 63% em 1980, subiam um pouco mais nos anos seguintes para fixar um patamar de 65% já em 1992.[1] Qual a explicação dos autores para tais mudanças? Elencam diversos fatores: um declínio do percentual de jovens (dezoito anos) no total da população, aumento dos estudantes que precisam combinar trabalho e escola, aumento da participação das mulheres. As escolas adotaram práticas que atraíssem esse tipo de estudante, que permitissem seu acesso. Por exemplo, criaram escolas especificamente dirigidas ou adaptadas a estudantes mais velhos, cursos de fins de semana,

---

[1] Para outros dados sobre essas proporções, ver Warren (1985, p.55). Warren mostra o grande percentual de estudantes de meio período nos *community colleges*. E mostra como esse percentual cresce significativamente entre 1970 e 1980 (de 47% para perto de 61%), enquanto cresce bem menos (passa de 26,7% para 27,9%) nas instituições *senior*.

127

aulas oferecidas em locais fora do *campus*, incluindo locais de trabalho ou em prédios alugados ou cedidos (Cohen; Brawer, 1996, p.43).

Outro traço se acentua e, em certa medida, sugere considerar que se trata de uma nova escola. Trata-se da mudança não apenas do quadro discente, mas do docente. O quadro de professores em tempo parcial já era grande em 1953, mas se torna majoritário já em 1978. É verdade que a precarização do vínculo empregatício não ocorre apenas nos *community colleges*, mas, ao que tudo indica, torna-se elemento central no primeiro ciclo da graduação, os dois primeiros anos de formação geral. Isso acontece mesmo nas grandes universidades.[2]

Tabela 5.3 – Número de instrutores em tempo integral e meio período nos *two-year colleges* (1953-1992)

	Total	Integral		Meio período	
		Numero	%	Numero	%
1953	23,762	12,473	52	11,289	48
1958	33,396	20,003	60	13,394	40
1963	44,405	25,438	57	18,967	43
1968	97,443	63,864	66	33,579	34
1973	151,947	89,958	59	61,989	41
1978	213,712	95,461	45	118,251	55
1979	212,874	92,881	44	119,993	56
1980	238,841	104,777	44	134,064	56
1981	244,118	104,558	43	139,67	57
1982	236,655	99,701	42	137,06	58
1983	251,606	109,436	43	142,17	57
1984	252,269	109,064	43	143,205	57
1985	228,694	99,202	43	127,681 -	56
1986	274,989	110,909	40	164,08	60
1987	256,236	107,608	42	148,628	58
1992	253,711	118,194	47	135,518	53

Fonte: apud Cohen e Brawer (1996, p.86)

A conquista desse novo público é sinal de sucesso. Sua incorporação segue quase como uma necessidade nacional (eficiência e econômica, estabilidade, coesão social). Mas é, também, matriz de novas dificuldades e desafios.

A adaptação das escolas também seria evidenciada pela adoção de métodos e técnicas de ensino que "remediassem" a frágil preparação aca-

---

[2] A esse respeito, ver, por exemplo, Hacker e Dreyfus (2010, c.1 e c.3).

Educação superior nos Estados Unidos

dêmica de grande parte do seu novo público. Cresce, assim, a chamada *"remedial education"* [educação remedial]. A matemática que se ensina no início do curso é Aritmética, não Álgebra; o Inglês é, basicamente, o treino em leitura, interpretação, escrita. As taxas de transferência para *four-year colleges*, evidentemente, tendiam a cair. Alison Bernstein menciona, como elemento explicativo, o fato do *community college* ser o ponto de acesso crucial para os milhões de estudantes de baixa renda e de grupos minoritários carentes. Mais da metade dos negros que frequentam ensino superior o fazem em *community colleges*. Na Califórnia, 90% dos estudantes latinos estão nos *community colleges*. A comparação com os "brancos não latinos" é contrastante: no conjunto do país, apenas 27% destes últimos estão nos *community colleges*. Em outras palavras, os *community colleges* servem, mais do que proporcionalmente, a estudantes dessas minorias (Bernstein, 1986, p.31-40). E isso não se verifica apenas na Califórnia, vizinha do México. Ou no Texas. Nos *community colleges* da City University de New York, mais da metade dos estudantes tem essa origem: negros mais latinos. No Hostos College, no distrito nova-iorquino do South Bronx, 85% dos estudantes é composta desse modo.

Warren registra que, de 1970 em diante (até 1985, data de seu estudo), teria melhorado o preparo acadêmico dos ingressantes nos *community colleges*. Mas, ao mesmo tempo, faz diversas ressalvas temperando esse tipo de avaliação. Lembra ainda uma vez a composição desse corpo estudantil – bem mais vulnerável e carente do que os jovens das escolas de quatro anos. Afinal de contas isso é o que se devia esperar e, além do mais, não havia sido para responder a esse tipo de problema que se inventaram os *community colleges*? Esse está voltado exatamente para dar uma chance para este público. Logo, esse é, necessariamente, seu ponto de partida, seu "material".[3] Outro elemento a ser lembrado: apenas um terço dos estudantes dos *community colleges* é composto de jovens recém-formados pela *high school*. O restante tem outro perfil. Alguns fizeram *high school*, "deram um tempo" e voltaram à escola. Outros cursaram uma outra escola superior, obtendo ou não algum certificado de conclusão. Quando se faz a avaliação do preparo acadêmico das diferentes escolas, em geral se esquece ou minimiza esse grande universo, muito típico do corpo discente dos *community colleges*.

---

[3] Diane Ravitch (2013, p.300-1) conta uma história reveladora. Em Indiana, um empresário fazia uma palestra a professores da rede pública dizendo que as escolas deveriam ser dirigidas como sua bem-sucedida fábrica de sorvete de morango. Uma professora lhe fez uma pergunta: quando chega uma caixa de morango não muito boa na sua fábrica, o que o senhor faz? O empresário vacilou, mas teve que responder: mando de volta, refugo. A professora comentou: pois é, é por essas e outras razões que as escolas não podem ser dirigidas como sua fábrica. Não podemos recusar os morangos que nos chegam.

O "Caso Califórnia" talvez seja um privilegiado exemplo para revelar essa diferença entre ingressantes novos e os adultos reingressantes. Warren contabiliza que quase 90% dos estudantes de *community colleges* californianos são adultos que saíram da *high school* há vários anos e a maioria desses provavelmente não irá para uma escola de quatro anos. O indicador de sucesso, para esse universo, deve ser recalibrado. Talvez o certificado de dois anos, *associate degree*, tão importante para a transferência, seja menos importante do que outros resultados na sua vida, na sua inserção produtiva, na sua inserção cidadã. Há estudantes que ficam na escola o tempo suficiente para melhorar seu inglês, sua matemática. Mas isso é algo difícil de quantificar, acompanhar, medir.

Esse é um desafio muito mais claro na "nova geração" de *community colleges*, lembra Warren (1985, p.73). Essa geração pós-1980 tem que ficar mais atenta a indicadores de curto prazo, a expectativas de estudantes menos tradicionais, meio período e com matrículas flexíveis, de uso mais pragmático e intermitente da escola. Warren lembra que é preciso distinguir essa reorientação de um ocupacionalismo estreito, de comportamento reflexo. Não se trata de identificar necessidades de treinamento de curto prazo e realizá-lo na escola – provavelmente esse tipo de adaptação é mais bem-sucedida no próprio emprego. Para os *colleges*, o problema a ser resolvido é bem mais complexo: identificar o tipo de conhecimento *mais geral*, abrangente, e mais adequadamente adquirido em um ambiente acadêmico, aquele tipo de conhecimento que instrumentaliza o indivíduo para compreender novos ambientes e problemas e mudar comportamentos e papéis. A velha fórmula de conhecimento que permite aprender a apreender. A formula é velha e por vezes vira clichê – nem por isso é menos verdadeira.

O estudante dito não tradicional tem diferentes graus de preparo acadêmico – provavelmente inferiores aos tradicionais. Por outro lado, tende a ser mais comprometido e exigente com resultados, com a clareza de objetivos, com a funcionalidade do saber transmitido/adquirido. Nesse sentido, mais do que um público menos preparado, temos um *novo* público, com aptidões e exigências diferentes.

A chamada *"remedial education"* [educação remedial] foi uma das respostas dos *community colleges* para esse desafio. Propagou-se enormemente e, claro, despertou uma grande discussão sobre seus fins, meios, resultados. Sua avaliação ainda é polêmica. Porém, recenseamentos repetidos mostram a propagação dessas práticas. Pode-se dizer que a grande maioria, até mesmo a totalidade dos *community colleges*, promove *"remedial courses"*. Uma grande parte das instituições de quatro anos também o faz, visando "nivelar" seus calouros. Para a The City University of New York (Cuny), por exemplo, um programa desse tipo, o Cuny-Start, é obrigatório há vários anos, mesmo para os calouros dos *senior colleges*, não apenas para os *community colleges* da universidade. Tem-se como provável que o progresso nos cursos "avançados", de natureza propriamente superior, é largamente facilitado pelas praticas "remediais": se os estudantes completam com sucesso seu curso remedial, vão bem nos cursos regulares. Contudo, esse balanço não é um consenso. Algumas avaliações tendem a concluir que menos da metade dos que entram em cursos remediais os completam com sucesso e, assim, a estratégia precisa ser revista.

O caso da Cuny é bem útil para discutir esses potenciais e dificuldades (cf. Donovan, (1991). A City University, há muito apelidada de "Harvard do proletariado", fez em 1969 uma experiência relevante de *"open admissions"* [admissões abertas] para seus *colleges* – sobretudo para seus sete *community colleges*.[4] A experiência era de grande porte. Em 1970, o contingente de calouros da Cuny subiu para 35 mil alunos, um crescimento de 75% sobre os números do ano anterior: 39% dos ingressantes nos *senior colleges* e 66% dos ingressantes nos *community colleges* eram estudantes admitidos livremente – o que quase inevitavelmente os classificava como "fracamente preparados". Tinham que ser organizados cursos básicos para desenvolver habilidades e conhecimentos elementares – Língua Inglesa e Matemática, sobretudo. Serviços de suporte e orientação tinham que ser inventados ou reformados. Era o que se chamava de *"developmental education"* [educação desenvolvimental], em sentido amplo, não apenas cursos de reforço (Donovan, 1991, p.104).

Ao mesmo tempo, havia outra importante tendência na oferta de cursos dos *community colleges*, o avanço das grades curriculares ocupacionais ou vocacionais – colocando diante de professores e administradores um aparente dilema: transferência ou *career*, qual a missão central da escola?

TRANSFERÊNCIA *VERSUS CAREER*? PREPARATÓRIO OU TERMINAL?

Grubb e Laverson (1984, p.431) registram que, no final dos anos 1970, os *community colleges* já eram predominantemente vocacionais – 70% dos estudantes estavam matriculados nesse "ramo" da árvore curricular.

Essa transformação, bastante visível desde os anos 1960, mostra uma nova proporção entre os ramos transferência e *career*. Mas, aos poucos, iria também implicar uma redefinição do significado e conteúdo desses ramos. Cohen e Brawer (1996, p.228) compilam números que evidenciam a mudança quantitativa, como podemos ver na Tabela 5.4.

---

[4] Na época, eram oito. O *college* de Staten Island foi depois transformado em uma *four-year institution*.

Tabela 5.4 – Certificados de *"Associate Degree"* conferidos por instituições de educação superior, por tipo de currículo (1970-1971 a 1991-1992)

Ano	Total dos certificados	Certificados Arts & Sciences ou "geral" (transferência)		Certificados Ocupacionais (career)	
		Nº	%	Nº	%
1970-71	253.635	145.473	57	108.162	43
1973-74	347.173	165.52	48	181.653	52
1976-77	409.942	172.631	42	237.311	58
1979-80	405.378	152.169	38	253.209	63
1982-83	456.441	133.917	29	322.524	71
1983-84	452.416	128.766	29	323.65	72
1984-85	454.712	127.387	28	327.325	72
1991-92	504.321	195.238	39	309.083	61

Fonte: Cohen e Brawer (1996, p.228)

Mas, como dissemos, a mudança ia além disso. Os termos – *career*, transferência – se redefiniam. Mudava o sentido, seus indicadores, sua percepção, *status*, expectativas. Cohen e Brawer (1996, p.32) comentam essa mudança lembrando que a *"career education"*, era inicialmente considerada "terminal", isto é, esperava-se que os estudantes completassem o curso e entrassem no mercado de trabalho. Isso seria a medida do sucesso, do bom resultado. Os programas *"collegiate"*, voltados para a continuidade acadêmica, operavam como uma ponte para o bacharelado, a função *"istmo"*, para usar o termo de Leonard Koos. Sucesso e fracasso poderiam ser resumidos assim: estudantes do ramo *career* tinham que se alojar em postos de trabalho coerentes com seu curso; estudantes do ramo transferência teriam que a pedir para uma instituição de quatro anos e completar um bacharelado.

Nos anos 1970, porém, isso parecia mudar. Muitos estudantes do ramo *career* se transferiam para universidades – notadamente nos campos de tecnologias e ciências da saúde, em que os cursos do *community college* estavam fortemente articulados com as disciplinas dos bacharelados. Nos *community colleges*, os cursos *career* ficavam cada vez mais exigentes e seletivos. Tendiam a ser os cursos *academicamente* mais fortes da escola. Em contrapartida, os cursos *collegiate* ou transferência tendiam a ser mais "suaves" ou menos articulados com os níveis superiores. Inclinavam-se a tornar-se... terminais, o ramo da escola para aqueles estudantes que "não iam seguir adiante".

Com o tempo, dizem Cohen e Brawer (1996, p.243), os *career programs* dos *community colleges* se tornaram fornecedores de estudantes para as instituições *senior*, universidades ou *colleges* e escolas profissionais de longa duração. E os termos antigos – "ocupacional" e "transferência" – tornavam-se obsoletos ou precisavam ser redefinidos (cf. Bernstein, 1986, p.36).

De fato, esse tipo de reconfiguração ou redefinição dos termos já deveria ter sido percebida e já era sugerida pela discussão anterior a respeito do vocacionalismo e das suas definições mais estreitas. Novo público, novo sentido do terminal e do propedêutico, do vocacional e do acadêmico – tudo isso tinha que ser rediscutido.

Já comentamos antes o desafio que se colocava diante dos administradores dos *community colleges*, respondendo ao seu novo público. Tinham que ir além da tentativa, quase certamente infrutífera, de promover treinamentos de curto prazo – como os treinamentos mais viáveis e efetivos no próprio ambiente de trabalho. Os educadores precisavam identificar os *conhecimentos de longo prazo* que instrumentavam os indivíduos para essa adaptação constante.

Analistas, tanto quanto líderes e ideólogos do movimento *community college*, já nessa nova fase, bateram nessa tecla. Alguns desses depoimentos são reveladores. Veja Gleazer (1968, p.70-1), por exemplo:

> Há outro valor potencial na educação ocupacional. Os requisitos de qualificação não apenas podem mudar, mas certamente mudarão. Empregos se tornam obsoletos. Além da qualificação, no entanto, há resíduos de aprendizagem – atitudes, valores e competência social – em programas ocupacionais bem concebidos. O conhecimento sobre como avaliar um problema, coletar a informação pertinente, decidir entre alternativas, comunicar-se com parceiros, avaliar resultados, registrá-los para informação e compreensão de outros, corrigir erros, melhorar procedimentos e aceitar responsabilidades, aproximam-se daqueles conhecimentos frequentemente associados com a educação liberal padrão.

Ou Warren (1985, p.73),

> Responder aos padrões de matrícula de seus estudantes de tempo parcial e intermitentes pode ser a tarefa mais importante que enfrentam os *community colleges* [...] Não se trata da necessidade, para os *community colleges*, de captar as necessidades de treinamento dos setores produtivos nas comunidades do entorno e então fornecê-lo; os requisitos ocupacionais mudam tão rapidamente que o treinamento de curto prazo é feito mais adequadamente no emprego. Ao invés disso, a colaboração entre empregadores e *colleges* pode identificar os tipos de educação geral, fornecido mais adequadamente num ambiente acadêmico, que dará aos empregados o tipo básico de compreensão necessário para adaptarem-se aos cambiantes papéis e requisitos no trabalho.

Ou, ainda, Dale Parnell (1984, p.56-7):

Alguns legisladores têm outra imagem da educação ocupacional. É a imagem do "não podemos pagar por ela". Numa audiência legislativa me lembro de um senador do estado, que também era um professor de ensino fundamental, falando sobre o custo da educação para carreiras ocupacionais. Recostando-se em sua cadeira ele disse "Nós não podemos pagar pela educação profissional. Pois, você não sabia que poderíamos construir quatorze ou quinze escolas secundárias regulares pelo custo de uma escola secundária vocacional?" Essa imagem erra de duas formas. Primeiro, a educação para o trabalho e o ensino vocacional não deveriam ser confundidos. A escola secundária vocacional separada limita a noção de educação para a carreira ao treinamento específico para empregos específicos. Em segundo lugar, a estimativa de custo do senador é apenas uma imagem na sua cabeça. Uma escola secundária vocacional tal como a que ele visualiza teria maçanetas folhadas a ouro e salões de mármore.

É fato que algumas classes de treinamento para trabalhos específicos custam mais para serem equipadas do que salas de aula de Inglês, mas muitas delas, não. Como exemplo, a expressão oral é uma das capacidades de comunicação requerida para muitas carreiras, tais como, direito, aplicação da lei, enfermagem, vendas, ensino, ministério religioso. E, no entanto, a classe de expressão oral não é vista como uma parte do programa de educação para a carreira na maioria das escolas. Francamente, a imagem errada deve ser substituída por uma imagem mais acurada do que é a educação para a carreira.

Como se vê, há mais coisa entre o vocacional e o acadêmico do que pode supor essa vã dicotomia...

COMMUNITY COLLEGES CHEGAM NUM TETO? QUAL? E QUAL DEMOGRAFIA DETERMINA ESSE TETO?

Em 2014, o *community college* já fez cem anos. A rigor, mais do que isso, já que o primeiro, Joliet, foi criado em 1901. A instituição entra numa nova fase de redefinições, resultado daquilo que Patricia K. Cross chama de sua chegada a um platô (Cross, 1981). Os Gráficos 5.3 e 5.4 mostram essa evolução. O Gráfico 5.3 considera o número de escolas. O Gráfico 5.4, o número de matrículas.

Educação superior nos Estados Unidos

Gráfico 5.3 – Número de *community colleges* (1900-1994)

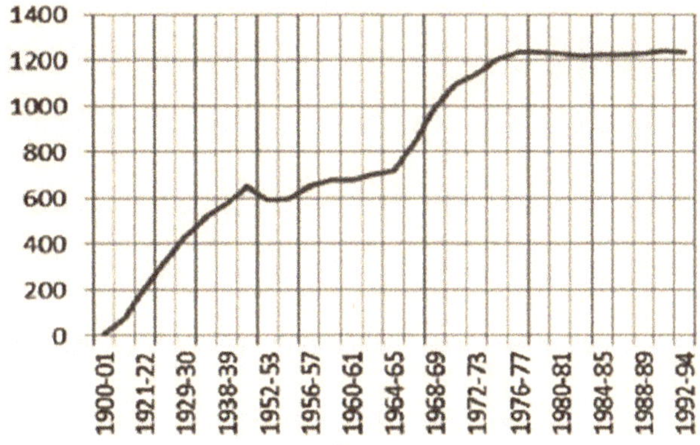

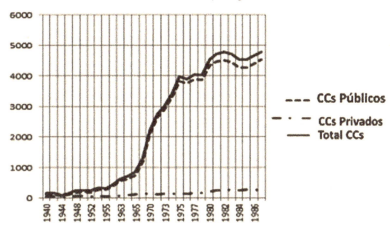

Fonte: elaboração própria

Gráfico 5.4 – Número de matrículas em *community colleges* (cc) (1940-1986)

Fonte: elaboração própria.

Nessas imagens não se retrata apenas o crescimento de longo prazo. Combinando a informação dos dois quadros, temos a indicação da transformação de sua *natureza* e *escala*: o *community college* se consolida, ao longo do tempo, numa escola grande e de natureza pública.

No que diz respeito à sua missão, a mudança não é menos notável. Aliás, um conjunto de elementos que se cruzam e se determinam reciprocamente: mudança de tamanho, natureza jurídica e governança, público--clientela, missão e estrutura didática. Mudança, de escala, mas também de natureza e escopo, para utilizar os termos de Alfred Chandler (1990).

135

É útil trazer de volta a imagem de Trow (2010) que já comentamos antes:

Gráfico 5.5 – Matrículas no ensino médio e superior. Estados Unidos (1870-1980)

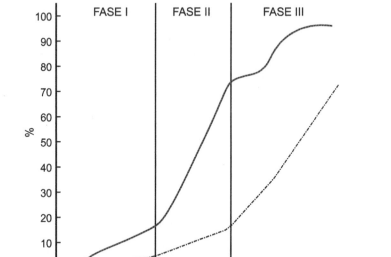

——— Matrículas na high school – % em relação à população de 14-17 anos
--·--·-- Matrículas ensino superior – % em relação à população de 18-21 anos
············ Estimativa

Fonte: Trow (2010, p.55)

Há uma história complexa por detrás dessas linhas cartesianas. Podemos dizer que o século XIX é aquele em que a universalização da escola elementar é uma tarefa do poder público e é, até certo ponto, o horizonte do cidadão da jovem república. A primeira metade do século XX é a fase da *high school*. Na segunda metade do século XX, o sonho americano se identifica com o *college*.

O sonho vai mudando de patamar e vai incluindo públicos diferentes. Reparemos no movimento das imigrações, mostrado nos Gráficos 5.6, 5.7 e 5.8. O primeiro (Gráfico 5.6), um quadro de barras, indica os picos de chegadas. Eles sugerem o impacto que os imigrantes devem ter tido na sociedade que os acolhia e como essa sociedade concebia o tipo de instituição necessária para "americanizar" os recém-chegados.

O Gráfico 5.7 indica a origem dos imigrantes, por extensão, que idioma falam. Os anglófonos são maioria na primeira onda retratada. Na segunda onda eles são minoritários. A terceira onda revela um terceiro movimento – que em grande medida se reflete na composição da clientela dos *community colleges* no final do século XX.

Educação superior nos Estados Unidos

Gráfico 5.6 – Número de imigrantes nos Estados Unidos por décadas (1820-2000), em milhões.

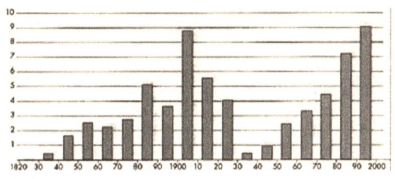

Fonte: Dorel (2006, p.52)

Gráfico 5.7 – Ondas de imigração nos Estados Unidos (1820-1997)

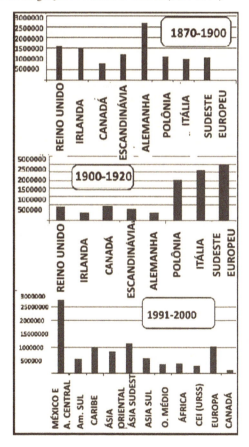

Os dados reunidos por Dorel (2006) permitem definir um pouco mais a origem desse potencial novo público, na última década do século XX.

Gráfico 5.8 – Imigrantes nos Estados Unidos: a terceira onda (1991-2000)

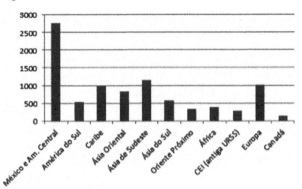

Fonte: elaboração própria a partir de dados de Dorel (2006, p.53)

Essas grandes mudanças teriam evidente impacto nas demandas e expectativas do sistema escolar. No caso dos *community colleges*, elas se refletem no modo como se vinculam os diferentes vetores aqui já mencionados: mudança de tamanho, natureza jurídica e governança, público/clientela, missão e estrutura didática.

Como dissemos, a mudança nos cenários e nos atores exige também outro modo de medir resultados. Redefine-se a concepção de sucesso – e de fracasso. Pode-se considerar como sucesso apenas a taxa de transferência e obtenção de um bacharelado? Pode-se medir como normal ou aceitável apenas a obtenção do *associate degree* em dois ou três anos? Pode-se definir como fracasso a situação em que o estudante frequenta o *community college* por um ano, apreende algo que o qualifica para viver e trabalhar na nova sociedade e, em seguida, abandona o suposto projeto de bacharelar-se? Esse estudante é, necessariamente, um fracassado, uma alma vencida?

Evidentemente, todas essas perguntas e suas vacilantes respostas têm impacto na reconfiguração da escola e na avaliação que, supostamente, determina seu financiamento: por qual daqueles sucessos e fracassos será calculada a dotação do *college*? Qual a parte do custo que deve ficar com cada um dos beneficiários (estudante, governo local, estadual, federal)? Que impacto isso tem na eficácia e na equidade? E que importância tem isso na eficiência produtiva e na coesão social?

Não por acaso, essa é uma das mais frequentes temáticas no campo dos que estudam e discutem os *community colleges*: o que ele tende a ser ou deve ser, no novo milênio?

BALANÇO DESSA FASE: A ERA DA "COMUNIDADE"

Tentemos esboçar, agora, um balanço preliminar do crescimento do pós--guerra – compreendendo os "gloriosos 25 anos" e o decênio da propalada

Educação superior nos Estados Unidos

e controvertida decadência norte-americana (os anos 1970). Poderíamos anotar alguns itens como fundamentais:

1) cresce a cobertura geral do sistema – agora ele de fato se massifica e, a partir de 1960, inclui fortemente as minorias étnicas e a classe trabalhadora;
2) o segmento dos *community colleges* cresce acima da média do sistema, até o ponto de representar, em 1990, mais da metade dos ingressantes na graduação;
3) crescem as ajudas e financiamentos para *community college*, com a sua progressiva inclusão em programas federais;
4) o segmento dos *community colleges* muda de natureza, no que diz respeito a:
   a) tipo de estudante: inclusão de trabalhadores, mulheres, minorias, formando um novo público para a educação pós-secundária;
   b) novas proporções na relação dos ramos transferência e *career* e redefinição desses dois conjuntos;
   c) evolução do professorado: crescimento dos professores em tempo parcial;
   d) crescimento das práticas de recuperação para estudantes com baixo preparo acadêmico – remedial ou educação desenvolvimental.

No meio dos anos 1980, fechava-se uma fase da educação superior norte-americana. Após um momento de indefinição, firmava-se aquilo que Geiger chama de "era da privatização". No campo específico dos *community colleges*, os analistas apontavam algumas tendências. Vejamos quais.

Uma primeira tendência é mais ampla, diz respeito à demografia: a sociedade norte-americana nas últimas décadas do século XX seria cada vez mais velha, mais marcada pelos imigrantes e minorias étnicas.

A segunda marca do período é a sobrecarga sobre as escolas (e, sobretudo, os *community colleges*) para que exerçam um papel que é bem mais do que educacional.

Os *community colleges*, com sua orientação democrática, de portas-abertas, e seus programas de serviço de apoio, voltados para as necessidades da comunidade, tiveram um importante papel ajudando minorias e mulheres a ingressar na corrente tradicional da vida norte-americana. A resposta programática foi eclética, incluindo treinamento em inglês, habilidades para o trabalho, educação adulta básica, programas de reinserção para mulheres, treinamento para empregos e carreiras específicas e serviços de aconselhamento e colocação (Hankin; Fey, 1985, p.153).

Segundo a análise de Grubb (2004, p.152-4), cada vez mais, eles seriam chamados a substituir um inexistente ou precário estado de bem-estar social.

A terceira tendência a destacar diz respeito a mudanças combinadas do ciclo de vida das pessoas e do ciclo de vida dos conhecimentos tidos como válidos.

As alterações produzidas pelo puro e simples *prolongamento* das expectativas de vida são visíveis no modo como as pessoas são chamadas a redistribuir suas fases: já é menos nítida a caracterização da infância e da adolescência como etapas da escola ou da aprendizagem e da idade adulta como etapa do trabalho. Também se redefine aquilo que o indivíduo precisa *saber* para *fazer* aquilo que faz. A escola – em suas diferentes formas – provavelmente deixará de ser um momento definido e fechado da juventude. Ela tenderia a se distribuir diferentemente ao longo da vida dos indivíduos – educação continuada, (*longlife learning*) é uma expressão cada vez mais repetida no jargão dos educadores. Uma olhada retrospectiva pode ajudar a entender essa mudança de longo prazo.

No começo do século XX, a expectativa de vida nos países desenvolvidos era de cerca de cinquenta anos. No final do século, essa expectativa passava dos oitenta. Ao mesmo tempo, a renovação dos conhecimentos teóricos e das técnicas era muito mais rápida. No primeiro cenário, podemos dizer que o conhecimento científico reconhecido como válido, aquele com o qual o jovem tinha contato no final do ensino médio ou na faculdade, perduraria como válido até sua morte. O conhecimento tecnológico embutido nos instrumentos e processos produtivos que marcavam sua vida cotidiana também seria, na data de sua morte, bastante próximos daquele que existia na sua juventude. Algo que poderia ser representado pelas imagens sugeridas por Hermano Carmo, em comunicação ao II Simpósio de Educação a Distância em Países de Língua Oficial portuguesa, em Lisboa (outubro de 2008), conforme as Figuras 5.1 e 5.2.

Figura 5.1 – Expectativa de vida *versus* validade do conhecimento

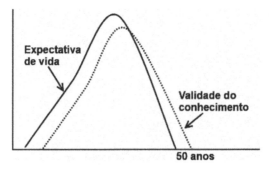

No segundo cenário, no final do século XX, não apenas se alargou a expectativa média de vida. A renovação do "selo de validade" do conhecimento científico e das aplicações tecnológicas que povoam a vida desse indivíduo encurtou-se bastante: aquilo que o nosso jovem aprendeu já passou por várias renovações e transmutações. O mesmo ocorreu com os instrumentos técnicos que cercam sua vida cotidiana. A nossa imagem, agora seria outra (Figura 5.2).

Figura 5.2 – Expectativa de vida *versus* validade do conhecimento

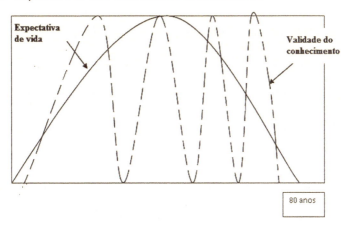

Daí, apontam os analistas, um elemento específico de mudança social tende a influenciar a programação dos serviços à comunidade: trata-se do número de norte-americanos que estão em um momento de transição na vida. Em 1978, um estudo oficial estimou que quarenta milhões de adultos, nos Estados Unidos, estavam mudando de emprego ou de carreira. E 60% deles afirmavam precisar de educação adicional para conseguir essa adaptação. Com definições um pouco mais amplas, o estudo estimava que esse número de pessoas em busca de readaptação chegaria aos 126 milhões de adultos maiores de 25 anos (Hankin; Fey, 1985, p.153).

O Departamento do Trabalho dos Estados Unidos estima que o trabalhador adulto médio precisaria adquirir novas habilidades e conhecimentos especializados a cada dez anos. E, projetando essa tendência, se poderia prever a necessidade de requalificar esse trabalhador várias vezes ao longo de sua vida.

Se tudo isso faz sentido, a divisão da vida em infância, adolescência, maturidade e velhice tem que ser mais "fatiada". A condição de adulto teria que ser dividida duas ou três subfases. E a ideia de educação como momento único, sequestrado à vida, na adolescência e juventude, teria que ser substituída pela ideia de educação permanente, ao longo da vida e "dentro da vida", não em um momento de sequestro.

Esse contexto teria várias consequências sobre as instituições de ensino superior. Entre elas, dizem alguns analistas, o aumento do número de estudantes ditos *non-credit,* isto é, os estudantes que fazem cursos sem pensar em certificações mais formais. Cada vez mais, as divisões de educação permanente e escolas de extensão das universidades veem crescer esses contingentes. E eles são, também cada vez mais, uma área relevante dos *community colleges* – talvez a organização educativa mais sensível a tal pressão. Hoje, por exemplo, alguns *community colleges* da City University de Nova York têm mais alunos *non degree* ou *noncredit* do que alunos regulares.

Não por acaso, um dos programas preferidos pelo presidente Barak Obama, para o ensino superior, era o investimento em *community colleges* para alavancar esse tipo de educação, aquele que, na linguagem de seus seguidores na área, criariam uma força de trabalho mais inteligente e flexível.

Cohen e Brawer (1996, p.423) preveem algumas tendências dos *community colleges*, nessa linha de raciocínio: a demanda por educação secundaria seguiria em alta. E os *community colleges* seguiriam atraindo matrículas, por fácil acesso, baixo custo, possibilidades de frequência em tempo parcial e em horários flexíveis. Atrairiam mais ainda, pela sua capacidade de oferecer programas de requalificação para ocupações para as quais se precisa de uma educação pós-secundaria, mas não necessariamente um diploma de bacharelado.

Evidentemente, temos ai um cenário novo para os *community colleges*, exigindo fórmulas novas. Fórmulas que redesenhem seu novo perfil, missão, estruturas e métodos, assim como critérios para avaliar necessidades e resultados. Esses critérios de avaliação têm direto impacto nas equações utilizadas para calcular dotações e financiamentos, conforme adiantamos.

Numa primeira e mais tradicional visão, o financiamento e as dotações são baseados em determinado perfil e missão da escola. Nesse caso, o montante seria proporcional ao número de estudantes regulares e tradicionais (de transferência ou ocupacionais com certificado). Mas, e quando isso muda significativamente, com estudantes não tradicionais, que não querem transferência nem *associate degree* de dois anos, mas cursos curtos, recolocação, atualização etc.? Remedial e educação continuada acabam aparecendo como "desvio" dos recursos de sua destinação 'tradicional' e formalmente aceita?

Como se julga a eficiência e se calcula o "valor" dessa educação? Teremos passado da ampla e genérica educação *just in case* [se por acaso] para a *just in time* [em boa hora] ou *just for you* [especial para você]?

O caso da City University de New York é exemplar. Possui 270 mil alunos *"degree"*, isto é, matriculados em cursos regulares de graduação e pós, visando a um diploma de *associate* ou de *bachelor*, um mestrado etc. Mas tem, também, um enorme contingente – outros tantos 270 mil – de alunos não regulares, matriculados em cursos mais ou menos livres, de todo tipo. Eles buscam na escola – e nos *community colleges*, em especial – uma forma de aprender inglês para facilitar a inserção na nova sociedade. Inglês como Segunda Língua (ISL) é, na verdade, um curso "profissionalizante" elementar para boa parte dos latinos ou asiáticos. Outros estudantes *non-credit* procuram aprender alguma coisa de Informática, de Matemática, de rudimentos de Enfermagem ou de Secretariado e técnicas de comércio. Como será avaliado seu financiamento?

Por trás da singela pergunta – como medir os resultados e julgar o investimento? – temos uma reflexão existencial, de fundo: o que é e como deve ser o *community college* do novo milênio? Essa pergunta atravessa os debates desde o final do século XX.

PARTE III

TENDÊNCIAS RECENTES DO ENSINO SUPERIOR NORTE-AMERICANO

6
Balanço de fim de século – um sistema em transe (1980-2010)

Os anos 1945-1970 – os chamados "gloriosos 25" do pós-guerra – tinham sido um período de extraordinária acumulação de capital e também uma espécie de era dourada para o sistema de ensino superior e pesquisa acadêmica. As tradicionais universidades de pesquisa privadas se agigantaram com recursos federais – encomendas do complexo industrial-militar e, parcialmente, da saúde, por intermédio do National Institute of Health (NIH). Cresceram também as universidades estaduais, algumas delas incorporadas ao núcleo duro da pesquisa nacional. O ensino de graduação se massificou, com políticas como o GI Bil, as bolsas e empréstimos federais.

Na década seguinte, o país enfrentaria muitas dificuldades e crises. E o sistema de ensino superior também seria marcado por essa "travessia do deserto". As universidades de pesquisa ainda recebem recursos, mas já percebem que os tempos estão mudando. Começa uma fase de anuidades cada vez mais altas combinadas com grandes sistemas de crédito estudantil e endividamento das famílias – a fórmula *"high tuitions & high aid"* [altas mensalidades e altos financiamentos].

Os anos 1980 abrem um período marcado pelas reformas de Ronald Reagan, conjugando uma nova política econômica – neoliberalismo e "economia da oferta" – e um velho estimulante, a *warfare*, a economia bombeada pela guerra. Segundo Roger Geiger, essa é a era da privatização no ensino superior. Delineia-se um novo modo de operação e de estruturação desse sistema, tanto no ensino quanto na pesquisa, com a busca de novas formas de financiamento, gerenciamento e especialização de funções entre os diferentes tipos de instituição. Há ainda um curto período, nos anos 1980, de recrudescimento da pesquisa militar, com Reagan e seu anticomunismo militante, mas as principais universidades buscam um novo modelo, mais voltado para a pesquisa comercial encomendada. No campo do ensino de massa, de graduação, os *community colleges* se tornam o segmento predominante, Aliás, a rigor, é um segmento cujas matrículas ainda crescem.

CONTEXTO E RECAPITULAÇÃO

Comecemos por recuperar o contexto e em suas determinações. Em 1970, os países europeus, reconstruídos, já eram concorrentes dos Estados Unidos. Em finais dos 1960 registrava-se a primeira ocorrência dos "déficits gêmeos" norte-americanos: balança comercial e orçamento federal, ambos no vermelho. Em outro plano, o crescimento do mercado paralelo de divisas, conhecido como eurodólares, pressionava as regulações bancárias norte-americanas vigentes desde o *New Deal*. E, somados a outros fatores, pressionavam também o arranjo internacional fixado em Bretton Woods, o sistema baseado no dólar e no lastro-ouro dessa moeda "mundial". Assim, a "crise do dólar" dos anos 1960 foi seguida, no início dos 1970, pelo fim desse lastro-ouro e das regras de câmbio fixo. No final dos anos 1960, intelectuais socialdemocratas (os liberais) e a esquerda divergiam em detalhes sobre o caráter intrínseco ou acidental do imperialismo norte-americano, mas mesmo os liberais (McGovern, Fullbright) reconheciam distorções sérias nesse rumo. No início dos 1970, a derrota no Vietnã não fora apenas militar, mas política e econômica. A guerra custou caro em todos os sentidos. Tivera impactos profundos na cultura, nos valores, na autoconfiança norte-americana. No interior das universidades, cada vez mais se questionava o maná que adubara seu crescimento, a pesquisa programada de interesse militar (Departamento de Defesa, Nasa, Comissão de Energia Atômica). E, por outro lado, mas não por conta desse questionamento, baixava esse investimento militar em pesquisa, dando lugar a outro tipo de financiamento.

Ainda no campo do ensino superior, abalava-se a crença na educação como alavanca para mobilidade social e como fonte do crescimento do país. Alguns livros antiuniversidade e mesmo antiescola se difundem rapidamente. Alguns temas dessa crítica são intensamente repetidos e viram quase moda. Nos anos 1970, alguns livros propagaram duas dessas ideias:

1) não é tão essencial ter nível superior para ganhar mais, ou seja, ter nível superior não eleva tanto os salários;

2) o país não precisa de tanta gente graduada e pós-graduada. Dois desses livros merecem lembrança, pela repercussão: *The case against college* [O caso contra o faculdade], de Caroline Bird (1975), e *The overeducated American* [O norte-americano sobre educado], de Richard B. Freeman (1976). Esse filão, aliás, reapareceria volta e meia nas

estantes das livrarias: em 2001, por exemplo, Linda Lee (2001), redatora do *NY Times*, retomaria essa cruzada com um flamejante libelo: "*Success without college: Why your child may not have to go to college right now – and may not have to go at all*" [Sucesso sem faculdade: porque seu filho talvez não tenha que ir à faculdade agora e talvez não tenha que ir de todo modo].

Em seguida, outras denúncias alimentaram essa polêmica:

1) o ensino de graduação é ruim, sobretudo nas grandes universidades públicas (mas as particulares não escapam);
2) os professores não se importam com isso;
3) o professorado privilegia a pesquisa ante o ensino, por diversos motivos (critérios de ascensão na carreira, retribuições materiais etc. Como dissemos, esses temas começam a se propagar insistentemente já nos anos 1970. No final da década seguinte, seriam condensados em alguns livros-bomba tais como *Profscam* – Professors and the Demise of Higher Education [Professores e o desaparecimento da educação superior] (Charles J. Syker, 1988); *The hollow men*: Politics and corruption in higher education [O homem vazio – política e corrupção na educação superior] (Sykes, 1990); *Killing the* Spirit: Higher education in America [Matando o espírito – educação superior nos Estados Unidos] (Page Smith, 1990), entre muitos outros.

Passado, contudo, esse momento mais crítico, a estima do ensino superior e da pesquisa acadêmica foi se recuperando. Nos últimos anos do século XX e começo do novo milênio, vários estudos resgatavam o papel estratégico da universidade como um motor ou uma infraestrutura indispensável, em uma economia baseada em conhecimento e inovação, em que esse conhecimento agrega muito valor aos bens produzidos. E apontavam para a evidência de que as universidades forneciam insumo intelectual para a geração desse bem estratégico, o conhecimento incorporado na produção:

> Em 2003, mais de 70% de todos os graduados em Ciências e Engenharia estavam trabalhando na indústria privada. Quarenta por cento de todos os alunos de Ciências e Engenharia que tinham obtido o doutorado estavam trabalhando na indústria; 43% estavam trabalhando em instituições de ensino superior; e 13% estavam fazendo outras coisas. Está claro que as universidades de pesquisa representam a principal reserva para os laboratórios de pesquisa industriais de nossa nação. E cerca das cem maiores universidades de pesquisa produzem a maioria dos doutoramentos em ciência e engenharia. Os grandes laboratórios industriais não poderiam funcionar sem que estas universidades lhes fornecessem indivíduos novos e talentosos de forma regular. (Cole, 2009, p.195-6)

Mas os balanços da educação norte-americana seguiam com variadas formas de ceticismo e euforia. Era a recorrência daquilo que Norton Grubb e M. Laverson (2004) chamam de "evangelho da educação". Esta litania, constantemente retomada na história norte-americana, faz da educação, e da escola, em especial, uma cura e redenção para todos os males, com a consequente condenação do anjo se não cumpre eficientemente a missão.

Assim, frequentemente, estudos insistem em alguns paradoxos. Ao mesmo tempo, pesquisadores norte-americanos alertam para o fato de que há uma desconfortável convivência entre dois indicadores: 60% dos jovens estão sendo educados no nível superior, enquanto apenas 30% dos novos empregos exigem conhecimento desse teor. Por outro lado, comenta-se, o sistema educativo ianque tem altos índices de cobertura e qualidade e a população que cobre resulta fracamente educada, se considerados os testes padronizados internacionais, em que os jovens e adultos norte--americanos ficam, sistematicamente, atrás de europeus e asiáticos. Essa mesma população, aliás, está sendo "educada em excesso", se consideradas as necessidades das ocupações correntes. Temas como esses povoam as matérias da imprensa escrita, falada e televisiva.

Também é repetido e insistentemente lembrado o distanciamento entre o topo (as universidades de elite) e o resto do sistema educativo. Burton Clark sintetiza essa percepção:

> As comparações internacionais ao final do século XX apoiam fortemente a impressão de que a educação norte-americana é fraca, até mesmo altamente defeituosa, nos níveis elementar e secundário, e forte, até mesmo altamente eficaz, no terceiro grau, com o mais alto programa, a "pós-graduação", aparecendo como uma fortaleza. Essa camada avançada tornou o ensino superior norte-americano o principal sistema de referência internacional, atraindo estudantes avançados de todo o mundo em busca de treinamento de alta qualidade e atraindo professores que querem trabalhar na vanguarda de suas áreas. (Clark, 1995, p.116)

Assim, a evolução das coisas parece confirmar as análises de vários estudiosos norte-americanos: os dois primeiros anos de ensino superior daquele país devem ser equiparados, em termos pedagógicos, ao ensino médio de países como França e Alemanha. O quadro fica mais completo e complexo quando levamos em conta que boa parte dos estudantes norte-americanos estaciona nesses dois primeiros anos, ao conseguir um certificado de *associate degree*, nas faculdades comunitárias de ensino de curta duração (*junior* e *community colleges*). De fato, a conclusão dos dois primeiros anos de *colleges* e universidades assemelha-se mais a uma operação de reciclagem acadêmica, para melhorar uma *high school* (ensino médio) de qualidade ruim, a qual, por sua vez, dá sequência a uma escola elementar também ruim. Aliás, esse diagnóstico parecia patinar. Como já mostramos, ele já era comum entre os líderes acadêmicos do século XIX e do início do século XX, quando sonhavam com uma universidade ideal, a sua *"true university"*.[1]

Em um famoso livro sobre a *high school* norte-americana, James B. Conant (1959a e 1959b) já havia traçado um paralelo entre a educação norte-americana e a europeia. Esse estudo, em particular, tem um significado especial. Conant não era apenas o consagrado cientista e reitor de Harvard, mas embaixador dos Estados Unidos na Alemanha do pós-guerra. Observara de perto o Velho e o Novo Mundos e traçava um precioso cotejo.

Quando olhamos o conjunto do sistema de ensino superior, principalmente quando focalizamos os números de matrículas na graduação, especialmente, notamos o quanto faz sentido esse confronto. Vemos o quanto é peculiar aquilo que se chama de ensino superior nos Estados Unidos, uma marca de seu engenho e de seu potencial, mas, também, de seus limites e riscos.

Revisemos o argumento: aproximadamente metade dos estudantes de graduação são, de fato, estudantes de cursos superiores de curta duração. Apenas uma pequena parte deles (perto de 25% a 30%) consegue transferência para continuar seus estudos numa universidade. Uma parte menor (uns 12% a 15%) consegue completar um curso de quatro anos (*bachelor*) ou uma escola profissional (Medicina, Engenharia, Direito). Isso parece um ponto de estrangulamento – e, certamente, é. Mas, por outro lado, esse contingente que se transfere, ainda que limitado, tem uma funcionalidade grande no sistema. Vejamos qual. Em geral, os *colleges* de longa duração (*four-year colleges*) e as universidades perdem de 20% a 30% de estudantes no segundo ano. As transferências, de certo modo, cobrem essas perdas, preenchendo aquilo que costumamos chamar, no Brasil, de vagas remanescentes. Lembremos que o ensino superior, mesmo nas universidades públicas, é pago pelo estudante, integral ou parcialmente. Essas transferências fazem diferença na sustentação das escolas, *cada* vez mais dependentes das anuidades pagas pelos estudantes, dada a queda das dotações públicas (dos estados) e dos subsídios federais.

Esse enorme setor do sistema – o dos *two-year colleges* – deve ser somado às grandes universidades estaduais de "segunda linha", aquelas que não formam parte das cento e poucas de pesquisa ou das outras duzentas ou trezentas doutorais. São a infantaria do exército.

Quanto ao topo, o das escolas de elite, elas já estavam nesse lugar há muito tempo. Como já vimos, nos anos 1930, o segmento norte-americano de universidades de pesquisa já possuía projeção internacional e atraía cére-

---

[1] Para uma visão geral da história e da estrutura do sistema norte-americano de ensino superior, pode-se consultar Brubacher e Rudy (1958) e Cohen (1998). Especificamente sobre a história da articulação entre universidades e *community colleges*, de uma perspectiva crítica, ver Brint e Karabel (1989).

bros europeus que fugiam das crises do velho continente.[2] Ele era composto de universidades criadas já com esse perfil, no final do século XIX (como Chicago e Johns Hopkins), mais antigos *colleges* coloniais transformados em universidades (como Harvard), algumas novas escolas (como o MIT) e algumas poucas universidades estaduais mais ricas.

Mas o sistema experimentou uma grande transformação depois da guerra. Dentre as universidades estaduais, algumas, potencializadas pela pesquisa programática de interesse militar, somaram-se às universidades de pesquisa, também extremamente beneficiadas por financiadores generosos, como o Departamento de Defesa, a Nasa e a Comissão de Energia Atômica. As demais universidades e os *junior colleges* (rebatizados como *community colleges,* depois da Comissão Truman) foram beneficiários de outra sequela da Guerra, o GI Bill, a lei de reinserção dos veteranos. Aquele ato federal garantiu a mais de dois milhões de reintegrados o ingresso no ensino superior – em 1948, metade dos estudantes do ensino superior era constituída de bolsistas dessa lei. O maná da guerra fluiu fartamente até a metade dos anos 1960, estabilizou-se em seguida, e entrou em crise na segunda metade dos anos 1970, quando os dois lados do sistema – pesquisa e ensino – precisaram procurar outros modos de financiamento,

Além dessas diferenças de *status*, prestígio e riqueza, é preciso indicar outra distinção importante no perfil geral do sistema. Trata-se do contraste entre o crescimento das escolas privadas e o das públicas. Pode-se ver que, no imediato pós-guerra, elas estavam emparelhadas no número de matrículas totais. Esse é um ponto de mutação. A partir daí, o setor público deslancha. Uma informação que deve ficar clara é que as instituições privadas de ensino norte-americanas são, na sua grande maioria, instituições sem fins lucrativos. Resumindo, a enorme massificação do ensino superior norte-americano, no pós-guerra, foi liderada pelo setor público; dentro dele, pelas escolas de dois anos (*community colleges*), que deslancharam nos anos 1960 e hoje representam metade dos ingressantes. Como o suprimento de egressados das *high schools* se estabilizou, as escolas foram cada vez mais invadidas por um novo público, alunos mais velhos, mulheres, minorias étnicas. Nas primeiras décadas do novo milênio cresceu muito um setor de escolas privadas com fins lucrativos, que era muito pouco significativo.

---

[2] "Os Estados Unidos alcançaram a nações líderes em ciência bem antes que os eventos da Europa forçassem a migração intelectual dos anos 1930. A desintegração do ensino na Europa Central e o fortalecimento das instituições americanas com proeminentes cientistas estrangeiros apenas acentuaram esse processo. Quando eclodiu a Segunda Guerra Mundial, os Estados Unidos eram claramente o principal centro de ciência do mundo" (Geiger, 2008, p.233-4). A respeito da migração de cientistas, ver Fleming e Bailyn (1969).

Gráfico 6.1 – Total de matrícula no ensino superior (graduação e pós) nos Estados Unidos, anos selecionados (milhares)

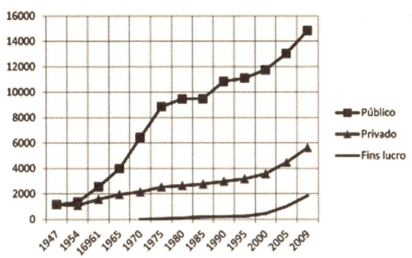

Fonte: (Snyder; Dillow, 2011)

PERFIL DO PERÍODO, EM CINCO PROPOSIÇÕES RESUMIDAS

Neste capítulo, mostramos alguns dos principais traços e sistemas do sistema de ensino superior e pesquisa acadêmica no período 1970-2010. Esta última data não está ai inserida para dizer ou sequer sugerir que o ciclo fechou ou que uma nova fase se abre. Apenas se deve ao fato de que a maioria dos dados quantitativos mais recentes que colhemos está perto desse ano. Poderíamos sintetizar essa descrição em algumas proposições, como seguem:

1) Para a educação superior norte-americana, os anos 1970 foram um momento de relativa estagnação e busca de alternativas. As matrículas na graduação sofreram inicialmente alguma queda, mas se reequilibraram ao longo da década. Vão se desenhando alterações de perfil. Na graduação, o crescimento é maior nos cursos de curta duração (*community colleges*), e nos ramos profissionalizantes das demais escolas. Verifica-se também um lento, mas constante crescimento do segmento de escolas com fins lucrativos (*for profit*).

2) Altera-se significativamente o padrão de financiamento, com uma progressiva "privatização" das fontes. Sobem os valores das anuidades e taxas. Ao mesmo tempo, a renda média das famílias cresce

muito pouco e aumenta a desigualdade. Aumentam os empréstimos, o endividamento das famílias com crédito estudantil. Um segmento cada vez mais destacado de escolas privadas foca suas atividades em ramos profissionais de prestígio, com destaque cada vez maior para a área médica, ao lado de Direito, Economia, algumas Engenharias. Além disso, seguem investindo na pós-graduação.

3) As verbas de pesquisa sofreram abalos, mas não desabaram. As instituições buscaram outras formas de financiamento e organização. Cresce o descolamento entre pesquisa e ensino, sobretudo o ensino de graduação. Percebe-se uma autonomização ainda maior da pesquisa – por exemplo, um maior descolamento das Organized Research Unities (ORU), ante as estruturas de governança das universidades. Mudam paulatinamente os grandes financiadores da pesquisa – dos segmentos de base militar (Exército, Marinha, Aeronáutica, Nasa, Comissão de Energia Atômica) para o National Institute oh Health (NIH), sobretudo e cada vez mais em parceria com empresas privadas. A pesquisa militar segue importante, mas não é tão decisiva quanto o fora nos "gloriosos 25 anos". Muda também o destino das verbas de pesquisa: da Física, Química e Engenharias para as *life sciences* [ciências da vida].

4) O crescimento significativo da pesquisa médica é, mais precisamente, o crescimento de um determinado tipo de pesquisa médica ou das *"life sciences"*: nem tanto a chamada pesquisa básica e mais o estudo ligado à prática clinica, ao desenvolvimento de procedimentos, aparelhagens e fármacos associados a diagnóstico e tratamento de doenças selecionadas. Um evento emblemático, para alguns analistas, é a chamada guerra contra o câncer declarada por Nixon, já no começo dos anos 1970.

5) Torna-se evidente uma maior busca de interações do espaço acadêmico com o mundo comercial (o *business*) e a economia local (a "comunidade"). Isso ocorre não apenas no campo da pesquisa, mas, também, no ensino (o *contract education* ou *contract training*, por exemplo).

Vejamos, agora, cada um desses tópicos.

Como se expandiu o sistema?

Depois da Segunda Guerra Mundial, o ensino superior norte-americano passou por uma fase de grande expansão, vitaminada por diversos fatores, entre eles o já mencionado GI Bill, formidável programa de ajuda educacional aos veteranos. De outro lado, o número de concluintes do ensino médio (*high school*) atingiu um pico no começo dos anos 1970, mas em seguida estabilizou-se. Os Gráficos 6.2 a 6.6 mostram essa evolução.

Gráfico 6.2 – Concluintes *high school* (1870-1990): percentual dos jovens de 17 anos

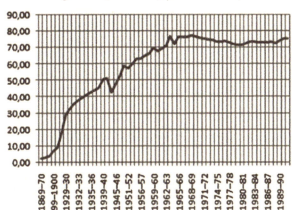

Fonte: elaboração própria com dados de Snyder (1993).

Gráfico 6.3 – Concluintes da *high school* (1870-1990) (em milhares)

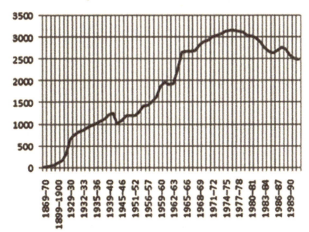

Fonte: elaboração própria com dados de Snyder (1993)

Desde os anos 1960, um novo público inflava as escolas – alunos mais velhos, mulheres, minorias étnicas. A participação das mulheres, em particular, já superava a dos homens no final dos anos 1980. Também o elemento étnico é relevante, conforme se pode ver no Gráfico 6.4.

Gráfico 6.4 – Matrículas *versus* etnias (1976-2010)

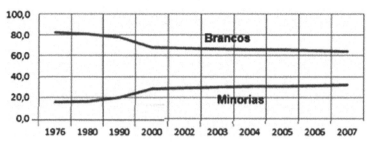

Fonte: elaboração própria com dados de U. S. Department of Education, National Center for Education Statistics (2009)

Como já dissemos, depois de 1945 o setor público predominou claramente, em número de matrículas. Já nos anos 1950 ele superava as escolas privadas no total de matrículas.

Gráfico 6.5 – Matrículas, total, público privado (1939-1959)

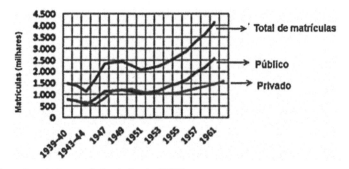

Fonte: elaboração própria com dados de Snyder (1993)

E esse diferencial foi crescendo nos anos seguintes (Gráfico 6.6).

Gráfico 6.6 – Matrículas, público *versus* privado (1961-1991)

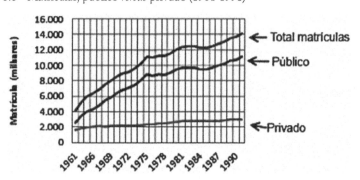

Fonte: elaboração própria com dados de Snyder (1993)

Educação superior nos Estados Unidos

Depois de 1970, contudo, os tempos pareciam mais incertos. A soma total de matrículas chegou a um pico de onze milhões em 1975, mas, então, pela primeira vez na história norte-americana, a educação superior parou de crescer. Depois desse "engasgo", o sistema voltou a crescer, mas com uma parcela cada vez maior de estudantes frequentando *community colleges*.

É importante também registrar o peso dos alunos de meio período, aqueles matriculados em menos de três cursos por semestre, menos de doze horas semanais de aula. Publicações do College Board, exploradas a seguir, mostram que, curiosamente, nos anos 2000, o número de estudantes em tempo integral, na graduação, subiu mais (44%) do que os de meio período (27%). Isso mostra uma relativa recuperação da matrícula de tempo integral, que tinha caído nos anos 1970. Mas era mesmo uma recuperação depois de uma queda. Afinal, apenas em 1998 os calouros de tempo integral voltaram ao nível de 1975. E a proporção meio período/integral varia entre os tipos de instituição. Em 2011, 60% dos estudantes de *community college* (públicos) eram matriculados em meio período, assim como 23% dos estudantes de graduação, nas instituições *four-year* públicas; esse percentual caia para 17% nas escolas privadas sem fins lucrativos de quatro anos, e para 24% nas escolas com fins lucrativos.

Lembremos que o segmento de curta duração (*community colleges*) é basicamente público, a participação privada é pouco significativa. Assim, quando olhamos para dentro do setor publico, diferenciando os dois segmentos, vemos o que se mostra no Gráfico 6.7.

Gráfico 6.7 – Matrículas em instituições públicas: 2 anos *versus* 4 anos

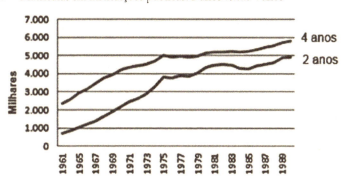

Fonte: elaboração própria com dados de Snyder (1993)

Somando essas ondas sucessivas de crescimento e diferenciação, o quadro que se consolida agora, com dados do ano letivo 2009-2010, é o do Gráfico 6.8.

155

Gráfico 6.8 – Estudantes de graduação, por tipo de instituição (2009)

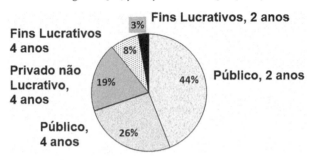

Fonte: elaboração própria a partir de dados compilados em College Board (2011a)

Para completar o quadro, nos *community colleges*, a taxa de *conclusão* é mais baixa e oscilante. Aparentemente, essa tendência confirmaria o efeito *"cooling out"* [esfriamento] nos *community colleges* apontado por Clark (1960a e 1980), efeito que já comentamos anteriormente. Contudo, Geiger (2004, p.93) indica uma espécie de esfriamento também nas escolas de bacharelado (*four-year*):

> A noção de que grandes universidades negligenciam seus alunos de graduação tem uma história venerável. Houve certamente alguma verdade nisso quando a geração *baby-boom* atingiu a idade da faculdade nos anos 1960. Poucas destas instituições eram muito seletivas, e a filosofia predominante era "afunde ou nade". Esperava-se que alguns cursos introdutórios, como Química e Cálculo, selecionasse o rebanho, direcionando os menos capazes para especializações menos exigentes, ou diretamente porta afora.

Geiger (2004) indica ainda uma curiosa articulação desses movimentos – crescimento de matrículas em *community colleges* combinado com transferências e evasão nos primeiros anos das escolas de longa duração. Por meio de suas transferências (ainda que percentualmente baixas), os *community colleges* contribuem para diminuir a perda de estudantes das universidades e *colleges* de longa duração, injetando novos alunos nos segundo e terceiro anos das escolas de bacharelado. Assim,

> O fornecimento de estudantes para *colleges* de quarto ano não é limitado a recém-formados na escola secundária. Um imenso reservatório de estudantes, quase quatro milhões em 1997, frequenta cursos de graduação em *colleges* de dois anos em tempo integral ou parcial. Apenas uma pequena parte desses estudantes faz a transição para *colleges* de quatro anos, mas eles mais do que compensam a evasão entre os primeiranistas daqueles *colleges*. O número de graduandos nas instituições

Educação superior nos Estados Unidos

de quatro anos vem crescendo desde meados dos anos 1970 a uma taxa de 1% ao ano. O número de diplomas de bacharelado concedidos anualmente – a "produção" dos *colleges* norte-americanos – cresceu a uma taxa ligeiramente superior. A expansão do ensino superior norte-americano foi extremamente baixa de meados dos anos 1970 a medos dos anos 1990, embora pareça ter acelerado um pouco desde então. (Geiger, 2004, p.20)

Além do crescimento dos *community colleges*, em todos os segmentos do ensino superior há uma nova proporção em proveito de ramos profissionalizantes.

Verifica-se, ainda uma significativa ampliação do setor lucrativo, tradicionalmente marginal na educação superior norte-americana. Embora continue a representar um percentual pequeno das matrículas, o setor cresceu significativamente depois do ano 2000 e tem tido bom desempenho no que diz respeito às taxas de conclusão (diplomas e certificados). A literatura especializada aponta vários motivos para essa mudança e para esse sucesso nos resultados, entre essas o fato de que elas são instituições com anuidades baratas, são muito descentralizadas, instalam-se em prédios adaptados e oferecem cursos muito focalizados e enxutos.[3] O setor lucrativo tem seus líderes:

A University of Phoenix (nome corporativo: Grupo Apollo) é o símbolo do setor com fins lucrativos. Ela atende adultos que trabalham (estudantes tinham que ter mais de 23 anos) e concedem 76% dos diplomas em Administração e Gestão. O nicho ocupado pela Phoenix é definido menos pelo conteúdo e mais pelo modo de fornecê-lo. Oferecendo cursos modulares de cinco semanas para turmas definidas de estudantes, a Phoenix minimizou os custos de oportunidade bem como o esforço requerido para receber seus diplomas. Quando o objetivo é uma credencial, a educação pode ser racionalizada. Ao contrário de universidades sem fins lucrativos, as corporações educacionais com fins lucrativos replicam planos de negócios bem sucedidos criando unidades adicionais, que são geralmente de tamanho modesto. A expansão é facilitada pela mercantilização da educação, A University of Phoenix "desmembrou" o papel do professor. O conteúdo é fornecido por *"designers"* de cursos profissionais, que começam com "objetivos do aprendizado" e então montam materiais que vão realizar aqueles objetivos. Tudo deve ser pré-empacotado e simplificado de modo que os cambiantes conjuntos de professores em tempo parcial (na verdade, empregados autônomos) só precisam "entregar" este material aos estudantes através do país. (Geiger; Heller, 2011, p.13)

---

[3] Uma visão por dentro (e evidentemente entusiástica) do setor *for-profit* pode ser encontrada no livro de John Sperling, fundador do Grupo Apollo (2000).

157

Como dissemos, esse setor cresceu não apenas no número de matrículas, em geral, mas também nos resultados acadêmicos registrados. Quando comparamos o ano letivo de 1999-2000 com o de 2009-2010, vemos que, nos diplomas denominados *"associate degree"* [curta duração], o setor pulou de uma participação de 12% para 19%. No total de diplomas de bacharelado, o setor tinha 2% do total e passou para 6%, Na média de todos os diplomas, o crescimento foi de 2% para 9%,

O quadro de concentração (crescimento do tamanho médio das escolas) é também muito evidente depois de 1945. Já mostramos anteriormente como, naquela época, o número de instituições crescera, paulatinamente, mas o número de matrículas e o montante da renda das escolas simplesmente explodiam: em suma, o tamanho médio das escolas é muito maior depois de 1945. Algo similar ocorre quando tomamos outro número, a renda das escolas. A concentração é clara.

Voltemos agora nosso olhar para as instituições públicas. Nelas, é relevante comparar a evolução dos estudantes matriculados em cursos de curta duração e aqueles matriculados em *four-year colleges* e universidades, algo que já comentamos e que vale a pena observar de novo. Assim, quando olhamos o total de matrículas nesses dois tipos, mas somando instituições públicas e privadas, temos uma proporção bem grande de estudantes *four--year*, isto é, aqueles que se preparam para um curso de longa duração, um bacharelado. O *two-year college* é, fundamentalmente, uma escola pública. O segmento privado, nesse segmento, é bem reduzido – e, nesse caso, predominantemente ocupado por instituições com fins lucrativos.

Gráfico 6.9 – Total de matrícula no ensino superior: 4 anos *versus* 2 anos (instituição)

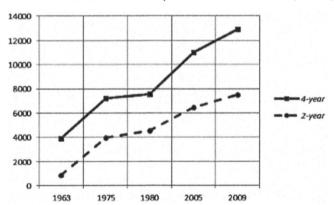

Fonte: National Center for Education Statistics. Table 198. Digest of Education Stastistics (2010)

Mas quando focalizamos apenas as escolas públicas, o segmento de curta duração se aproxima bastante do segmento "superior", O "vão" entre os dois crescimentos é menor – e tendente a diminuir ainda mais,

Gráfico 6.10 – Total de matrícula ensino superior: 4 anos *versus* 2 anos (apenas instituições públicas)

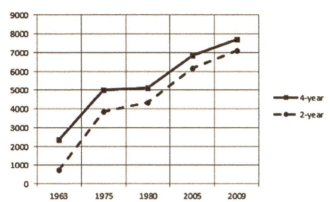

Fonte: National Center for Education Statistics. Table 198. Digest of Education Stastistics (2010).

Essa tendência fica ainda mais forte quando focalizamos as matrículas dos calouros, os que entram na faculdade pela primeira vez – em outras palavras, aqueles que não são reingressantes ou "retornantes". É o que mostra o Gráfico 6.11.

Gráfico 6.11 – Matrícula de ingressantes (milhares): 2 anos *versus* 4 anos (instituições públicas)

Fonte: National Center for Education Statistics. Table 206. Digest of Education Stastistics (2010)

Quer dizer, desde 1968, *o community college* é a porta de entrada principal, predominante, para esses estudantes. A maior parte dos estudantes de ensino superior dos Estados Unidos – hoje, mais da metade – começa sua trajetória em uma faculdade comunitária de curta duração,

Outro aspecto a destacar, na comparação público/privado, é que a diferença no tamanho das matrículas se torna mais agudo quando somamos apenas os estudantes de *graduação*. As grandes universidades privadas têm um segmento de pós-graduação e de escolas profissionais de longa duração (Medicina, Direito, por exemplo) bastante grande, numa proporção bem maior do que as universidades públicas. Estas últimas, por vários motivos, incluindo a necessidade de responder a pressões de seus financiadores (os contribuintes), precisam expandir matrículas de graduação e manter uma série de cursos de menores anuidades. Assim, no Gráfico 6.12 podemos reparar que as escolas privadas dobraram o número de matrículas da graduação, mas as escolas públicas mais do que triplicaram esse montante.

Gráfico 6.12 – Matrículas totais na graduação: público *versus* privado

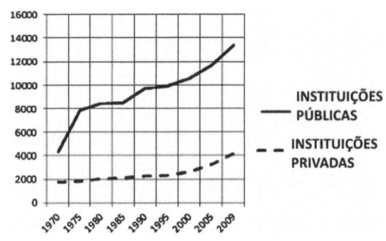

Fonte: National Center for Education Statistics. Table 213. Digest of Education Stastistics (2010)

Custos, preços e fontes de financiamento

As últimas décadas do século XX parecem definir uma espécie de nova era norte-americana, caracterizada por uma perversa combinação – retração econômica e desigualdade ampliada.

Reproduzo (Gráfico 6.13) um diagrama elaborado por Bluestone & Harrison (1990, p.71), indicando os caminhos da desigualdade de renda na sociedade norte-americana entre 1950 e 1985. O formato da curva não deixa dúvida: a tendência claramente se inverte no final dos anos 1960.

Gráfico 6.13 – Desigualdade na renda das famílias (1947-1986) (índice de Gini)

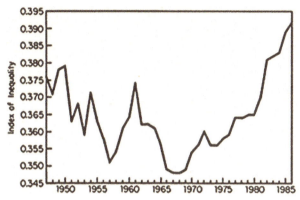

Fonte: Reproduzido de Bluestone e Harrison (1990, p.7)

Reparemos na queda da desigualdade no pós-guerra, com uma inversão atípica na recessão do final dos anos 1950. Observemos, então, o aumento brutal dessas distâncias no período seguinte, com uma aceleração extraordinária nos anos 1980.

O padrão de crescimento (ou não crescimento) econômico tem diferentes impactos nos diferentes estratos da sociedade norte-americana, com implicações claras no acesso a bens como educação, na capacidade de pagar pelos "serviços educativos".

Comecemos pela mudança dos dinamismos econômicos, sintetizados no Gráfico 6.14.

Gráfico 6.14 – Aumento do PIB (real) no longo prazo nos Estados Unidos (1800-1995)

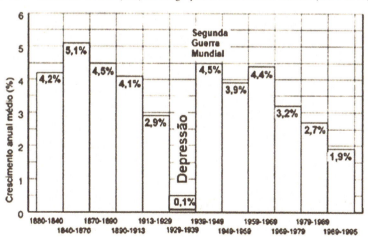

Fonte: Adaptado de Bluestone e Harrison (2001, p.45)

O diagrama sugere a progressiva perda de dinamismo do substrato econômico, a partir dos anos 1960. É gritante o contraste entre os "bons velhos tempos" do pós-guerra e os resultados cada vez menos animadores do final do século XX. Isso, por si só, já teria um impacto previsível sobre a educação superior. Mas é relevante detectar o desigual impacto dessas perdas, quando olhamos para segmentos específicos da sociedade. Comparemos os dois períodos – os "gloriosos 25 anos" do pós-guerra e o final do século. Vejamos como cresceu a renda dos diferentes estratos na "era dourada".

Gráfico 6.15 – Como cresceu a renda familiar nos Estados Unidos (1947-1973)

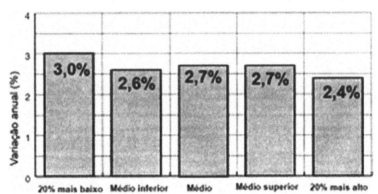

Fonte: Adaptado de Bluestone e Harrison (2001, p.188)

O leitor também poderia lembrar que esses "vehos bons tempos" do pós-guerra tendiam a reforçar o "sonho americano" e a projetar, para o restante do mundo, as virtudes do modo de vida norte-americano, o famoso *american way of life*. Afinal, mesmo sem dispor de instituições de seguro social como tinham os europeus, os norte-americanos conseguiam gerar emprego e renda razoavelmente distribuídos. A desigualdade, nesse período, chegou a recuar, já que a renda dos estratos inferiores da sociedade mostrava ganhos maiores do que a dos segmentos superiores (que, ainda assim, também cresceu). O quadro muda radicalmente no período seguinte, quando o bolo não só para de crescer, como passa a ser distribuído cada vez mais desigualmente. Como se pode notar no diagrama do Gráfico 6.16, os segmentos inferiores da sociedade veem sua renda recuar ano a ano.

O resultado acumulado, no final de um certo período, é que o pedaço do bolo que cabe ao andar de baixo (e mesmo às classes médias) é significativamente menor. Em 1990 o retrato dessa situação, que se seguiu degradando nos anos seguintes, aparece na Tabela 6.1.

Educação superior nos Estados Unidos

Gráfico 6.16 – Como cresceu a renda familiar nos Estados Unidos (1973-1995)

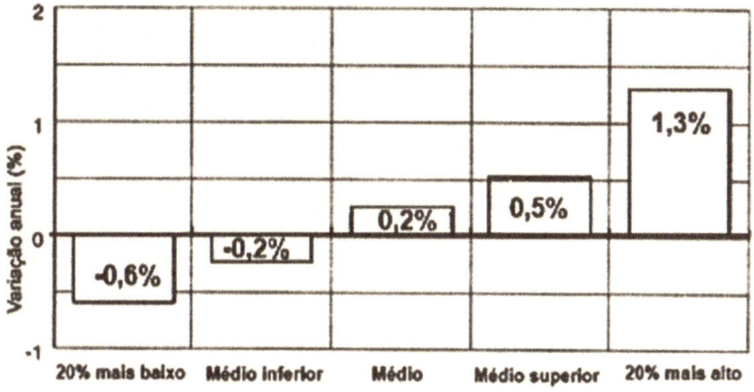

Fonte: Adaptado de Bluestone e Harrison (2001, p.189)

Tabela 6.1 – Desigualdade nos Estados Unidos: evolução da fração da renda total que vai para cada quintil (20% inferiores, superiores) e para 20% dos lares mais ricos (1973-1990)

Desigualdade nos Estados Unidos			
	1973	1990	Evolução
5% superiores	15,55%	17,4%	12,3%
Quintil superior	41,1%	44,3%	7,8%
Quarto quintil	24,0%	23,8%	–0,8%
Terceiro quintil	17,5%	16,6%	–5,1%
Segundo quintil	11,9%	10,8%	–9,2%
Quintil inferior	5,5%	4,6%	–16,4%

Fonte: Reproduzido de Todd (1999, p.140)

Talvez o impacto não tenha sido mais desastroso e desestruturador porque aquilo que restava dos programas reformadores da *Great Society* (governo Johnson) corrigiam algumas distorções do mercado. Programas de assistência médica, como o *Medicare* e *Medicaid,* melhoravam o acesso à saúde. Lembremos ainda que, no final dos anos 1960, o Congresso norte-americano ressuscitou o *Food Stamp*, programa de socorro alimentício para a população carente. Hoje, esse programa atende aproximadamente de 45 milhões de pessoas, uns 15% do total da população norte-americana. No que diz respeito ao acesso à educação superior, a história é outra, como veremos a seguir. Primeiro, veremos quanto e como o sistema educativo cresceu; depois veremos como os diferentes estratos de renda dele se beneficiaram.

Antes, porém, uma informação indispensável: como é paga a educação superior nos Estados Unidos.

O que se paga no ensino superior norte-americano, quem paga e quanto

O financiamento do ensino superior norte-americano tem suas peculiaridades e são necessários alguns esclarecimentos para que um leitor estrangeiro entenda como ele opera.

Em princípio, o ensino superior, mesmo nas escolas públicas, é pago pelo usuário ou beneficiário direto. Dissemos "em princípio": o que quer dizer que em determinados casos, determinados estudantes não pagam ou pagam menos do que é publicado na "tabela de preços" das escolas. Quem paga, então, a diferença?

Em seus prospectos e páginas na internet, as escolas costumam divulgar não apenas as taxas e anuidades cobradas, mas também a estimativa dos gastos com manutenção do estudante (como o chamado *room and board*, casa e comida, seja ele fornecido pela escola ou não).

Assim, por exemplo, poderíamos ter a Tabela 6.2 com o custo médio, para os estudantes, de uma escola pública de longa duração (uma universidade ou um *four-year college*, uma faculdade de bacharelado).

Tabela 6.2 – Preços líquidos para estudantes em período integral em escolas superiores públicas de quatro anos: por situação de dependência e nível de renda familiar (2007-2008)

	Renda Familiar (estudante dependente)				Estudante não dependente
	Mais baixo	Médio-baixo	Médio-alto	Mais alto	
Valor líquido (anuidades e taxas)	0	1420	3860	4330	1110
Casa e comida (gastos líquidos)	9030	10820	11000	11260	10690
Total (bolsas e auxílios)	7050	4310	2140	1740	3280

Obs.: Inclusos apenas os estudantes *"in-state"*, para comparar com os *two-year*, que são esmagadoramente *"in state"*.

Fonte: The College Board, maio 2012, Table 8

É pertinente comparar esses valores com aqueles das escolas de curta duração. Há uma razoável diferença. Vejamos a Tabela 6.3.

Quando reparamos nas tabelas de preços anunciadas pelas instituições, vemos que o preço das anuidades e taxas subiu de modo constante e em percentuais altos nos últimos trinta anos. Nesse período, baixaram as dotações dos estados e localidades para as escolas. No entanto, na "era dourada" elas tinham montado grandes estruturas, de altos custos fixos, e tinham que sustentar boa parte dessa carga. O peso sobre os estudantes e suas famílias só não foi destruidor porque eles foram socorridos por diferentes tipos de políticas públicas. Aumentou, mais do que usualmente, a presença do governo federal no financiamento individualizado (não dotações institucionais), isto é, por meio de bolsas Pell Grant, bolsas para veteranos, renúncia fiscal etc. Mesmo assim, o valor denominado *"net tuition and fees"*, valor líquido pago efetivamente pelo

Educação superior nos Estados Unidos

Tabela 6.3 – Preços líquidos para estudantes em período integral em escolas superiores públicas de dois anos: por situação de dependência e nível de renda familiar (2007-2008)

	Renda Familiar (estudante dependente)				Estudante não dependente
	Mais baixo	Médio-baixo	Médio-alto	Mais alto	
Valor líquido (anuidades e taxas)	0	800	1510	1570	0
Casa e comida (gastos líquidos)	6480	7630	8000	7890	8240
Total (bolsas e auxílios)	3130	1190	510	340	1910

As faixas de renda são:

– mais baixa: menos de 32,500 dólares;

– média-baixa: de 32,500 a 59,999 dólares;

– média-alta: de 60 mil a 99,999 dólares;

– mais alta: 100 mil dólares ou superior

As bolsas são de todas as fontes, incluindo governos federal e estaduais, instituições e fontes privadas. "Outros custos" incluem livros e suprimentos, transporte, custo de manutenção básico tal como reportado pelas instituições nos cálculos de orçamento estudantil

Fonte: Reproduzido de: The College Board, Maio 2012, Table 7

estudante, subiu continuamente, com algumas variações. As publicações do College Board estimam que dois terços dos estudantes em período integral pagam a faculdade graças a algum tipo de ajuda em bolsas. E o terço restante recebe alguma ajuda federal na forma de crédito ou dedução fiscal.

Assim, por exemplo, no ano letivo 2012-2013, os estudantes de graduação em período integral de escolas públicas receberam em média 5,750 dólares para cobrir o valor "cheio" das anuidades e taxas, que girou em torno de 8,665 dólares. Portanto, o valor efetivamente desembolsado pelo estudante foi, em média, de 2,900 dólares,

Nas escolas privadas sem fins lucrativos, no mesmo período, a anuidade media foi de 15,680 dólares, com um desembolso liquido de 13,380 dólares.

Resumindo: o valor "cheio" das anuidades e taxas sobe, mas o valor "líquido", efetivamente pago pelo estudante também sobe, mas sobe menos. A diferença é coberta pelos diferentes tipos de ajuda, como as bolsas e subsídios,

Nos community colleges (públicos) os estudantes receberam ajuda média de 4,350 dólares, com uma anuidade média de 3,131 dólares, o que significa um efetivo subsídio para outras despesas do estudante. A anuidade líquida dos community colleges em 2012-2013 foi inferior (em valores deflacionados) aos de 2007-2008,

Há anuidades e taxas diferentes para os estudantes residentes no estado (e, portanto, contribuintes do estado) ou dos que vêm de fora. Estes últimos pagam mais. Daí, nas tabelas divulgadas pelas instituições encontrarmos essa diferença: in-state tuition, out-state tuition – anuidade para os de dentro e os de fora. Alguns estados têm acordos de "reciprocidade nos descontos" com seus vizinhos.

165

É importante identificar a origem das bolsas e auxílios para notar a relevância da participação federal no "bombeamento" do sistema.

Tabela 6.4 – Fontes das bolsas/auxílios para estudantes em período integral (dois e quatro anos), matriculados em instituições públicas (2010-2011) (estimado)

	Público quatro anos (%)	Público dois anos (%)
Pell Grants	34	69
Outras bolsas federais	11	12
Bolsas estaduais	19	9
Bolsas institucionais	29	6
Empregadores e bolsas privadas	7	4

Fonte: The College Board, Trends in Student Aid 2011, Table 9

Como dissemos, a ajuda federal, mediante bolsas e empréstimos subsidiados, reduziu o impacto da subida das anuidades. Mas teve outro efeito preocupante, o endividamento.

O contraste entre *anuidades* escolares e renda das famílias atinge praticamente *todos* os tipos de escola superior, incluindo o *community college*, a escola que mais acolhe os segmentos de baixa renda e das minorias étnicas. O Gráfico 6.17 compara a evolução da renda media das famílias com os valores das anuidades médias de cada tipo de escola (e com a taxa de ascensão de cada um deles, evidenciado pela inclinação da curva).

Gráfico 6.17 – Encarecimento das anuidades (1980-2008)

Fonte: Reproduzido de Geiger e Heller (2011, p.3)

Em outros termos, o estudante e sua família empenhariam um percentual muito maior de sua renda para pagar a educação superior. No setor privado, esse percentual quase triplica. No setor público, mais barato, o coeficiente de multiplicação é similar, como indica a Tabela 6.5.

Tabela 6.5 – Peso das anuidades na renda média, por setor (1980 e 2009)

Setor	1980 (em dólares de 2009)		2009	
	Anuidade (dólar)	% da renda média	Anuidade (dólar)	% da renda média
Privado sem fins lucrativos (4-year)	9,419	18	26,273	44
Público 4-year	2,094	4	7,020	12
Community College	1,018	2	2,544	4
Público 4-year	nd	nd	14,174	24

Fonte: Reproduzido de Geiger e Heller (2011, p.4)

O quadro é claro: os gastos com educação superior consomem uma parte significativamente maior da renda familiar, mesmo em escolas do setor público. Uma família situada no nível médio de renda teria que destinar 44% de seus rendimentos para pagar uma escola sem fins lucrativos, em 2009, o que é muito mais do que gastaria em 1980 (18%). De fato, dois vetores se somaram para produzir esse resultado: sobem as anuidades, cai a renda média das famílias. Alguns outros fatores se destacam para piorar esse quadro – ou para determiná-lo, em certa medida. A evolução da economia levou a uma polarização maior da renda, entre capital e trabalho, bem como entre diferentes segmentos do mercado de trabalho. As políticas tributárias desoneraram as altas rendas e sobrecarregaram as médias. As receitas de estados e governos locais caíram e suas dotações para o sistema educacional seguiram o mesmo curso. A soma de todos esses movimentos produziu aquilo que Geiger chamou de "era da privatização" no ensino superior norte-americano,

Como dissemos, os preços oscilaram em praticamente todos os segmentos, comprimindo as rendas familiares. Mas, historicamente, alguns dos segmentos são mais caros do que outros. A variação, por tipo de escola e tipo de controle (público/privado) pode ser visto nos Gráficos 6.18 a 6.22.

Gráfico 6.18 – Anuidade média (cheia, em dólares) para graduação em diferentes tipos de escola superior (2012)

Fonte: elaboração própria com dados de College Board, Trends in College Pricing, 2012 table 1a

Como se pode ver, para um estudante de fora do estado, a universidade pública custa quase tanto quanto a universidade privada.

Gráfico 6.19 – Anuidade média (cheia) para graduação em diferentes tipos de escola superior (Classificação Carnegie).

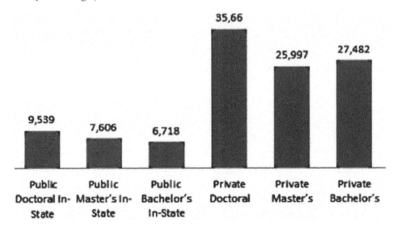

Fonte: elaboração própria com dados de College Board, Trends in College Pricing, 2012

A classificação Carnegie[4] fornece um retrato do prestígio das instituições e os níveis máximos das titulações (diplomas) que conferem. O segmento mais elevado, o *"private doctoral"* + *"public doctoral"*, inclui pouco mais de cem universidades de elite,

---

[4] Classificação da Fundação Carnegie para as instituições de ensino superior:
- *Doctorate-granting Universities*: instituições que mantenham pelo menos vinte programas de doutorado. Elas são subdivias pelo nível de atividade de pesquisa, a qual, por sua vez, é medida por indicadores como gastos em pesquisa, número de doutorados emitidos, número de professores envolvidos em pesquisa etc. Assim, na classificação de 2005, havia 297 instituições: 108 universidades de pesquisa I (ou com atividade de pesquisa muito alta); 99 universidades de pesquisa II (atividade de pesquisa alta); e 90 universidades doutorais.
- *Master's Colleges and Universities*: instituições que mantenham pelo menos cinquenta programas de mestrado mas menos do que vinte de doutorado. Somam 727 instituições.
- *Baccalaureate Colleges*: instituições nas quais os bacharelados respondem por pelo menos 10% do total de diplomas e que mantém menos do que 50 programas de mestrado. Somam 809 instituições
- *Associates Colleges*: instituições em que o *associate degree* ou o *bachelor degree* representam menos do que 10% dos diplomas de graduação. São 1.920 instituições.
Total: 3.753 instituições ("Basic Classification Tables", Carnegie Foundation for the Advancement of Teaching, 2005).

Em um estudo focalizado apenas nas chamadas universidades de pesquisa (cerca de cem), Geiger (2004) calcula a subida dos *custos* por estudante, em diversos anos:

Gráfico 6.20 – A alta dos custos nas universidades de pesquisa

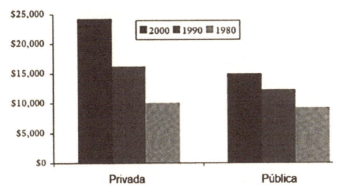

Fonte: Geiger (2004, p.32)

E, no Gráfico 6.21, o crescimento das *receitas* originadas por anuidades (líquidas), nessas universidades.

Gráfico 6.21 – Receitas das unidades nas universidades de pesquisa

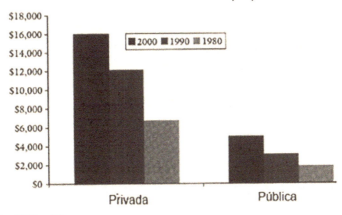

Fonte: Geiger (2004, p.33)

O resultado da combinação desses movimentos é uma participação cada vez maior das anuidades na sustentação das escolas, mesmo no setor público, como se pode ver no Gráfico 6.22.

Gráfico 6.22 – Anuidades e dotações do estado nas universidades públicas de pesquisa

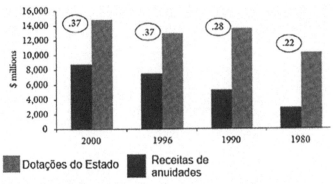

Dentro das elipses, a proporção entre a receita das anuidades frente às dotações do estado

Fonte: Geiger (2004, p.44)

A consequência prática dessa evolução, sugere Geiger (2004), é uma ainda maior seleção dos estudantes pelo nível de renda. Ou seja, produz-se uma elitização ainda mais pronunciada. O suporte do empreendimento educacional privado (mesmo do não lucrativo) está assentado em recursos das famílias, ajuda ao estudante (bolsa, empréstimos) e renda derivada do patrimônio das instituições (*endowment income*). Algumas poucas universidades têm patrimônios significativos, mas, para a maioria, o suporte principal vem dos recursos dos estudantes e de suas famílias. Ora, os números de 2000, lembra Geiger (2004), indicam que não mais do que 7% das famílias norte-americanas teriam renda suficiente para financiar um curso numa universidade privada. Nas escolas do topo, as ditas "mais seletivas", cerca de metade dos estudantes não recebe nenhum tipo de ajuda – o que quer dizer que suas famílias teriam como pagar um custo total (em quatro anos) de somas próximas de 150 mil dólares. Mesmo os que recebem algum tipo de desconto ou ajuda são, necessariamente, filhos de famílias abastadas o suficiente para pagar altos custos.

Nas últimas décadas do século, o volume de empréstimos tem um crescimento maior do que o volume de bolsas. As políticas federais para a área parecem cada vez mais inclinadas nessa direção e encorajam os estados a criar políticas semelhantes. Geiger mostra que no começo dos anos 1980, as bolsas (federais, estaduais ou privadas) eram a forma predominante de apoio financeiro. Mas, sobretudo a partir de 1992, os empréstimos suplantaram as bolsas e se tornaram a principal forma de viabilizar o pagamento do ensino superior (Geiger; Heller, 2011, p.5).

Um quadro comparativo dos diferentes tipos de ajuda, ao longo de trinta anos, mostraria essa distribuição claramente inclinada para os empréstimos (Gráfico 6.23).

Gráfico 6.23 – Ajuda estudantil, por tipo de ajuda, em dólares constantes (1980-2009)

Fonte: Geiger e Heller (2011, p.6)

Mesmo no campo das bolsas, alterações de procedimento importantes são introduzidas, como já comentamos anteriormente, desde a edição (1965) do Higher Education Academy (HEA). Vai-se ampliando o que se pode chamar de "portabilidade" da ajuda educativa. Os recursos vão menos para as instituições e mais para os estudantes, para que escolham as instituições. Desse modo, como já adiantamos, o estudante se torna um "consumidor" ou "cliente" a conquistar, Os programas de bolsa dos anos 1970 (como o Pell Grant) vão cada vez mais nessa direção.

Com a queda do número de bolsas para estudantes e de dotações e subsídios para as escolas, dois caminhos se acentuaram. Um deles, já mencionado, é a escalada das anuidades. Mas, dada a queda da renda média das famílias e a crescente desigualdade, a saída, para os estudantes, foi o endividamento. Não por outro motivo, a curva dos empréstimos foi subindo rapidamente, conforme mostra o gráfico do *College Board*, abaixo reproduzido (Donald Heller, 2008).

Gráfico 6.24 – Volume dos empréstimos federais e privados, em bilhões de dólares correntes (1970-2007)

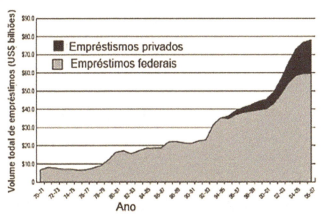

Fonte: The College Board (1991, 1996, 1998, 2007) e Lewis (1989)

Em suma: diminuem as dotações e bolsas do setor público, sobem as anuidades, Para garantir a manutenção da demanda, o setor público substitui bolsas e subsídios por empréstimos. A combinação – altas anuidades, elevadas "ajudas" – traduziu-se, na verdade, em um cenário de crescente endividamento das famílias.

Uma ajuda para o enforcamento, talvez se possa dizer. Em 2008, a crise das *subprimes* – baseada, sobretudo, em bolhas hipotecárias – apavorou os norte-americanos e o mundo. Uma doença um pouco menor, em volume, mas igualmente grave, avança no terreno dos créditos estudantis. Calcula-se que o volume dessa dívida chega em 2013 à soma de um trilhão de dólares. Uma das dimensões trágicas da crise das hipotecas é que a euforia dos créditos estava baseada na crença de que o valor dos imóveis continuaria a subir, garantindo as dívidas. No campo do empréstimo estudantil, há outra aposta, algo similar: que ao fim da graduação haverá um emprego razoavelmente bem remunerado e estável para pagar a elevada dívida. E se não houver?

A conjunção dessas tendências do financiamento tem implicações na gestão das escolas e na diferenciação ainda maior do chamado "setor seletivo" no interior do sistema de ensino superior norte-americano.

Ainda uma vez vale citar comentário de Geiger (2010, p.4) com exemplos de políticas de gestão de escolas privadas no rumo de maior privatização:

> No início de 1978 a Universidade de Harvard tomou a decisão de estabelecer uma política para elevar o preço de suas mensalidades substancialmente e, em compensação, aumentar o auxílio financeiro aos estudantes com fundos internos, [...] Yale e Princeton imediatamente seguiram o exemplo de Harvard, e esse padrão logo se espalhou pelo setor privado.

No setor público, porém, os procedimentos tinham que ter alguma especificidade:

> Os *colleges* e universidades públicas não podem fazer descontos na mensalidade – tecnicamente, discriminação de preço – em qualquer medida relevante: eles têm estudantes de classe média demais e muito poucos ricos. Mas eles compensam o orçamento estagnado do Estado através da elevação das mensalidades. Eles também se beneficiaram da cultura do empréstimo. Na verdade, ocorreu uma significativa privatização. Em 1980, as mensalidades dos estudantes forneciam aproximadamente 20% dos fundos de operação, mas em 2006 este número era 43%. Logo, mais de um quinto dos custos de operação nas universidades públicas de quatro anos eram transferidos aos estudantes, seus pais, e seus empréstimos. (ibidem, p.5)

Evidencia-se uma polarização cada vez mais profunda entre o setor seletivo e o não seletivo de instituições. São também muito claros os impactos dessas tendências sobre as grandes universidades públicas que se situam no topo do sistema, as universidades de pesquisa.

Talvez se tenha mais do que uma polarização entre *dois* universos. Na opinião de Geiger (2010, p.1), seria mais apropriado dizer que estaríamos diante de três tendências, três segmentos, três "públicos" ou "*constituencies*" [circunscrições], três ritmos de desenvolvimento. O primeiro corte é este: a graduação se divide em um setor seletivo (clientela rica e ideologias confortadoras) e um não seletivo, escolas subfinanciadas com altos índices de evasão. Um terceiro segmento é o das universidades de pesquisa e pós-graduação, que prosperou e se tornou farol para o mundo. O setor "não seletivo" reflete desinvestimento público e políticas neoliberais. O setor seletivo reflete o padrão de desenvolvimento apesar (e por causa) da desigualdade, da concentração de renda.

O que é esse segmento seletivo? As escolas desse segmento estão mais concentradas no setor privado. Sua marca de exclusividade é realçada pela porcentagem de inscritos que efetivamente se matriculam, que são aceitos pelo "*dean of admission*": a pequena elite dos escolhidos. Uma escola prestigiosa recusa muita gente. As universidades estaduais, em geral, tendem a aceitar entre três e seis mil calouros anualmente. As escolas privadas ficam em números bem menores, cerca de 25% desse total. Assim, as escolas estaduais de primeira linha podem atrair uns mil estudantes que se equiparam aos calouros das melhores universidades privadas. Mas precisam também responder aos quatro ou cinco mil restantes (Geiger, 2004, p.86). Elas não podem aceitar apenas os melhores morangos, para usar a metáfora de Ravitch (2013).

Em certa medida, isto dá ao setor privado algumas vantagens. A quantificação do que se encaixa dentro do "seletivo" e do "não seletivo" é assim esboçada por Geiger (2004, p.84):

> No final dos anos 1990, de quase quatorze milhões de pessoas com dezoito anos nos Estados Unidos, perto de três milhões se formaram na escola secundária e quase dois milhões foram diretamente para o *college*. Desse último grupo, cerca de 1,2 milhão se matricularam como estudantes em tempo integral num *college* ou universidade de quatro anos. Quantos desses estudantes frequentam instituições seletivas? Não é possível dar nenhuma resposta precisa para uma categoria inerentemente imprecisa, mas uma estimativa grosseira é possível com base na nas noções prevalentes de seletividade. Usando as listas da *US News* das cinquenta melhores "universidades nacionais" e "*colleges* de artes liberais nacionais" como uma referência razoável, o setor seletivo consistiria de aproximadamente 145 mil primeiranistas: 64 mil em dezesseis universidades públicas, 56 mil em 34 universidades privadas e 25

mil em cinquenta *colleges*. Essas matrículas representam menos de um em cada cinco primeiranistas em instituições privadas e um de cada dez em instituições públicas. Participação nesse grupo deveria significar, por exemplo, que pelo menos metade da turma de calouros atingiu pontuação entre os 10%-15% melhores entre todos os examinados. Esse enfoque reflete uma definição institucional de setor seletivo. Ela não indica quem frequenta estas instituições.

Com o aprofundamento da polarização, o sistema, desde seu nascedouro bastante hierarquizado, vai adquirindo o que se pode chamar de distribuição bimodal (Geiger, 2010, p.9). O pedaço não seletivo tende a oferecer mais ensino vocacional, opera a baixos custos e com menores recursos. Seus estudantes vêm de segmentos de renda médios e médio-baixos, endividam-se, estudam em tempo parcial e trabalham. Demoram bem mais para concluir seus cursos (ibidem, p.9).

Um dos aspectos aprofundadores da privatização descrita por Geiger é o desinvestimento dos Estados nessas instituições não seletivas. Dotações cada vez menores traduzem-se em professores mais precários (meio período, menos titulados), classes maiores, instalações e serviços menos sofisticados. Com prováveis impactos nos resultados educativos (ibidem, p.11).

As escolas de elite, ou "seletivas", também são afetadas por tempos piores na economia. Reduzem seus orçamentos e direcionam cada vez mais suas matriculas pelo critério dos estudantes mais ricos, não os mais talentosos (cf. Golden, 2007; Karabel, 2005, sobre o tema). Os preços, aí, são altos e tendem a ser cada vez mais altos (Geiger, 2010, p.15). Isso afeta não apenas as escolas do setor privado, mas também as universidades mais destacadas do setor público. Um número crescente de instituições públicas tem se juntado ao chamado setor seletivo – universidades líderes, de pesquisa, mas também certo número de instituições menores que ganharam prestígio pela qualidade de sua educação e pela exploração de determinados nichos de pós-graduação e pesquisa. Lutam contra o desequilíbrio orçamentário e dependem, cada vez mais, das mensalidades. Cada vez mais adotam a prática de recrutar estudantes de fora do estado, que devem pagar mensalidades bem maiores. Essa é uma tática do lado da receita. Do lado dos custos, as instituições passam a promover diferenciações internas, nas funções e nas partes componentes. Por exemplo, passam a empregar, no ensino de graduação, um número cada vez maior de professores "contingentes", ou sem estabilidade e benefícios indiretos. Desse modo, podem preservar, para a pesquisa e pós-graduação, os professores regularmente contratados e estáveis, mais bem pagos (Geiger; Heller, 2011, p.16).

Educação superior nos Estados Unidos

No segmento seletivo, a parte que mais cresce é a das *graduate schools*, os cursos de pós-graduação ou escolas profissionais de prestigio, que são quase cursos de pós-graduação (Direito, Medicina, Economia, algumas Engenharias). Além disso, observa-se também, na pós-graduação, um crescente interesse em atrair estudantes estrangeiros:

Um número consideravelmente grande de nossos doutorados em Ciências Físicas – 40% em 2005 – vai para alunos estrangeiros que estudam nos Estados Unidos com um visto temporário. Aproximadamente 57% dos títulos de doutor em Engenharia vão para alunos estrangeiros, e entre um quinto e um quarto dos doutorados em Ciências Sociais e Ciências da vida são obtidos por alunos estrangeiros (Cole, 2009, p.183).

As escolas do setor privado sem fins lucrativos mostravam já na "era dourada" do pós-guerra algumas vantagens estratégicas que permitiam seu descolamento da base do sistema. Essas vantagens perduraram e, em certa medida, aumentaram. Veja a Tabela 6.6, indicando proporções estudante-professor. Atentemos para o segmento *Research* [Pesquisa], I e II. Escolas privadas são menores (em numero de estudantes), mas com proporção aluno/professor também menor. Vejamos a Tabela 6.6 de Graham e Diamond (1997, p.63):

Tabela 6.6 – Média de estudantes e professores em período integral, proporção estudante/corpo docente (1968)

	Categoria (classificação Carnegie)	Média de matrículas	Número médio corpo docente	Proporção estudante/ professor
Public	Research I	28200	1326	21,3
	Research II	18480	826	22,4
	Doctoral I	12390	478	25,9
	Doctoral II	13720	506	27,1
Private	Research I	11560	759	15,2
	Research II	8620	419	20,6
	Doctoral I	11600	388	30
	Doctoral II	7830	214	36,6

Fonte: Graham e Diamond (1997, p.63)

Graham e Diamond (1997, p.72) extraem consequências dessa situação. As universidades privadas de pesquisa exploravam uma vantagem, com relação às públicas: como o corpo estudantil de graduação era relativamente pequeno, exigindo poucos professores das disciplinas introdutórias e de formação geral, despontava o percentual de professores de campos mais privilegiados financeiramente, Medicina, Engenharia, Ciências Naturais.

As universidades públicas, em geral, têm graduações bem mais numerosas, Também precisam ofertar cursos de graduação e formação profissional básica em número maior de carreiras. Daí essa estratégia era bem mais difícil de ser adotada.

Um estudo do College Board (*Trends in College Pricing*) mostra as diferentes proporções de ensino de graduação e de pós nas instituições públicas e privadas (as de quatro anos), dando suporte aos comentários acima. O Gráfico 6.25 é uma seleção desses dados, mostrando a proporção de estudantes em cada nível de ensino (graduação e pós-graduação) em cada um dos dois setores (escolas públicas e privadas). Reparemos, também, que a graduação é dividida em estudantes em período integral (*full-time*) (mínimo de quinze horas semanais de aulas) e meio período (*part-time*), estudantes que fazem poucas disciplinas por ano ou semestre e alongam seu período de graduação.

Gráfico 6.25 – Distribuição de estudantes na graduação e na pós: comparação entre instituições públicas e privadas

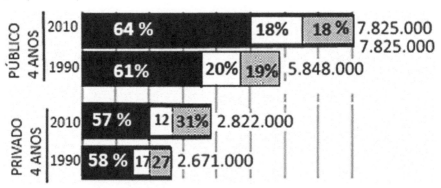

Fonte: Adaptado de College Board, 2012

Dentro desse contexto, vale a pena olhar um quadro resumido da economia interna das instituições. Reparemos que para as escolas *privadas* sem fins lucrativos é absolutamente essencial a participação do recurso *público* para sua sustentação. O dinheiro público supera o valor de anuidades e taxas. Mas o cofre público subsidia diretamente também as instituições privadas com fins lucrativos.

Tabela 6.7 – Fontes de rendas das escolas superiores, em percentuais (2006)

	Anuidades e taxas	Dotações federais	Dotações estaduais e locais	Bolsas e contratos federais	Bolsas e contratos estaduais	Doações, bolsas e contratos privados	Vendas e serviços educativos	Vendas de empresas auxiliares	Outras fontes
Públicas									
Four-Year	17,1%	18,5%	26,8%	13,0%	6,8%	2,7%	–	9,1%	4,7%
Two-Year	14,7	5,6	54,9	10,7	6,4	1,1	–	4,3	1,9
Sem fins lucrativos 31,8%									
Four-Year	31,4	8,2	5,8	13,0	4,8	12,7	8,7	9,9	5,6
Two-Year	20	7,3	33,6	5,5	3,6	4,5	3,6	8,2	13,6
Fins lucrativos									
Four-Year	68,8	16,1	2,7	–	–	0,3	4,4	5	2,7
Two-Year	55,9	22,3	4,5	–	–	0,6	3,4	7,8	5,6

Fonte:- Adaptado de Weisbrod et al. (2008, p.30)

Reginaldo C. Moraes

Mudanças no campo da pesquisa acadêmica

Uma transformação já foi indicada em passagem anterior, quando comentamos a diferenciação do "setor seletivo" e, dentro dele, as vantagens do segmento privado sem fins lucrativos que reunia e segue reunindo as mais prestigiosas universidades norte-americanas.

Graham e Diamond (1997, p.72-3) comentam que as universidades que mais tinham chance de obter financiamentos nos "velhos tempos", ou nos "'novos tempos", eram aquelas que hospedavam programas de pós-graduação e projetos de pesquisa afinados com o perfil das agências. Nas últimas décadas do século ganham importância as áreas biomédicas, apoiadas pelo sistema dos National Institute of Health (NIH). Em suma, a situação favorecia universidades em que a maior parte das atividades e professores-pesquisadores estivesse ligada a ciências da saúde e engenharias. A maior parte das escolas com essa inclinação estava no setor privado, não no setor público.

Esses mesmos autores reúnem alguns dados relevantes sobre o financiamento federal para Pesquisa e Desenvolvimento (P&D), indicando as fontes dos recursos, na Tabela 6.8, e as universidades receptoras (na Tabela 6.9). Nesta última, relacionam ainda o financiamento com o perfil dos quadros da instituição, seus professores em tempo integral,

No que diz respeito à fonte, destaca-se o setor de saúde e assistência, seguido, ainda, por agências de perfil militar (Departamento de Defesa, Nasa, AEC). Vejamos os dados.

Tabela 6.8 – Financiamento federal de P&D para instituições acadêmicas, por agência financiadora, montante de dólares e percentual de distribuição (1968)

Agência	Financiamento de P&D (milhões de dólares)	% do Total
Serviço de Saúde Pública	619,112	43,7
Departamento de Defesa	243,148	17,2
National Science Foundation	212,523	15
Nasa	126,096	8,9
Comissão de Energia Atômica	94,443	6,7
Departamento de Agricultura	62,224	4,4
Outra	58,287	4,1
Total	1,415,833	100

Fonte: Graham e Diamond (1997, p.73)

No que diz respeito às instituições receptoras, além da concentração nas instituições mais reconhecidas, em geral, é de notar o lugar privilegiado das universidades privadas de pesquisa, em especial.

Tabela 6.9 – Média de financiamento federal de P&D, corpo docente em tempo integral e fundos de P&D *per capita* (1968) (em milhões de dólares)

	Categoria (Carnegie)	Média Federal de P&D	Média de corpo docente	Índice médio de P&D
Públicas	Research I	15,3	1,326	11,540
	Research II	4,8	826	5,810
	Doctoral I	1,8	478	3,750
	Doctoral II	801	506	1,585
Privadas	Research I	21,5	759	28,350
	Research II	5,1	419	12,230
	Doctoral I	2,1	388	5,290
	Doctoral II	447	214	2,090

Fonte: Graham e Diamond (1997, p.64)

É interessante acompanhar como Geiger (2004) analisa o modo como se associam, na universidade, a pesquisa e o ensino. Uma universidade desenvolve e oferece serviços de diferentes naturezas que são amalgamados em todos os sentidos: os orçamentos se combinam e confundem, assim como o pessoal (professores, pesquisadores) e os estudantes. Desse modo, diz Geiger (2004), na universidade norte-americana contemporânea, mais especificamente a do pós- Segunda Guerra Mundial, é difícil separar essas coisas – embora as universidades tenham criado as Unidades de Pesquisa Organizada (em inglês reconhecidas pela sigla ORU), que, de certo modo, tentam promover essa distinção. As ORU constituem unidades mais ou menos autônomas, do ponto de vista administrativo e orçamentário. Mas, ao mesmo tempo, dependem da instituição hospedeira (a universidade) e a fertilizam, já que na ORU trabalham professores da universidade, seus estudantes-orientandos etc. As teses e trabalhos acadêmicos são, em boa parte, produtos da pesquisa programática contratada pela ORU – assim como essa pesquisa programática é beneficiária do trabalho usual, docente, da universidade: "o desenvolvimento da pesquisa em uma determinada universidade reflete em algum grau o nível dos recursos acumulado para fins acadêmicos" (Geiger, 2004, p.140).

Geiger chama a atenção para o desenvolvimento particularmente hipertrofiado da pesquisa em muitas dessas universidades, desempenhando o que chama de "papel autônomo". Entre as 99 universidades privadas que eram objeto de seu estudo, as matrículas cresceram 15% entre 1980 e 2000, mas os gastos reais com pesquisa subiram 128%. Em suma, diz, Geiger, a atividade de pesquisa tinha adquirido certa autonomia e estava cada vez menos vinculada com o ensino de graduação. Essas escolas eram agora o que se chama de *"world-class research universities"*, centros de pesquisa – o restante das atividades ganha dimensão secundária (Geiger, 2010, p.9).

É instrutivo olhar para os dados de uma notável instituição, o MIT. Vejamos o Gráfico 6.26, retirado de uma publicação comemorativa da universidade.

Gráfico 6.26 – MIT: escola ou centro de venda de pesquisas?

Fonte: Reproduzido de Kaiser (2010, p.106)

O título que demos ao gráfico é uma provocação, claro. Mas como responderíamos a essa pergunta? É possível que o retrato das dez principais universidades de pesquisa seja bem parecido com esse. É possível, também, que o retrato das 120 universidades de pesquisa seja algo parecido com esse. Daí, faz sentido perguntar o que elas são, quem as sustenta e a quem servem. O que temos, espelhado naquele orçamento: uma escola superior que pesquisa e forma pesquisadores? Ou um centro de pesquisa que subsidia cursos de pesquisadores?

Voltemos ao argumento de Geiger. A situação das ORU é muitas vezes ambígua, diz ele, quanto os patrocinadores demandam pesquisa em magnitudes que estão em descompasso muito grande com o conjunto das outras atividades, o ensino notadamente. É o que parece ter ocorrido, comenta Geiger, com a pesquisa das escolas de Medicina. É o que parece ter ocorrido com o MIT, se levarmos em conta os dados do Gráfico 6.26. A combinação de todas essas tendências levou a um quadro complexo e ambíguo, como dissemos. O peso das unidades de pesquisa faz que se separem significativamente do ensino e demandem um tipo de atenção e sustentação crescente da universidade. (Geiger, 2004, p.40).

Esse comentário não visa desacreditar ou diminuir a importância das ORU, essa outra invenção norte-americana que procurar dar resposta a essa necessidade de produzir pesquisa encomendada e combiná-la com a atividade "tradicional" das universidades (formação de profissionais, de pesquisadores, eruditos etc.). Trata-se de pensar em como administrar sua ambiguidade e sua eventual tendência à hipertrofia.

Educação superior nos Estados Unidos

As ORU passaram por várias transformações e adaptações. Um momento importante é o final dos anos 1970, quando o governo federal lançou o programa Industry/University Coooperative Research Centers Program [Programa de Centros de Pesquisa e Cooperação Indústria/Universidade].

Nesse programa, há um tipo de estímulo especial. A NSF opera como um facilitador ou estimulador para centros que tenham algum tipo de enraizamento. Os professores da universidade tomam a iniciativa, em geral com uma dotação da NSF, e organizam um grupo de empresas para sustentar certa área de pesquisa. O fundo fornecido pela NSF para cinco anos tinha que ter uma contrapartida das empresas, umas cinco vezes maior. Geiger registra que no ano 2000 esses centros receberam 5,2 bilhões de dólares da NSF, com uma contrapartida empresarial de 68 bilhões. O vínculo com o setor produtivo era decisivo – para a sustentação e para o apoio da NSF. Por outro lado, o impulso dado pela NSF era estratégico para deslanchar o movimento e cobrar avanços gerenciais, graças aos procedimentos de avaliação da agência (Geiger, 2004, p.199).

Esses centros, na avaliação de Geiger, representavam um avanço para as ORU das universidades. O que estimulava tal avanço era a especial relação com a agência publica – federal, de início, imitado pelos estados, depois. Ela impunha uma competição por dotações. A universidade precisava apresentar a proposta, uma contrapartida, e parceiros no setor produtivo. E precisava indicar um componente educativo do empreendimento de pesquisa – formação de pesquisadores, treinamento de engenheiros e cientistas etc. Além disso, o projeto tinha que ter uma perspectiva de sobrevivência, de autossustentação, uma vez encerrado o prazo de incubação, isto é, de suporte federal. Mesmo com todas as reedições do programa, supunha-se que onze anos era um prazo máximo para o apoio federal.

O perfil dos centros cobria uma variada escala, que ia do desenvolvimento de tecnologia (tecnologia genérica ou de uso amplo) ao suporte ou assistência tecnológica, mediante colaboração com pesquisa do parceiro produtivo, oficinas e consultorias (ibidem, p.198).

A descrição e análise deste tópico, do financiamento da pesquisa, ficaria debilitado se não examinássemos alguns dados sobre algumas outras peculiaridades desse financiamento, principalmente a relação entre investimento do setor publico e do setor privado e deslocamento no interior do setor publico (quais agências e, portanto, quais campos de pesquisa se destacam). Esses dados são as evidências que sustentam aquilo que é afirmado na síntese que fizemos do período: para onde vai o dinheiro da pesquisa (instituições, campos de conhecimento) e de onde ele vem (agências públicas, empresas). Esses temas têm sido objeto de muita controvérsia e mal-entendido, especialmente no Brasil. Assim, reunimos alguns outros quadros a esse respeito.

181

Reginaldo C. Moraes

A Tabela 6.10 mostra um crescimento constante dos gastos em P&D, em termos absolutos e como proporção do PIB. Mostra, ainda, um progressivo avanço dos gastos das empresas e um declínio da participação federal. Além disso, deve-se notar o percentual crescente de pesquisa básica.

Tabela 6.10 – Tendências da Pesquisa e Desenvolvimento (P&D) (1980-2000)

Total EUA P&D	1980	1985	1990	1995	2000
Bilhões de dólares em valores de 1996	114,9	160,1	178,2	187,2	247,5
% do PIB	2,32	2,78	2,67	2,49	2,59
% federal	47,3	45,9	40,5	34,5	26,3
% empresas	49	50,7	55	60,7	68
% pesquisa básica	13,7	12,7	13,9	16,1	18,1

Fonte: Geiger (2004, Tabela 3)

A Tabela 6.11 mostra os gastos *acadêmicos* em P&D. Eles também crescem, mas com significativa participação dos gastos federais, participação pequena das empresas. Nessa rubrica, o gasto caracterizado como pesquisa básica é sempre muito alto.

Tabela 6.11 – Tendências da Pesquisa e Desenvolvimento Acadêmica (1980-2000)

P&D Acadêmica	1980	1985	1990	1995	2000
Bilhões de dólares, valores de 1996	11,4	14	19,5	23	28,2
% PIB	0,23	0,24	0,29	0,305	0,303
% federal	67	62	59	60	58
% empresas	4	6	7	7	8
% em Pesquisa básica	67	68	66	67	69
% da pesquisa básica do país	48	47	48	51	43

Fonte: Geiger (2004, Tabela 4)

A Tabela 6.12 é reproduzida de Graham e Diamond (1997) e mostra outro recorte temporal, que permite comparar os "velhos tempos" (1960), os anos de redefinição (1970) e o novo cenário (1980-1990). A pesquisa acadêmica segue sendo predominantemente financiada pelo governo federal, mas o percentual mantido pelas próprias instituições cresce significativamente.

Tabela 6.12 – Distribuição percentual do financiamento para pesquisa e desenvolvimento acadêmicos, por setor (1960-1990)

Ano	Governo Federal	Estado/ Local	Empresas	Instituições Acadêmicas	Outras
1960	62,7	13,2	6,2	9,9	8,0
1970	70,5	9,4	2,6	10,4	7,1
1980	67,5	8,2	3,9	13,8	6,6
1990	59,0	8,2	6,9	18,5	7,5

Fonte: Graham e Diamond (1997, p.91)

Educação superior nos Estados Unidos

Dentro dos gastos federais em P&D, o elemento novo a ser notado é o crescimento significativo da participação do NIH e também, em menor escala, da NSF. Graham comenta que a NSF havia absorvido a sustentação de alguns programas de pesquisa do Departamento de Defesa (DOD) e da Nasa. Repara também a participação do Departamento de Energia (DOE), que sucedeu à Comissão de Energia Atômica (AEC) e do Departamento de Agricultura (USDA) (Tabela 6.13).

Tabela 6.13 – Distribuição Percentual dos Gastos Federais em P&D Acadêmica, por Agência (1969-1979)

Ano	NIH	NSF	DOD	NASA	DOE(a)	USDA	Outra
1969	35,0	13,9	17,2	6,5	6,6	4,1	16,7
1975	44,7	18,0	8,4	5,4	5,5	4,5	13,5
1979	45,4	15,9	11,3	3,6	6,7	5,1	12,1

Fonte: Graham e Diamond (1997, p.92)

A Tabela 6.14, elaborada por Nelson, Merton e Kalachek (1969), cruza dois tipos de dados: aqueles relativos às fontes e aqueles relativos aos *executores* da pesquisa. A Tabela mostra a relevância de distinguir quem financia e quem executa. Assim, ficamos sabendo que, em 1961-1962, a indústria executava uma grande parte da pesquisa (73,7%), mas grande parte dela era financiada pelo governo federal. Algo análogo ocorre com a pesquisa executada pelas universidades (9,5% do total), mas majoritariamente financiada pelo governo federal.

Tabela 6.14 – Movimentação dos Fundos de P&D nos Estados Unidos, 1961-1962 (em milhões de dólares) (a)

Fontes de recursos P&D	Executores do Trabalho de P&D				Fundos totais fornecidos	% do total
	Governo Federal	Indústria	Universidades	Não lucrativas		
Governo federal	2090	6310	1050	200	9650	65,5
Indústria	0	4560	55	90	4705	31,9
Universidades	0	0	230	0	230	1,6
Outras não lucrativas	0	0	65	90	155	1,1
Custo total da P&D executada	2090	10870	1400	380	14740	100
Percentagem do Total	14,2	73,7	9,5	3,6	100,0	

Nota: As cifras percentuais são arredondadas e talvez não correspondam aos totais
Fonte: Nelson; Merton; Kalachek (1969, p.61)

Nelson, Merton e Kalachek (1969) nos fornecem, também, um útil quadro de longo prazo para os gastos em P&D, mostrando sua evolução ao

Reginaldo C. Moraes

longo do século XX, até a era dourada de 1960. Não apenas fica evidente o percentual crescente do gasto em P&D, mas, também, a participação federal decisiva no financiamento e, portanto, na construção daquilo que se pode chamar de capacidade tecnocientífica do país.

Tabela 6.15 – Desenvolvimento das despesas de P&D na economia norte-americana; anos escolhidos: 1921-1961 (a) (em milhões de dólares)

Ano	Gastos totais em P&D	% do PNB	& dos gastos em P&D financiados pelo governo federal	Gastos federais em P&D	Gastos não federais em P&D em percentagem do PNB
1961	$14,740	2,8	65	$9,650	1,0
1960	13,890	2,8	65	9,010	1,0
1959	12,680	2,6	66	8,320	,9
1958	11,130	2,5	64	7,170	,9
1957	10,100	2,3	63	6,390	,8
1956	8,670	2,1	59	5,095	,9
1955	6,390	1,6	57	3,670	,7
1954	5,620	1,5	55	3,070	,7
1953	5,150	1,4	53	2,740	,7
1940	570	,6	21	120	,5
1931	300	,4	13	40	,3
1921	150	,8	17	25	,2

Fonte : Nelson; Merton; Kalachek (1969, p.62)

Os dois últimos quadros desta seção mostram a inclinação dos financiamentos de pesquisa em direção às *"life sciences"*, largamente majoritárias, na pesquisa acadêmica, já no final dos anos 1989. O primeiro quadro traz o total dos financiamentos e a parcela federal.

Tabela 6.16 – Financiamento acadêmico total (incluindo P&D federal) por campo de conhecimento (1989)

Campo	Total P&D (milhões de dólares)	P&D Federal (milhões de dólares)	P&D Federal como % do Total de P&D
Ciências da Vida	8,080	4,773	59,1
Engenharia	2,388	1,380	59,0
Ciências Físicas	1,643	1,195	42,7
Ciências Ambientais	983	645	65,6
Matemática/Computação	682	474	69,5
Ciências Sociais	636	211	33,2
Psicologia	238	156	65,5
Total	$14,987	$8,834	58,9

Fonte: Graham e Diamond (1997, p.134, Tabela 5.5)

Educação superior nos Estados Unidos

A Tabela 6.17 mostra a priorização dos campos, no que diz respeito ao financiamento federal para pesquisa acadêmica, em 1989.

Tabela 6.17 – Campos de estudo ordenados conforme o financiamento federal de P&D acadêmica (1989)

Ranking e Campo	Financiamento de P&D (milhões de dólares)	Ranking e Campo	Financiamento de P&D (milhões de dólares)
1 Ciência Médica	2,505	11 Psicologia	156
2 Ciências Biológicas	1720	12 Matemática	156
3 Física	598	13 Ciência Atmosférica	125
4 Química	424	14 Engenharia Aeronáutica e Astronáutica	113
5 Engenharia Elétrica	389	15 Engenharia Civil	104
6 Ciência Agrícola	346	16 Engenharia Química	93
7 Ciência da Computação	318	17 Astronomia	88
8 Oceanografia	266	18 Sociologia	53
9 Engenharia Mecânica	210	19 Economia	51
10 Ciências da Terra	186	20 Ciência Política	29

Fonte: Graham e Diamond (1997, p.134)

Cresce a importância das "Ciências da Vida"

O crescimento excepcional da pesquisa médica, depois de 1970, merece um comentário à parte; Mais ainda, quando observamos que se trata de determinado tipo de pesquisa medica ou de determinado campo das *"life sciences"*. Ganha destaque a pesquisa médica ligada menos à chamada pesquisa básica e mais à prática clinica, ao desenvolvimento de procedimentos, aparelhagens e fármacos ligados a tratamentos e cura de doenças selecionadas,

Cole (2009, p.158) chama a atenção para o fato de que o setor de saúde – tanto as escolas médicas quanto a indústria da saúde – tinha escapado às manifestações contra a influência do complexo industrial-militar na academia. Nos remanejamentos dos grandes fundos de pesquisa, nos anos 1970, isso parecia ser uma vantagem. Entre 1971 e 1981, o orçamento do National Institutes of Health (NIH) para pesquisa acadêmica cresceu significativamente, um aumento real (descontada a inflação) de 50%. E esse investimento contava com o apoio claro e seguro dos dois grandes partidos.

Um estudo de Powel e Owen Smith (in Brint, 2002, p.118) sintetiza esse movimento dos recursos:

> [...] os investimentos privados e federais em Pesquisa & Desenvolvimento na biomedicina são hoje maiores do que em qualquer outro setor da economia. Aproximadamente 56% do gasto total, público e privado, para Pesquisa & Desenvolvimento em universidades foram para as ciências da vida (National Science Borad, 2000). Em resumo, não há perspectiva de mudança nestas tendências. Os investimentos são tão significativos, o âmbito de descoberta tão amplo, e a melhoria, e potencial de melhoria, na saúde humana tão consideráveis, que o complexo biomédico movimenta hoje uma porção central das economias das nações industriais avançadas. E as universidades são participantes altamente importantes nesses desenvolvimentos.

Importante ressaltar que não era apenas a academia ou a políticas das agências de financiamento que se alteravam. Ao lado disso, indica R. Geiger (2004, p.144), mudanças significativas ocorriam, também, naquilo que se poderia chamar de "negócio da saúde". Nas duas últimas décadas do século, os preços desses serviços alteraram esse ramo econômico, que envolvia, fundamentalmente, governos, seguradoras e planos. Esses agentes lideravam uma pequena revolução no gerenciamento do sistema. Tradicionalmente, as rendas das clínicas serviam largamente para subsidiar a educação médica e a pesquisa (quase um terço), mas esse modelo foi sendo esgotado. O corpo médico das escolas foi sendo levado a realizar mais serviços e com mais eficiência. De outro lado, a pesquisa médica passou a depender mais dos recursos do NIH e da indústria.

A situação econômica geral do país não era tão boa e isso tinha impactos na academia. Ainda assim a Ciência Médica foi o setor que mais cresceu e com mais rapidez, mais do que a Física, por exemplo (Geiger, 2004, p.144), Algumas mudanças qualitativas e paradoxos surgem desse crescimento. Do ponto de vista intelectual, epistemológico, os médicos estão cada vez mais ligados à biologia molecular e à genômica, compartilhando espaço e experiência com biólogos e pesquisadores agrícolas, por exemplo. Cria-se, por assim dizer, um novo ambiente de investigação e invenção. Por outro lado, a pesquisa médica, em si, vira um campo com dinâmica muito própria de crescimento. Pode-se dizer que se torna um mundo dentro do mundo acadêmico,

Esse movimento beneficia algumas universidades mais do que outras. Aquelas que já possuíam centros médicos relevantes saem na frente. E se destacam nas pesquisas financiadas, nas licenças vendidas, nas patentes obtidas, nas empresas *start-up* que incubam ou fazem surgir. Veja a Tabela 6.18, de Geiger (2004, Tabela 13).

Educação superior nos Estados Unidos

Tabela 6.18 – Universidades com a maior parte das rendas de licenciamento, dados selecionados para 1999

Universidade	Ranking em P&D 2000	Rendas de licenças (milhões de dólares)	% de Ciências da Vida	Patentes emitidas	Total de licenças e opções ativas	Pesquisa Comercial milhões de dólares	Empresas start-up
Columbia University	25	95,8	85,7	77	706	3,4	5
University of California System	(a)	80,9	66	281	1,078	177,6	13
Florida State University	92	57,3	97	5	20	0,7	1
Yale University	29	40,8	98,7	37	237	14,4	3
Stanford University	8	40,1	81,9	90	872	41,3	19
University of Washington	5	27,9	80	36	207	57,4	nd
Michigan State University	42	23,7	99,6	63	134	11,2	1
University of Florida	26	21,6	98,8	58	124	34,9	2
University of Wisconsin	2	18	75,1	79	346	16,1	4
MIT	12	17,1	69,9	154	565	83,1	17
Emory University	46	16,2	58,2	44	82	7,5	4
State University of NY System	(b)	13,6	95,5	53	298	17,5	3
Harvard University	23	13,5	94,9	72	388	12,2	2
Baylor College of Medicine	24	12,5	98,4	25	221	17,6	0
New York University	55	10,7	30	30	7,7	2	
Johns Hopkins University	1	10,5	99,7	111	370	46,9	7
Total, todas as universidades		675,5	80	3,079	15,203	2,178,2	275
% dessas 16 universidades no total		74	84,8	39,5	37,3	25,2	30,2

(a) UC campus R&D rank: Los Angeles: 4; San Diego: 6; Berkeley: 7; San Francisco: 9; Davis: 17; Irvine: 67; Santa Barbara: 88; Riverside: 108; Santa Cruz: 528.

(b) Suny campus R&D rank: Buffalo: 53; Stony Brook: 63; Albany: 109.

nd = não disponível.

Reginaldo C. Moraes

Powell e Owen-Smith (2002) mostram algo similar, agregando os valores envolvidos e sua variação em um ano (1997-1998).

Tabela 6.19 – As vinte universidades mais conceituadas, classificadas pela renda de licenciamentos (1998)

Universidade	Renda de licenças (1998)	Renda (1997)	% de ciências da vida (1997)
UC system	73,101,000	$67,279,000	66,0%
Columbia	61,649,002	50,287,528	85,7%
Florida State	46,642,688	29,901,112	97,0%
Stanford	43,197,379	51,762,090	81,9%
Yale	33,261,248	13,091,174	98,7%
Carnegie Mellon	30,065,000	13,381,000	1,6%
Michigan State	24,336,872	18,293,388	99,6%
University of Washington	21,299,214	11,510,000	ND
University of Florida	19,144,753	18,156,198	98,8%
MIT	18,046,991	21,211,295	69,9%
WARF/WVVisconsin	16,130,000	17,172,808	75,1%
SUNY	12,131,553	7,613,787	95,5%
Harvard	12,089,841	16,489,749	94,9%
BaylorMed	7,521,878	5,024,000	98,4%
University of Pennsylvania	7,246,695	2,136,000	85,3%
University of Michigan	6,811,000	1,780,334	82,1%
Tulane	6,633,181	6,640,800	99,7%
Hopkins	5,615,209	4,686,519	99,7%
Cal Tech	5,500,000	4,056,829	76,4%
Emory	5,410,179	2,800,000	58,2%

Fonte: Powel e Owen-Smith (2002, p.112, Tabela 4.1)

O crescimento é praticamente geral. No cômputo dessas principais universidades, os valores crescem perto de 25% em um ano! Em uma época/ano em que o produto *per capita* do país crescia sistematicamente abaixo dos 5%.

Enfatizemos um ponto: as escolas de Medicina ganham maior relevância dentro das universidades e seu corpo docente-pesquisador muda. Entre 1968 e 1988, diz Cole (2009), nas doze principais escolas médicas do país, há um grande crescimento da área de Biologia básica, mas, ainda mais, muito mais, dos departamentos clínicos. Estes últimos veem seus orçamentos

Educação superior nos Estados Unidos

decolarem, de modo que, na última década do século estavam hospedando mais pesquisa financiada do que os departamentos de Ciência Básica. Cole (2009, p.159) chega a dizer que os professores capazes de alavancar projetos no NIH viraram "mercadorias valiosas".

Assim, o que se desenvolve, mais do que tudo, é um determinado campo de pesquisa médica ou de *life sciences*. Cresce uma pesquisa médica ligada menos à chamada pesquisa básica e mais à prática clínica, ao desenvolvimento de procedimentos, aparelhagens e fármacos ligados a tratamentos e cura de doenças selecionadas,

É verdade que as escolas médicas já vinham se transformando bastante desde 1960, mas, em tempos recentes, essa mudança se acelerou, com enormes avanços não apenas no conhecimento da área, em geral, mas com as novas tecnologias e pesquisas aplicadas. As escolas de medicina e suas pesquisas cresceram tanto que mudaram a cara de muitas universidades. Mudaram também as hierarquias entre as diferentes universidades: aquelas que tinham uma escola de Medicina grande e dinâmica ocupavam outro lugar especial na constelação. Cole sugere que, nesse caso, a cauda (faculdade de Medicina ou, mais precisamente, seus hospitais e departamentos clínicos) está abanando o cão (universidades).

Nesse movimento de crescimento e diferenciação, um papel importante coube às políticas públicas (sobretudo as federais) no campo da saúde pública. O programa Great Society de Lyndon Johnson é inevitavelmente citado nesse contexto. Buscando expandir a cobertura da assistência medica, Johnson impulsionou significativamente o ramo, com programas médicos federais como Medicare e Medicaid. O governo se dispunha a reembolsar hospitais e médicos pelo custo total dos serviços que prestavam. Isso dava a esses agentes de saúde um grande incentivo para ampliar tais serviços e trazer para a universidade uma nova fonte de renda, diz Cole (2009, p.159).

Assim, aumentavam as rendas das escolas de Medicina e dos hospitais e, claro, as rendas de médicos e pesquisadores da área. Na Johns Hopkins, por exemplo, as rendas com pesquisa financiada representavam aproximadamente 75% dos dispêndios totais da universidade em 1970 – a maior parte recurso federal, com a prática médica representando apenas uns 3% do total das fontes da escola de Medicina. Em 1990, esse segmento representava um terço do orçamento da faculdade. Em dólares, isso foi um salto de um milhão para 140 milhões (Graham; Diamond, 1997, p.125; Cole, 2009, p.159).

Outro exemplo, além de Johns Hopkins, é Columbia, a tradicional universidade do norte de Mannhatan. O Centro Médico dessa universidade inclui escolas de Medicina, Saúde Pública, Enfermagem e Odontologia. Representava aproximadamente 13% do total dos gastos de Columbia em 1949-1950, e apenas 11% em 1960-1961. Em 1972-1973, o centro médico já representava 37% do orçamento total; o valor passa para 40% em 1989-

Reginaldo C. Moraes

1990 e continuava a subir. Em 1995-1996 ele representava quase a metade do orçamento; em 2005-2006, 54%. Os números relativos ao pessoal envolvido também vão nessa direção. É o que indica a tabela elaborada por Graham e Diamond (1997, p.160-1).

Tabela 6.20 – Média de Pessoal do Corpo Docente nos Departamentos de Ciência Básica e Clínica, em Escolas Médicas selecionadas, públicas e privadas, 1968 e 1988

| | 1968 | | | 1988 | | | | | |
| | Ciência Básica | Clínica | Total | Ciência Básica | | Clínica | | Total | |
				N°	% Crescimento	N°	% Crescimento	N°	% Crescimento
Pública	111	251	362	166	52	746	197	912	152
Privada	106	266	372	130	20	600	126	730	96
Média	108	259	367	148	37	673	160	821	124

Nota: As instituições públicas são: Michigan, Minnesota, North Carolina – Chapel Hill, UCLA, Washington e Wisconsin-Madison; as instituições privadas são Chicago, Columbia, Northwestern, Pennsylvania, Stanford e Yale

Fonte: Graham e Diamond (1997, p.126)

Interações com a comunidade e com as empresas

As últimas décadas do século XX – e em especial os anos 1990 – viram uma mudança de humor, no mundo acadêmico norte-americano, com relação aos compromissos com o setor privado e o mercado de capitais. A desconfiança cede lugar à expectativa de cooperação e de fonte de receitas. Mais do que isso, o trabalho com o "mundo dos negócios" é cada vez mais apresentado como um dever social ou como um imperativo nacional, em um mundo de acirrada competição. Multiplicam-se os programas cooperativos de educação e investigação com corporações e as universidades envolvem-se em atividades comerciais por intermédio de parques de pesquisa, patentes, incubadoras de empresas e fundos de capital de risco (Geiger; Heller, 2011, p.1).

Cole (2009, p.196-7) recorda como Stanford e as universidades de Massachusetts (em especial o MIT) procuraram medir os impactos econômicos e sociais de suas escolas na vida local. No caso de Stanford, seus relatórios mostravam que desde a criação da Hewlett-Packard, em 1939, mais de dois mil membros da sua comunidade acadêmica haviam fundado cerca de 2.500 empresas, incluídos alguns gigantes como Cisco Systems, Google, Hewlett-Packard, Sun Microsystems e Yahoo. A isso se associa a prosperidade e a fama do chamado Vale do Silício. As empresas umbilicalmente ligadas a Stanford sistematicamente encabeçavam os *rankings* de faturamento do Vale. Quando recolhemos o levantamento conhecido como "Silicon Valley 150" – publicado anualmente pelo *San Jose Mercury-News*, vemos que esse seleto grupo "stanfordiano" é responsável por 55% do total de rendas das 150, em 2008. No indicador "valor de mercado", as companhias fundadas pelos stanfordianos representavam 50% do total das 150.

Algo de parecido acontecia no outro lado do país. Um estudo do Banco de Boston, em 1997, enaltecia esse vínculo saudável entre a economia local e suas universidades, por meio da pesquisa e dos empregos dependentes do conhecimento, os *"knowledge-driven"* [conhecimento direcionado]. As universidades, diz o relatório, atuavam como um ímã para as atividades de P&D de várias empresas nacionais e internacionais, como Amgen, Cisco, Merck, Novartis, Pfizer e Sun Microsystems, por exemplo.

Outros estudos similares foram produzidos nos anos seguintes, sempre enfatizando essa cooperação benéfica para os dois lados, incluindo a atração de cérebros para a região, a multiplicação de patentes e licenças, a criação de *start-up companies*. As bilionárias verbas federais de pesquisa e aquelas derivadas da cooperação com a indústria faziam que surgissem grandes empresas locais, como Akamai Technologies, Biogen, Delphi Communication Systems e Genome Therapeutics.

O relatório do Banco de Boston era mais do que entusiástico com relação ao MIT, No seu cômputo, se as cerca de quatro mil empresas fundadas pela comunidade do MIT fossem somadas, representariam a 24ª economia do mundo. Ainda que relativizemos o entusiasmo e os cálculos, a preocupação com a afirmação é relevante: os negócios fazem bem para a universidade e vice-versa, diz o Banco. E a comunidade acadêmica parece concordar.

Alguns analistas lembram a trajetória das grandes universidades norte-americanas e sugerem que elas passaram pela fase *land-grant*, depois pela *federal-grant* da era dourada. Agora, no final do século XX, teriam entrado numa era pelo menos parcialmente *patent-grant*.

É cada vez mais clara a influência das patentes e licenças nas finanças do pelotão de elite das universidades. Geiger (2004, p.216-17) lembra que a atividade de buscar patentes não é exatamente nova nessa história – há movimentos dessa natureza desde o começo do século XX. Eles existiam antes de 1970, isto é, antes das inovações legislativas que estimularam tal atividade, mas as patentes eram pouco representativas no total. Nos anos 1990, depois de várias normas legais do campo, a obtenção de patentes torna-se uma preocupação relevante entre as lideranças acadêmicas, ainda que o total produzido pelas universidades de pesquisa represente apenas uns 2% do total de patentes nacionais. E elas parecem ter um traço específico com relação ao geral da indústria: são dominadas pelas indústrias biomédicas.

Geiger observa que as patentes são mais efetivas, no que diz respeito à proteção dos direitos do criador, quando se referem a inovações mais definidas, mais focadas, e são mais efetivas com produtos do que com processos. Também acentua um paradoxo: o patenteamento é decisivo para a área de drogas e produtos químicos, mas a maior parte de patentes, no país, está nos campos da mecânica e elétrica, em que o patenteamento desempenha papéis múltiplos. Não se trata apenas de impedir a cópia. A patente também serve para bloquear o desenvolvimento de produtos correlatos, marcar pontos nas negociações, e assim por diante. Para as universidades, a renda dos licenciamentos é a principal motivação.

Nos Estados Unidos, diz Geiger, o número de patentes começa a crescer no meio dos anos 1980, depois de duas décadas de relativa estagnação. E no final dos anos 1990 tinham dobrado. De início, a maioria ia para invenções elétricas ou mecânicas; patentes farmacêuticas e médicas representavam menos do que 10%. As patentes geradas na academia cresceram bem mais rapidamente – e o crescimento era liderado precisamente pelo campo médico e farmacêutico: um salto de 18% para 46% das patentes acadêmicas. E mais importante do que esse número, diz Geiger (2004, p.217), é o *volume das rendas* de licenciamento:

> Patentes médicas e farmacêuticas fornecem, de longe, a parte mais importante da receita de licenciamento para os principais participantes. Para as vinte universidades que arrebanharam a maior quantidade de *royalties* em 1997, 81% da receita veio de patentes de ciências da vida. Sem esses ganhos, a escala atual do patenteamento acadêmico não poderia ser sustentada.

A esse respeito, vejamos o Gráfico 6.27 elaborado por Powell e Owen-Smith (2002, p.110). Ele mostra o crescimento do total de patentes, sobretudo a partir do final dos anos 1980. Mas indica, também, o alto e crescente percentual coberto pela invenção de novas drogas.

Gráfico 6.27 – Total de patentes e percentual de farmacêuticas

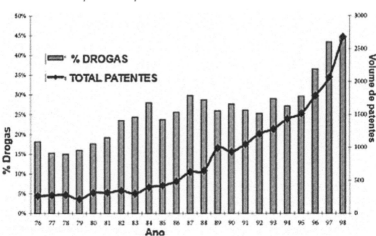

Fonte: Powell e Owen-Smith (2002, p.110)

Um grande número de universidades entrou nessa corrida pelas patentes e pela transferência de tecnologia. Em especial, a chamada "revolução biotecnológica" atraiu financiamentos crescentes para essa área.

A lei de patentes conhecida como Bayh-Dole foi um dos estímulos para a corrida às patentes. Ou, quem sabe, tenha sido um dos sintomas? A nova lei permitia que as universidades ficassem com direitos de propriedade intelectual para descobertas feitas com financiamentos federais, exatamente os fundos que suportavam dois terços da pesquisa acadêmica. Outras medidas legais reforçavam essa tentativa de fortalecer os direitos de propriedade intelectual e de comercialização das descobertas feitas na universidade. Reforçavam também a crença nesse achado econômico (Geiger, 2004, p.217).

O ganho com as patentes e licenças foi mais um fator de concentração de poder e de dinheiro. Quando atentamos para os dados reunidos por Powell e Owen-Smith (2002, p.111), notamos que, no universo das cerca de 120 universidades de pesquisa I da classificação Carnegie, as dez do topo absorvem grande parte dos resultados.

Na interpretação de Geiger, (2004, p.223, 227-8) a área de ciências da vida não era apenas a que mais fervilhava com esses novos ventos; era também uma área que tendia a modificar profundamente a interação entre academia e mundo dos negócios, criando formas e procedimentos bem diferentes daqueles antes vividos pela Física, Química, Engenharias. O autor registra a troca entre indústria e cientistas na área da Física: laboratórios, equipamentos, bolsas para estudantes e assistentes. No caso das Ciências da Vida, a coisa vai um pouco além, as patentes são mais lucrativas e produzem capital financeiro para impelir o processo de pesquisa. As patentes são cruciais para capturar capital de risco ou investimentos pesados. O tamanho é relevante, tornando os cientistas da área mais capazes de construir grandes equipes, publicar mais, competir mais pelas verbas do NIH. O diferencial aparece mais claramente na criação das chamadas *start-up companies* – ambientes de teste e fermentação de novas ideias, novos projetos e, claro, novos produtos comercializáveis. Os físicos e engenheiros geralmente são inclinados a migrar para as firmas "incubadas" no processo, mesmo que temporariamente. Nas Ciências da Vida, diz Geiger, eles ficam nos dois lados do processo, simultaneamente. As fronteiras são bem menos nítidas – e são menos nítidas também as fronteiras entre pesquisa básica, aplicada e pesquisa para desenvolvimento. A imagem linear da relação entre ciência e aplicação comercial – que de certo modo alimentava a política científica norte-americana desde o famoso relatório de Vanevar Bush – fica ainda mais difícil de sustentar.

Geiger (2004, p.226-7) assim descreve a simbiose público-privado, acadêmico-industrial, daquilo que chama de biocapitalismo:

No biocapitalismo, os papéis econômicos são modelados pelas principais fontes de capital: investimentos no sistema de pesquisa, principalmente, mas de modo nenhum exclusivamente dos Institutos Nacionais de Saúde (NIH), capital de risco para empresas iniciantes, e os gigantescos fluxos de receita das corporações farmacêuticas multinacionais, que apoiam os maciços investimentos em Pesquisa & Desenvolvimento. As descobertas fecundas da ciência acadêmica se tornam possíveis principalmente pelo grande investimento público em pesquisa biomédica. Esse enorme subsídio torna os frutos da pesquisa acadêmica relativamente abundantes e econômicos, o combustível que anima o biocapitalismo. Em alguma medida, as corporações exploram diretamente este veio de pesquisa acadêmica a montante (consultores, contratos de pesquisa, licenças), mas como geralmente ocorre na pesquisa acadêmica. Pesquisa & Desenvolvimento adicionais são frequentemente necessários para mais descobertas quanto à sua utilização.

Também Powell e Owen-Smith (2002, p.114) apontam para a singularidade dessa área, no que diz respeito à ligação com as empresas:

> Seria incorreto argumentar que as empresas de biotecnologia estão começando a se parecer com universidades ou vice-versa. As empresas privadas empenhadas na ciência básica ainda têm, antes de tudo, uma preocupação com o sucesso comercial. E as receitas de licenciamento, na maioria das universidades, constituem uma porcentagem muito pequena do orçamento operacional total. Além disso, estes desenvolvimentos estão ocorrendo em uma área bem incomum. As ciências da vida são notáveis precisamente porque são diferentes. Em outras áreas de inovação tecnológica, as descobertas frequentemente começam nos laboratórios do governo ou das universidades e migram para o setor privado para desenvolvimentos a jusante. Uma vez que ocorre esta transferência, conexões entre as universidades e empresas são geralmente limitadas ao emprego de estudantes, relações de consultoria para alguns professores, e possivelmente doações das firmas para as universidades. As ciências da vida são um caso novo em que a pesquisa básica continua a ter um papel fundamental na condução do desenvolvimento comercial, a integração entre pesquisa básica e clínica está em processo e as empresas privadas contribuem na ciência básica e as universidades nos desenvolvimentos clínicos a jusante. Como resultado, há conexões complexas entre organizações de pesquisa públicas e entidades privadas, e as carreiras nas ciências da vida hoje frequentemente envolvem a participação nos dois tipos de organização.

O capital de risco financia um grande número de empresas *start-up* no campo da biotecnologia. E elas são fundamentais para o processo de transferência de tecnologia. Elas absorvem frutos da pesquisa acadêmica (pessoal e descobertas), ensaiam e testam produtos intermediários, que depois são desenvolvidos em escala pelas grandes corporações. O ambiente, a forma, o modo de agir dessas *start-ups*, diz Geiger (2004), é reconhecidamente semelhante ao do mundo acadêmico. E o mundo acadêmico abriga importantes segmentos do chamado empreendedorismo biotecnológico.

Tanto as universidades quanto as empresas, assim como os empreendedores nas duas instituições, ganham com esse fluxo – dinheiro público + capital de risco – que impulsiona potenciais inovações. E para os pesquisadores, uma situação nova e vantajosa se apresenta:

> Não se deve subestimar a energia exigida para lançar uma companhia nova (*start-up*), ou para desenvolver uma invenção até o estágio em que ela finalmente gera renda. A questão, na verdade, é que empreendedores acadêmicos podem fazer estas coisas enquanto ainda recebem um salário confortável. Tanto as universidades quanto seus biólogos ocupam posições vantajosas no biocapitalismo, partilhando a renda mas assumindo pouco do risco. (Geiger, 2004, p.228)

Assim, não é de surpreender o dado que Geiger (2004, p.312) registra em um rodapé: as firmas de biotecnologia levantaram um capital de 5,4 bilhões de dólares em 1998; 11,8 bilhões em 1999; e 37,6 bilhões em 2000. Um crescimento notável.

As rendas das universidades aumentam; as dos professores-pesquisadores, idem. Essa sociedade é sem dúvida bem conveniente para as empresas. Elas também investem no processo. Mas, embora possam ser sócios menores no *input*, aparentemente beneficiam-se em mais larga escala com os resultados.

É curioso o comentário de Burton Clark, que procura enfatizar o crescente ingresso da indústria como financiador da pesquisa, com o correspondente declínio relativo do governo federal. Ao mesmo tempo em que afirma essa nova proporção, fornece dados que apontam a importância ainda grande do governo federal para a pesquisa *acadêmica*, a participação ainda pequena da indústria, desproporcional, provavelmente, aos benefícios que pode obter com resultados comercializáveis da pesquisa:

> Se o empreendimento de pesquisa nas universidades norte-americanas foi muito mais vigoroso em 1990 do que uma dúzia de anos antes, o governo federal, na verdade, mereceu apenas parte do crédito. Os aumentos federais em apoio durante este retorno à prosperidade foram menores do que os aumentos de fontes não federais: para o período 1977-1987, 4% ao ano comparado a 7%, respectivamente. As fontes não federais, para gastos universitários em pesquisa e desenvolvimento orçados separadamente, cresceram de menos de um terço do total em 1977 para quase dois quintos em 1987: o quinhão do governo federal caiu de 67% para 61%. Enquanto que ao fim desse período o governo federal fornecia 7,3 bilhões de dólares, as outras fontes reuniam não desprezíveis 4,8 bilhões de dólares. No topo da lista de provedores estavam as próprias instituições, capazes de fornecer 2 bilhões (em dólares de 1987). Em segundo lugar estavam os governos locais e estaduais, ofere-

cendo mais de um bilhão de dólares. Todas as outras, incluindo fundações privadas, contribuíram com mais de 800 milhões. Essencialmente, para o item separado de investimento em capital ou infraestrutura de pesquisa, o 1,8 bilhão mencionado acima para 1987, mais de 90% veio de fontes não federais. (Clark, 1995, p.131-2)

Ora, façamos as contas com os números mencionados por Burton Clark:

Tabela 6.21 – Investimentos/crédito pelo financiamento

	Bilhões de dólares
Governo federal	7,3
Universidades	2
Estados e localidades	1
Empresas	0,75
Fundações privadas	0,8
Total	11,85

Fonte: Clark (1995)

Clark (1995) inicia seu comentário dizendo que o governo federal merece apenas uma parte do crédito pelo financiamento. Uma parte e tanto, pelos números que ele mesmo fornece.

Como é a empresa que vai transformar o conhecimento obtido em produto na prateleira (e retorno das vendas), deve valer a pena participar com pouco mais de 6% do investimento na pesquisa. Mesmo que consideremos como "empresarial" a parte das fundações privadas, ainda que largamente constituídas por renúncia fiscal, esse percentual não passa dos 13%. Parece um gasto razoável, para controlar um ramo tão produtivo no presente e tão promissor para o futuro.

7
COMMUNITY COLLEGES NA VIRADA DO MILÊNIO: NOVOS PÚBLICOS, NOVAS MISSÕES, MAS... QUAIS?

Em um artigo de grande repercussão, Patricia K. Cross (1981) observava que em certo momento, entre 1975 e 1985, os *community colleges* tinham ingressado em um platô, uma espécie de estágio de estabilização, entre "dois períodos de alta energia e sentido de missão". Como a analista se refere a dois parâmetros, alta energia e sentido de missão, o platô que menciona parece ter duas dimensões, uma quantitativa, o crescimento, e outra, qualitativa, a definição de suas identidades.

Na opinião de Cross, no final do século abriam-se aos *community colleges* algumas possibilidades ou destinos mais prováveis: a liderança no campo da educação remedial (ou *developmental*) e o lugar por excelência da educação continuada, o chamado *lifelong learning* [educação continuada] (Cross et al., 1989).

Na prática, se concretizado, o prognóstico de Cross significaria uma espécie de redução nas múltiplas identidades que os *community colleges* tinham assumido ao longo de sua existência – identidades que, somadas ou justapostas, configuravam a *"comprehensive institution"* [instituição compreensiva] que o crescimento vibrante dos anos 1950-1960 permitira desenvolver.

Quais os parâmetros que podemos utilizar para definir cada uma dessas fases, momentos ou identidades? Tentemos resumir esse problema, lembrando que as missões ou identidades respondiam aos diferentes públicos que foram sendo agregados à instituição, às suas demandas. Também respondiam a valores e projetos dos patrocinadores, dos dirigentes, dos profissionais envolvidos.

Que fases, então, podemos reconstituir, nessa história? Como já observavamos anteriormente, na origem do movimento *junior college*, a instituição derivava, em grande parte, do projeto de lideranças acadêmicas. Essas pretendiam dispor de escolas especializadas, que preparassem estudantes para a universidade, preenchendo o vazio entre a escola elementar e um ensino médio inexistente, insuficiente ou precário. A seguir, cresce a influência de lideranças forjadas dentro do próprio movimento e das primeiras instituições, lideranças essas nucleadas em torno de sua Associação e de sua revista. Define-se então uma vertente "vocacional" ou terminal – a ideia do *community college* como lugar de formação para as chamadas profissões médias, exigidas por uma sociedade norte-americana mais complexa, industrial e urbana. Um terceiro momento (e terceira missão) se define com a expansão do pós-Segunda Guerra Mundial, com a mudança de nome (de *junior* para *community college*) e a aspiração de prover educação pós-secundária para todos, ou quase todos (quase todos os brancos, de fato). A quarta fase, imediatamente anterior ao "platô" mencionado por Cross, é aquela que deriva da *Grande Sociedade* de Lyndon Johnson, dos movimentos por direitos civis, pela integração racial. O *community college* encarna a missão de integrar à sociedade americana as minorias étnicas até então esquecidas pelos primeiros surtos de massificação – os negros e, depois, os latino-americanos, sobretudo. Pode-se dizer que o resultado de todas essas ondas foi a configuração de uma escola *comprehensive*, abrangente, com uma abrangência talvez análoga à que modelara a *high school*. Como no caso desta última, o crescimento parecia inversamente proporcional ao foco. E como a *high school*, também, segundo alguns críticos, o *community college* corria o risco de oferecer nada para ninguém graças à tentativa vã de oferecer alguma coisa para todo mundo.

Nas últimas décadas do século XX, portanto, parece que o desafio dos *community colleges* não é mais garantir o *acesso* à educação superior. Talvez esse ainda seja um problema, dada a dificuldade de financiamento condizente com a tarefa de educar uma enorme massa de estudantes com sérios problemas de pobreza, com déficits enormes de alimentação, saúde, moradia, e assim por diante. O segundo desafio, em parte resultante desse primeiro, é o de permitir o *sucesso*, o de acolher de modo efetivo aqueles estudantes menos preparados e corrigir as falhas gritantes dos degraus precedentes do sistema educacional. É possível até mesmo mencionar um terceiro desafio, ou uma tarefa à qual os *community colleges* e seus "militantes" tentam responder. Segundo alguns críticos, que comentaremos no final deste trabalho, trata-se de uma tentativa indevida e fadada ao fracasso: a de consertar, por meios estritamente "educativos", a desigualdade estrutural e estruturante do sistema social norte-americano. Esse desafio é tão mais perigoso e tentador porque, além de tudo, segundo esses críticos, é estimulado por uma necessidade de sublimação da sociedade norte-americana: apontando a escola como ferramenta viável para a mobilidade, numa sociedade dita sem classes, permite-se deslocar da consideração política, precisamente, a ossificação dessa desigualdade. Se assim fosse, o "evangelho da educação" transformaria a escola em anjo redentor e, por contraste, em candidato a demônio, quando fracassasse (cf. Berliner, 2005).

Desses desafios decorrem os grandes temas que marcam a literatura sobre essa fase: financiamento deficiente; escalada das anuidades e endividamento das famílias; precarização do professorado; educação remedial cada vez maior; queda das transferências para os níveis superiores (escolas de bacharelado); crescimento das trilhas vocacionais nos cursos regulares e dos programas paralelos de preparação de força de trabalho; crescimento do número de estudantes "não tradicionais", um público mais heterogêneo e mais "difícil"; incorporação, nas escolas, de serviços não estritamente educacionais e mais próprios para agências de serviço social (*welfare*); acirramento da competição com o setor lucrativo (*for profit*), fornecedor de cursos academicamente menos ricos, porém mais focados, flexíveis (nos locais, nos horários).

Este capítulo busca retratar essa nova fase dos *community colleges* (1980-2010). As seções seguem esta ordem temática:

1) ritmo e forma da expansão recente;
2) os diferentes públicos e o lugar do *community college* no sistema de educação americana – a relação entre as diferentes missões, a estrutura das escolas e dos cursos;
3) a relação entre custos, fontes de financiamento e preços para os estudantes;
4) professores – de onde vêm? Qual o seu perfil, regime trabalho e renda?
5) a dimensão e os dilemas da educação remedial;
6) especulações sobre o futuro, tendências previsíveis.

RITMO E FORMA DE EXPANSÃO RECENTE

No começo do século XX, o *junior college* era uma instituição que se poderia chamar de "marginal" no sistema de ensino superior norte-americano. Fora criado para suprir aquilo que Charles W. Eliot, reitor de Harvard, chamara de "fosso entre a *common school* e a universidade". Estaria destinado a preparar estudantes para um passo mais ambicioso, a "verdadeira universidade". Os números – escolas e matrículas – cresciam lentamente, impulsionados por lideranças acadêmicas que sublinhavam esse perfil e essa missão, tipicamente preparatória. Perto de 1920, porém, o quadro se transforma. Em torno dos *junior colleges* e nos organismos de gestão pública, das coordenações locais e estaduais do sistema educativo, formara-se uma nova liderança, com outro tipo de orientação. Os pontos simbólicos dessa mutação podem ser demarcados em 1920, com a fundação da AAJC (American Association of Junior Colleges), e em 1930, com a criação de sua revista (*Junior College Journal*). A nova liderança enfatizava as estruturas curriculares vocacionais ou profissionalizantes, terminais, como elementos fortes da instituição. Assim, as escolas passavam a ter duas missões, em certa medida dois públicos: uma trilha preparatória ou *"transfer track"* e uma "trilha" terminal, já proporcionalmente significativa.

Já no começo dos anos 1940, o *junior college* representava um segmento bastante visível das matrículas de graduação. Depois da Segunda Guerra Mundial, o governo federal entra em cena, com força e determinação, para massificar o ensino superior. Nessa política, o *junior college* cumpriria papel decisivo. Muda de nome, para *community college*, e essa mudança representa, também, uma nova orientação, uma ampliação de suas missões, menos voltadas para a ascensão vertical, acadêmica, preparatória para a universidade. Essa missão original ainda permanece no perfil das escolas, mas agora se alinha, em condições de igualdade, com uma série de metas e atribuições: o ensino de profissões médias, a educação de adultos, a preparação de mão de obra, a difusão de cultura para a cidadania, o serviço à comunidade, enfim.

A massificação do pós-guerra foi acelerada nos anos 1960, com as políticas de inclusão social e combate à segregação racial. Pode-se dizer que, nesse momento, o ensino superior chegou ao andar de baixo da sociedade americana. Criavam-se *community colleges* toda semana – porque eles eram, então, a porta de entrada das massas nesse reino outrora limitado do sonho americano. Já indicamos alguns desses números da expansão das escolas superiores de curta duração em comparação com o conjunto da graduação. Façamos apenas resumo do cenário atual: no final de 2011, os *community colleges* matriculavam oito milhões de estudantes de regulares – 43% do total da graduação, no país, e mais da metade dos ingressantes, dos calouros; além disso, absorviam perto de cinco milhões de estudantes em cursos livres ou profissionalizantes, os *non degree students* (Mullin; Phillippe, 2013, p.6).

Quando focalizamos apenas o período pós-1970 notamos quão significativo e diferenciado foi o crescimento das matrículas na graduação:

Tabela 7.1 – Total de matrículas, por nível de ensino, anos selecionados, (1970-2007) (em milhares)

	1970	1980	1990	2000	2007
Total	**8.581**	**12.097**	**13.819**	**15.312**	**18.248**
Graduação	7.369	10.475	11.959	13.155	15.604
Pós-graduação	1.039	1.344	1.586	1.850	2.294

Fonte: elaboração própria, com dados do U.S. Department of Education, National Center for Education Statistics.

O contraste talvez seja mais percebido no Gráfico 7.1, de linhas.

Gráfico 7.1 – Matrículas: graduação *versus* pós-graduação (1970-2007)

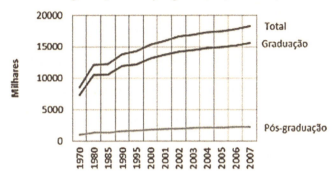

Fonte: elaboração própria sobre dados do U. S. Department of Education. National Center for Education Stastistics.

E aí está o detalhe: esse crescimento das matriculas de *graduação*, pós-1970, foi puxado, sobretudo, pelo setor de curta duração. O total de matrículas dos *community colleges* cresceu mais de 50% entre 1976 e 2002 e vinha crescendo próximo desse ritmo desde a segunda metade dos anos 1960. Há outro elemento importante a destacar: nos anos 2000, em especial, o segmento de *community college* cresceu significativamente naquilo que se usa chamar de "*non degree students*", isto é, em cursos não regulares que oferecem certificados de cursos de um ano ou até menos (educação de adultos, programas de atualização de conhecimento, treinamento e preparação de mão de obra, inglês como segundo idioma etc.).

Podemos traçar um quadro simplificado dessa "consolidação" dos *community colleges* no Gráfico 7.2.

Gráfico 7.2 – Total de matrículas em *community colleges* (1976-2007) (em milhões)

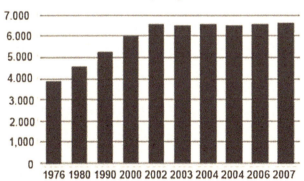

Fonte: Dados do E. S. Dept. of Education, NCES

201

Um balanço publicado pelo Departamento de Educação americano sintetiza o lugar dessas escolas no conjunto do sistema, em alguns números reveladores. Em um total de dezoito milhões de estudantes de graduação; 76% estavam matriculados em escolas públicas; 15% em escolas privadas sem fins lucrativos; 9% em escolas privadas com fins lucrativos. E agrega um detalhe, ao qual voltaremos mais adiante: O *community college* abriga com particular intensidade determinados segmentos de estudantes. Assim, a proporção de estudantes em meio período é maior em escolas públicas e, dentro delas, nas escolas de curta duração, *two-year colleges*: 70% do total. (Aud; Hannes, 2011).

OS DIFERENTES PÚBLICOS E O LUGAR DO *COMMUNITY COLLEGE* NO SISTEMA DE EDUCAÇÃO NORTE-AMERICANA – RELAÇÃO ENTRE AS DIFERENTES MISSÕES, A ESTRUTURA DAS ESCOLAS E DOS CURSOS

Nas diferentes fases da história dos *community colleges*, é possível observar que diferentes tipos de público são incorporados à instituição, que por isso também vai se tornando cada vez mais *"comprehensive"*, oferecendo diferentes tipos de programas.

Mas de que público estamos falando?

O *website* da American Association for Community Colleges (AACC – *Fast Facts*, 16.5.2013) faz uma descrição sintética bastante útil do perfil dos estudantes dos CC:

- 57% são mulheres;
- 40% pertencem a minorias raciais;
- 32% têm mais de trinta anos e apenas 36% estão na "faixa etária adequada" (18-22);
- 64% estudam em tempo parcial;
- Dentre os estudantes *full-time*, 21% trabalham em tempo integral e 59% trabalham meio período;
- Dos estudantes *part-time*, 40% trabalham em tempo integral e 47% trabalham meio-período;
- 46% dos estudantes recebem algum tipo de ajuda (bolsa, empréstimo), a maior parte, federal;
- 50% se inserem na condição de "primeiro membro da família que chega à faculdade";
- Entre 12% e 28% são "retornantes", isto é, estudantes que já têm um diploma superior qualquer e voltaram à escola para uma segunda carreira ou para uma atualização.

As projeções para o futuro indicam o aprofundamento de algumas dessas tendências e, eventualmente, o surgimento de fenômenos novos, que a síntese da AACC talvez não cubra. Entre os aprofundamentos estão as previsões demográficas: algumas estimativas indicam que grande parte (85%) do crescimento da população jovem, na próxima década, virá de minorias e de famílias de imigrantes. Em algumas grandes cidades o percentual atual (de 40%) já foi amplamente ultrapassado. Uns 40% virão de famílias de baixa renda. Com a queda de dotações públicas, aumento das anuidades e queda da renda média dessas famílias, a estratégia de fazer os dois primeiros anos em *community colleges* (mais baratos, próximos de casa, conciliáveis com trabalho) será ainda mais frequente, mesmo para aqueles estudantes fortemente inclinados a uma transferência para o bacharelado. Desse modo, o papel dos *community colleges* pode vir a ser ainda mais relevante do que já é. Com esse tipo de apelo, alguns *community colleges* estão já tentando atrair um segmento de classe média para seus programas de transferência.

Curiosamente, uma dessas tendências – a estratégia de começar pelos *community colleges* para depois completar o curso na escola mais cara – obriga a uma reconsideração – ou pelo menos uma nova interpretação – da famosa teoria do "esfriamento", exposta por Burton Clark e que descrevemos anteriormente.

Outro elemento a sublinhar é que a matrícula em meio período, algo frequente no ensino superior em geral, é, contudo, significativamente mais alta nos *community colleges*. Isso tem levado os *colleges* a adaptações e à criação de serviços especiais voltados para tal situação. Lombardi e Cohen (1992, p.25-6) retrataram essas iniciativas com detalhe. As instituições montam unidades de ensino fora do *campus*, promovem cursos de final de semana e para públicos específicos (como a terceira idade), cursos noturnos. E ensaiam várias outras estratégias para atrair o estudante de tempo parcial. E como esses estudantes são cada vez mais numerosos e importantes, também são criados serviços que visem garantir sua permanência e evolução na escola: aconselhamento, auxílio financeiro, escritórios de colocação (estágios e empregos), creches, refeitórios, centros de convivência, e assim por diante. Vários cursos são redesenhados e fornecidos na forma de pacotes menores, modulares (ibidem, p.24-5).

Mullin (2012, p.4) sublinha essa tendência: "28% dos que conseguem o diploma de bacharelado começaram em um *community college* e 47% fez pelo menos um curso em um *community college*". Snyder (2012, p.51) confirma: muitos dos estudantes que fazem essa trajetória (começam em um *community colleges* e se transferem para universidades) pertencem a estratos que não são precisamente os menos favorecidos. Parece ser uma estratégia economicamente racional da classe média, diante de tempos menos cômodos:

No total, calcula-se que os estudantes que começaram em um *community college* nos últimos 9 anos e se transferiram para uma instituição de quatro anos pública ou privada sem fins lucrativos economizaram 22,5 bilhões de dólares (24,3 bilhões de 2011 ajustados pela inflação). (Mullin, 2012, p.8)

No Gráfico 7.3 vê-se uma simulação da economia permitida com tal estratégia.

Gráfico 7.3 – Economias acumuladas em unidades e taxas, por estudantes que começaram em um *community college* e se transferiram para uma instituição privada sem fins lucrativos ou uma pública

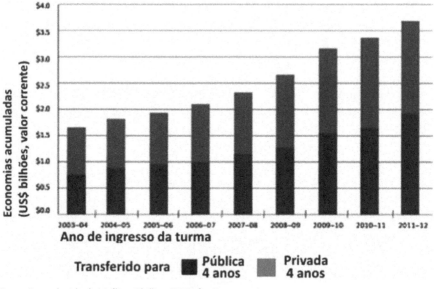

Fonte: Reproduzido de Mullin e Phillipe (2013, fig.4)

Repetindo: o fortalecimento dessa estratégia – começar pelo *community college* para depois se transferir para uma escola mais cara e mais distante – depende da existência de mecanismos favoráveis para a transferência. Além dos serviços acima mencionados, que os *community colleges* têm criado cada vez mais, as universidades e administrações estaduais têm procurado providenciar tal saída através de articulações no interior do sistema (Mullin, 2012).

É importante lembrar que o crescimento da "trilha vocacional" tem consequências sobre os seus *outputs* (diplomas, certificados), mas também sobre suas estruturas e estratégias de crescimento.

Observe-se, por exemplo, a composição dos diplomas de *associate degree* e certificados profissionais, no Gráfico 7.4 e seguintes.

Gráfico 7.4 – Diplomas de "Associate Degree" (cursos de dois anos) por campos e especialidades (2007-2008)

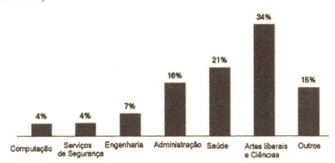

Fonte: The College Board, Trends in College Pricing 2010, Figure 20A; NCES, The condition of education 2010. Indicator 41

No que diz respeito aos certificados para cursos de um ano, os setores predominantes, nos *community college*, são os seguintes: profissões da área da saúde e administração predominam claramente; em seguida, vêm mecânica e reparação, serviços de segurança etc. (Kasper, 2002-2003, tabela 1).

Desde os anos 1970 vem se evidenciando esse fortalecimento da tendência vocacional, quer nos cursos regulares (*associate degree*), quer nos cursos livres (*non-degree, certificate*) (Pusser; Levin, 2009). Isso não ocorre apenas para responder a uma demanda dos estudantes, mas também para procurar fontes novas de financiamento junto aos negócios locais e às autoridades públicas envolvidas com a preparação de mão de obra. Esse novo vocacionalismo intensificou-se no novo milênio, associado a proclamações relativas a globalização, nova economia, empregos *high-tech* etc.

Ao lado dessas novas (ou renovadas) inclinações nos cursos surgem novas iniciativas organizacionais, novas práticas. Lombardi, já mencionado, enfatiza essas mudanças na estrutura e nos serviços das escolas:

> Além dos *campi* usuais com um complemento completo de edifícios e serviços, os *community colleges* estão estabelecendo postos avançados ou mini *campi* satélites em lojas, igrejas, prisões, asilos, bibliotecas, hospitais, supermercados, escolas públicas; na verdade qualquer lugar que possa acomodar mais de dez estudantes. (Lombardi; Cohen, 1992, p.23)

O vocacionalismo, em alguns casos, tem significado uma redução ainda maior do período de escola – do *associate degree*, de dois anos de créditos, para o *certificate*, de um ano, mais focado, menos geral. Esta última forma – que Snyder (2012) diz ser "o caminho mais direto para o *American Dream*" – é quase que a passagem da educação *just in case*, [se por acaso] – isto é, aquela em que o estudante tem uma grade curricular composta de coisas que um dia, em algum caso, vai precisar – para algo que se poderia chamar de educação *just in time* [em boa hora] ou *just for you* [especial para você], com o estudante fazendo cursos conforme a necessidade e a conveniência. Essa forma tende a ser identificada com a vocação *lifelong learning*, [educação continuada], do *community college*.[1]

Outro elemento importante deve ser realçado ainda uma vez, quanto à natureza dos públicos do *community college*. Há algumas tendências mais recentes que podem sugerir novas funcionalidades no conjunto do sistema. Snyder (2012, p.51) lembra que os alunos que se estão transferindo de *community college* para universidades não são apenas aqueles socialmente desfavorecidos. E, mais adiante (ibidem, p.53) talvez indique como e por que isso não apenas é um calculo economicamente racional para a classe média, como dissemos, mas *também* um elemento funcional para a simbiose *community college*/universidade. Diz Snyder (2012, p.53):

> Um dos aspectos cruciais a ter em mente é que as escolas de quatro anos não apenas aceitam a transferência de estudantes; elas precisam dela. Há muita evasão entre os estudantes que ingressam nos *community colleges* e nas escolas de quatro anos. No caso destas, a evasão toma a forma de transferências reversas bem como do abandono da escola. Isso significa que virtualmente todas as escolas de quatro anos buscam estudantes qualificados para transferência – de outras escolas de quatro anos ou dos *community colleges* – para reforçar suas matrículas nos últimos anos e suas taxas de sucesso. Os estudantes dos *community colleges* são uma escolha atraente, porque já sobreviveram ao período inicial de desgaste e provaram que podem ser bem sucedidos na faculdade. Podem já ter obtido um *associate degree*. É por isso que os estudantes transferidos dos *community colleges* completam seus diplomas de bacharel a uma taxa maior do que estudantes que ingressam na mesma escola de quatro anos como calouros.

A transferência e a articulação entre os diferentes tipos de instituição (quatro ou dois anos) demandam, porém, algum tipo de padronização no ensino de graduação, ou, pelo menos, no seu andar inicial, os dois anos de formação geral.

As transferências também vão exigindo sucessivas ondas de "organização articulatória" nos estados:

> Tanto o sistema da Universidade da Califórnia quanto o da Universidade Estadual da Califórnia tem garantias de admissão para alunos transferidos dos *community colleges* públicos da Califórnia. O sistema da Universidade da Cidade de Nova York

---

[1] Snyder (2013) dá exemplos dos cursos desse tipo que seu instituto fornece: "Muitos dos nossos mais novos programas certificados são parte do Instituto de Tecnologia Ivy, em que programas acelerados fornecem credenciais aos alunos para empregos bem-remunerados em uma de seis áreas de alta demanda: maquinário; solda; calefação; ventilação e ar condicionado (HVAC); automotiva; mecatrônica/manufatura avançada; e administração de escritório. Cada programa dura apenas trinta semanas, com encontros de seis horas por dia. Se você for a um desses programas, pode estar pronto para o trabalho em apenas oito meses".

(Cuny), o Colorado, a Flórida, o Havaí, New Hampshire e Virgínia também têm garantias de admissão para transferências de alunos transferidos dos *community colleges*. Flórida tem a política mais abrangente de garantias de admissão para transferência de qualquer estado, e é o único a determinar que alunos do estado que obtenham um *associate degree* em um dos *community colleges* públicos estaduais obterá admissão em uma de suas escolas de quatro anos como terceiranista. (ibidem, p.61)

Alguns desses arranjos envolvem matrículas duais, isto é, o estudante faz disciplinas em uma das instituições e conta os créditos em outra.

A RELAÇÃO ENTRE CUSTOS, FONTES DE FINANCIAMENTO E PREÇOS PARA OS ESTUDANTES

Para um leitor brasileiro, nunca é demasiado repetir que nos Estados Unidos o ensino superior é pago, mesmo nas escolas públicas. Elas recebem significativas dotações públicas, na sua maior parte, repasses dos governos estaduais. Mas cobram anuidades e taxas. Nas últimas décadas, como já comentamos, as anuidades subiram muito e as rendas das famílias caíram. As dotações públicas também diminuíram. Para compensar essa combinação perversa, o governo federal, sobretudo, tem aumentado as bolsas básicas (Pell Grant) e, principalmente, os empréstimos.

Vejamos algo sobre os preços da graduação, de modo a tornar compreensível, para um leitor brasileiro, os meandros do sistema americano.

Observe, no Gráfico 7.5, a comparação entre os preços das diferentes escolas superiores, nos anos recentes.

Gráfico 7.5 – Valor médio de anuidades e taxas (2010-2011)

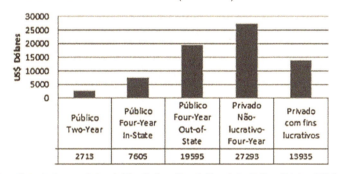

Fonte: elaboração própria com dados de The College Board, Trends in College Pricing, 2010, tabela 1a

Esclareçamos os termos utilizados no Gráfico 7.5: público *two-year* quer dizer, basicamente, *community colleges*; público *four-year* inclui universidades e *colleges* estaduais de longa duração (bacharelado); *In state*: as escolas públicas dão desconto a residentes (contribuintes) do estado. Os de fora pagam mais.

Vale a pena lembrar que a anuidade é apenas parte do gasto da família com o estudante. Some-se a isso o gasto com moradia, alimentação, transporte, livros e demais materiais escolares. Uma estimativa do custo anual de um *community college*, para o estudante médio, seria algo assim, em dólares (Tabela 7.2).

Tabela 7.2 – Estimativa do custo anual de um *community college*, para o estudante médio

Anuidades e taxas	Moradia e alimentação (fora do campus)	Livros e outros materiais	Transporte	Outros gastos	Total
2,713	7,259	1,133	1,491	2,041	14,637

Esses custos são baixos, quando comparados com as universidades privadas, ou mesmo com as estaduais. Mas devem ser enquadrados numa conjuntura particularmente difícil das famílias de classe trabalhadora e classe média norte-americanas, nas últimas décadas. Mullin e Phillipe (2013) lembram que, embora os *community colleges* sirvam a uma parte significativa dos estudantes de graduação (perto de 45%), as dotações estaduais ficam bem abaixo desse percentual: cerca de 20% dos recursos para ensino superior vão para esse segmento. O investimento público dos estados em educação, em geral, tem caído fortemente, nas últimas décadas. (Mullin; Phillipe, 2013, p.14-16).

Em tempos recentes, autores como Snyder (2012) têm lembrado a estratégica racional de famílias da classe média: fazer os dois primeiros anos em um *community colleges* e transferir-se para uma escola de quatro anos depois. Como já dissemos antes, Mullin e Phillipe estimam uma economia de vários bilhões de dólares para os estudantes que começaram seus cursos em *community colleges* e se transferiram a seguir para escolas de longa duração (Mullin, 2012, p.12).

Desse modo, a origem das fontes de financiamento dos *colleges* é informação relevante para saber em que medida podem responder a seus desafios. Veja o Gráfico 7.6.

Gráfico 7.6 – Fonte de rendas dos *community colleges* (2008-2009): dotações, bolsas, contratos

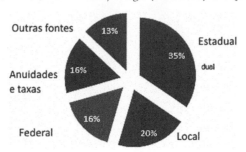

Fonte: elaboração própria com dados de National Center for Education Stastistics (NCES), Digest of Education Stastistics 2010, Table 362

Em um quadro como esse, os programas de "ajuda estudantil" são decisivos. Eles têm diversas fontes. As principais são os programas federais e estaduais e as bolsas das próprias escolas, com base na gestão de seu caixa. A partir dos dados compilados nas publicações do College Board, elaboramos o Gráfico 7.7 que mostra essa distribuição para o ano letivo de 2007 e 2008.

Gráfico 7.7 – Bolsas e auxílios por estudante *"full time"*, community colleges públicos (2007-2008)

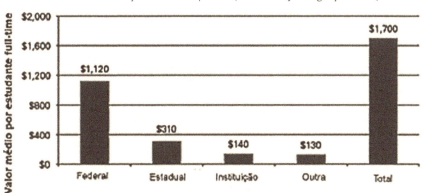

Fonte: NCES, National Postsecondary Student Aid Study (NPSAS), 2008

A maior parte dessa ajuda é composta de bolsas, estritamente.[2] As proporções são apontadas na Tabela 7.3.

Tabela 7.3 – Proporção de bolsas de auxílio

	% do total
Bolsas Pell Grant	31%
Ajuda das instituições	10%
Bolsas ACG	15%
Empréstimos subsidiados	8%
Empréstimos não subsidiados	6%
Empréstimos "Plus"	1%

Obs.: O programa de bolsas ACG (American Competitiveness Grant) inclui um elemento de "mérito" e competição, além do critério de necessidade. Os empréstimos do tipo "Plus Loan" têm taxas um pouco mais altas que os outros e o responsável é a família do estudante, não ele próprio

Fonte: The College Board, Trends in Student Aid 2010

---

[2] Detalhes sobre os diferentes tipos de empréstimos a estudantes podem ser encontrados em: <http://studentaid.ed.gov/sites/default/files/federal-loan-programs.pdf>.

Como já indicamos antes, o volume dos empréstimos cresceu bem mais do que as bolsas, nas últimas décadas. Isso tem significado um grande endividamento dos estudantes e de suas famílias. Calcula-se que o montante da dívida estudantil some, em dados de 2012, algo próximo de um trilhão de dólares. Não por acaso, um livro de grande vendagem, para orientação de estudantes e suas famílias, tinha na chamada de capa esta frase: "Como conquistar o sonho americano sem fazer uma montanha de dívidas". Esse parece ser o problema central da família média norte--americana, quando pensa em ensino superior.

Os estudantes dos *community colleges*, contudo, não são os que mais se endividam. A rigor, é claro, poderíamos perguntar se conseguiriam endividar-se, se quisessem. De qualquer forma, 62% dos estudantes estavam livres de dívidas desse tipo no ano 2010. E os endividados, em sua gigantesca maioria, tinham um saldo negativo de menos de dez mil dólares, considerado baixo para o conjunto das dívidas (ver Quadro 7.1). Atenção, o Quadro 7.1 *não* inclui os empréstimos especiais para famílias, do tipo "*Parent Plus Loans*", dívidas em cartão etc.

Quadro 7.1 – Dívidas dos estudantes de graduação, por setor e tipo de curso, diploma ou certificado (2007-2008)

	Sem Dívidas	Menos de 10 mil	10 mil a 19 mil	20 mil a 29,999	30 mil a 39,999	40 mil ou mais	Total
Bachelor's Degree							
Público quatro-anos	38%	16%	19%	14%	6%	6%	100%
Privado Não-Lucrativo Nonprofit Four-Year	28%	10%	19%	17%	10%	15%	100%
Privado Lucrativo	4%	4%	12%	23%	33%	24%	100%
Associate Degree							
Público dois-anos	62%	23%	9%	3%	1%	1%	100%
Privado Lucrativo	2%	22%	34%	23%	13%	6%	100%
Certificate							
Público dois-anos	70%	21%	7%	1 %	1 %	<1%	100%
Privado Lucrativo	10%	46%	34%	8%	2%	1%	100%

Nota: Os dados incluem empréstimos federais, privados e de estados e instituições. Empréstimos Parent Plus, débitos no cartão de crédito e empréstimos de amigos e família não estão incluídos. As porcentagens podem não somar os 100% devido ao arredondamento. Os dados incluem estudantes que frequentaram menos do que meio-período (13% dos estudantes), e que não se qualificam para empréstimos Stafford, mas se qualificam para alguns empréstimos não federais.

Fonte: Traduzido e adaptado de The College Board, *Trends in Higher Education 2011*. p.5 Tabela 6

PROFESSORES – DE ONDE VÊM? QUAL O SEU PERFIL, REGIME TRABALHO E RENDA?

O professor do *community colleges* é, por excelência, um ser de sala de aula. O *community colleges* é, por excelência, uma *"teaching institution"* [instituição de ensino]. Vejamos por exemplo, no Gráfico 7.8, a distribuição das horas de aula dedicadas ao ensino, em diferentes instituições.

Gráfico 7.8 – Número de horas-aula de professores em tempo integral: comparação entre *community colleges* e as demais instituições

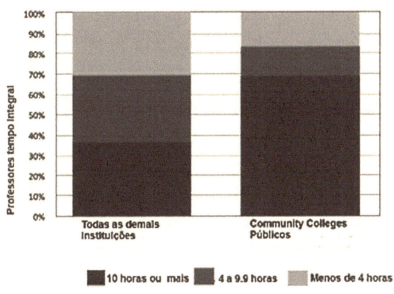

Fonte: Traduzido e adaptado de Mullin e Phillipe (2013)

Outro elemento importante a considerar é a proporção de professores em tempo parcial. Nos últimos anos, uma série de livros vem apontando transformações graves na carreira acadêmica. Já mencionamos o estudo de Hacker e Dreifus (2010) – *Higher education? How colleges are wasting our money and failing our kids – and what we can do about it* [Educação superior? Como faculdades estão desperdiçando seu dinheiro e fracassando nossos filhos – e o que podemos fazer sobre isso]. Um depoimento muito vivo, pessoal e polêmico pode ser encontrado em *In the Basement of Ivory Tower – the Truth about College* [No porão da torre de marfim – a verdade sobre a faculdade] (2012).

Também já comentamos, anteriormente, a participação do meio período no ensino superior, em geral. No que diz respeito especificamente aos *community college*, vale a pena reproduzir o comentário de Lombardi:

Apesar desses problemas na informação de dados, a tendência no emprego de instrutores de tempo parcial tem sido de crescimento desde o início dos anos 1960 e acelerou-se fortemente durante os últimos três anos. Em 1962 a National Education Association Research Division relatou que instrutores de tempo parcial compreendiam 38,5% dos instrutores em 698 *junior colleges*. Em 1971 esse número tinha crescido moderadamente para 40%, mas em 1974 tinha chegado a 49,7%. O aumento no número de instrutores de tempo parcial é ainda mais impressionante – de 11.530 em 1962 para 48.855 em 1971 e 80.257 em 1974. Em 1974 havia mais instrutores de tempo parcial do que de tempo integral em pelo menos dezesseis estados. (Lombardi; Cohen, 1992, p.70)

E é interessante também registrar sua informação sobre o recrutamento desses professores: de onde eles vêm? Lombardi indica as cinco principais fontes: professores do período diurno, outros *colleges*, escolas de educação básica, áreas não educacionais, recém-formados de universidades (ibidem, p.71).

Uma publicação do National Education Association Higher Education Research Center (2007) mostra o percentual de professores em meio período por tipo de instrução. Veja o Gráfico 7.9.

Gráfico 7.9 – Porcentagem de professores em tempo parcial, por tipo de instituição (1987-2003)

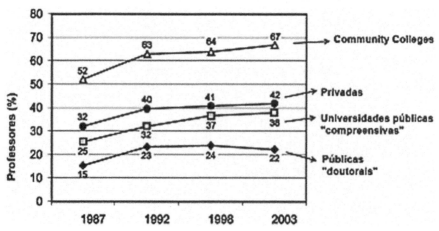

O professor em meio período se torna praticamente onipresente, nos *community college* ele é predominante. E, mesmo aí, esses professores são qualificados: mais de 60% deles têm pelo menos o mestrado. Evidentemente, recebem salários menores do que os professores que trabalham em tempo integral – e menos benefícios indiretos.

GARGALOS E SOLUÇÕES: EDUCAÇÃO REMEDIAL E OUTROS EXPEDIENTES

Em 2004, o *think-tank The American Diploma Project* (2004) publicou um estudo – *Ready or Not – Creating a High School Diploma That Counts* [Pronto ou não – criando um diploma de ensino médio que importa] – que lista uma série de problemas aflitivos do ensino médio americano:

- a maioria dos formados na escola secundária precisa de reforço escolar nos *colleges*;
- a maioria dos estudantes nunca obtém um diploma;
- a maioria dos empregadores afirma que os formados na escola secundária carecem de habilidades básicas;
- muito poucos estudantes de escolas secundárias fazem cursos desafiadores;
- a maioria dos testes de saída da escola secundária não avalia aquilo que importa para colleges e empregadores.[3]

O *think-tank* não estava só nesse lamento. Em 2012, o site da Cuny-TV alojava uma interessante palestra da secretária de educação do estado de Nova York. Ela declarava, com preocupação, que aproximadamente 75% dos estudantes egressos das escolas médias do estado estavam despreparados para cursar *qualquer* escola superior. E não dizia nada de novo, nem circunscrito à Nova York. Apenas retratava uma situação. Dessa situação resultava uma atividade que se tornou ampla, geral e irrestrita no ensino superior americano: a chamada educação "remedial" ou "desenvolvimental".

Bayley e Cho (2010) lembram um procedimento regular dos *community colleges*. Assim que ingressam, os estudantes são quase todos submetidos a um teste de desempenho em Matemática, Leitura e Redação. Aqueles que são classificados como "prontos para a faculdade" podem matricular-se em disciplinas de nível superior, regulares, que contam créditos. Os que não atingem essa escala são classificados como "desenvolvimental" ou "remedial" e são encaminhados a um serviço de aconselhamento e fazem um ou mais cursos de reforço. Nesse caso, antes de iniciar o curso propriamente superior, talvez o estudante tenha que passar por um ou mais semestres de instrução pré-faculdade. Custa tempo e dinheiro, mas não conta crédito para o diploma de *associate degree*.

A maioria dos ingressantes em *community colleges* precisa fazer pelo menos um desses cursos remediais. E, dizem os autores, isso deveria surpreender porque a grande maioria dos ingressantes tem diploma de *high school*, muitas vezes recém-obtido.

---

[3] Em seguida, o documento exibe uma série de referências para controle de qualidade: o que um graduado de ensino médio deveria saber, por disciplina ou área de conhecimento. Não nos estenderemos a respeito, mas seria útil comparar com a rica documentação de outro trabalho – Conley (2005). O autor traz farta reprodução de grades curriculares, exemplos de provas e exames das escolas etc.

De Pusser e Levin (2009) tomamos o Gráfico 7.10, em que se pode ver que quase todos os *community colleges* oferecem educação remedial de algum tipo.

Gráfico 7.10 – Percentual de *community colleges* que oferecem cursos "remediais"

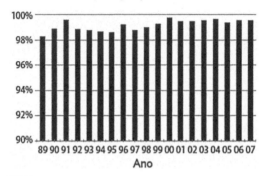

Fonte: Pusser e Levin (2009)

De Christopher Shults (2000) tomamos o Gráfico 7.11, mostrando a oferta de cursos remediais por área. Pode-se ver que, em geral, trata-se de ensinar a ler, escrever e contar, os famosos três "erres" da educação americana: *reading, riting e rithmetics* [ler, escrever e aritmética].

Gráfico 7.11 – Percentual de instituições que oferecem cursos "remediais", por área temática

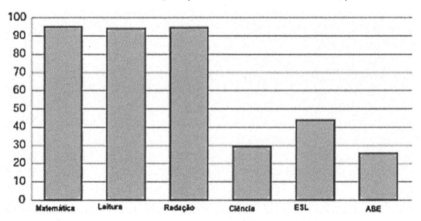

Fonte: Shults (2000)

Mas é bom ressalvar que a educação remedial não é exatamente uma novidade do século XX ou uma consequência da expansão das escolas rumo à incorporação de negros e latino-americanos. Merisotis e Phipps (2000, p.67-85) recuperam um pouco dessa história, contando que já no século XVIII muitas escolas superiores foram forçadas a criar cursos ou mesmo departamentos preparatórios para estudantes que estivessem abaixo da média em leitura, redação, matemática. Quando da implantação dos *land-grant* colleges, vários deles tinham razoável número de estudantes frequentando cursos desse tipo, basicamente do que hoje chamaríamos ensino médio.

Pensando nos termos atuais, diversos pesquisadores e formuladores de políticas têm apontado essa necessidade – a oferta de cursos remediais nos *colleges* – diante da baixa qualidade e baixas exigências de larga maioria das *high schools* públicas norte-americanas. Em 1991, Robert Reich, que viria a ser secretário do Trabalho no primeiro mandato de Bill Clinton, lamentava que 17% dos norte-americanos de dezessete anos eram funcionalmente analfabetos. A seu ver, isso resultava de um sistema de educação não apenas frágil, mas excessivamente polarizado: apenas pequena parte das crianças norte-americanas – 15% ou 20% – estava sendo preparada para trabalhos mais sofisticados ou exigentes, dependentes de manuseio de conhecimento sistemático, aquilo que chamava de "trabalho simbólico analítico".

A descrição que Reich (1994, p.212) faz desse extrato alto da juventude norte-americana merece também alguma reflexão, até porque talvez não se trate de um traço exclusivo daquela sociedade:

> Alguns desses jovens frequentam escolas particulares de elite, prosseguindo pelas universidades mais seletivas e pelas faculdades de maior prestígio; a maioria passa a infância dentro de escolas públicas dotadas de ensino de alta qualidade, onde são dirigidas para cursos avançados na companhia de outros afortunados rebentos simbólico-analíticos, e, então para as faculdades de quatro anos. Porém, suas experiências assemelham-se: seus pais estão interessados e envolvidos em sua educação, enquanto seus professores e instrutores estão atentos para suas necessidades acadêmicas. Têm acesso a laboratórios científicos no "estado da arte", a sistemas de computadores interativos e de vídeo em classe, a laboratórios linguísticos e a bibliotecas de altíssima qualidade. Suas turmas são relativamente pequenas; seus pares, intelectualmente estimulantes. Seus pais levam-nos a museus e a eventos culturais, propiciam-lhes viagens a outros países e matriculam-nos em cursos musicais. Em casa têm livros, brinquedos e fitas de vídeo educacionais, microscópios, telescópios e microcomputadores repletos dos últimos softwares educacionais. Caso as crianças atrasem-se nos estudos, serão entregues aos cuidados de professores particulares, e, se apresentam alguma deficiência física que lhes impeça o aprendizado eficiente, recebem toda a atenção médica de que necessitam.[4]

E um agravante, segundo Merisotis e Phipps (2000, p.74), é o retorno de estudantes mais velhos, depois de longo período longe de bancos (e hábitos) escolares:

---

[4] Um rico e cuidadoso comentário desse *background* dos sucessos (e principalmente dos insucessos) do ensino superior norte-americano pode ser visto no estudo de David C. Berliner (2005).

De acordo com um estudo recente, entre 1970 e 1993, a participação de estudantes maiores de 40 anos no ensino superior cresceu de 5,5% do total de matrículas para 11,2% – o maior salto de qualquer grupo etário (Instituto para Políticas de Ensino Superior – IHEP – 1996). As políticas voltadas para o reforço escolar devem reconhecer que a demanda por essa educação está sendo alimentada em parte por estudantes mais velhos que precisam de cursos de atualização em matemática ou escrita.

Evidentemente, a incidência de estudantes remediais é maior nos *community colleges*, como acentua estudo de Henry Levin (2007): os registros do National Education Longitudinal Study mostram que cerca de 60% dos novatos dos *community colleges* precisam fazer pelo menos um curso remedial, comparado com 29% dos novatos das instituições de longa duração (*four-year* pública). Uma razoável diferença percentual.

Essa situação cria custos para todos os envolvidos – e custos de vários tipos. É custosa, no sentido literal do termo, para os estudantes, as instituições e governos. Para os estudantes, em especial, o peso é grave, já que os cursos são pagos e demandam tempo – ou seja, alongam sua permanência na escola, já que não "contam crédito" para os diplomas e certificados de nível superior (o *associate degree*, por exemplo).

Por esses e outros motivos, a educação remedial, ainda que antiga e generalizada, é um procedimento controverso, sob constante ataque de avaliações críticas. Uma delas está em documento publicado pelo *think-tank Complete College America*, em setembro de 2011: *Time is the Enemy – The surprising truth about why today's college students aren't graduating... and what needs to change* [O tempo é o inimigo – a surpreendente verdade sobre por que os estudantes universitários de hoje não estão se formando... e o que precisa mudar].

Seus argumentos são, sinteticamente, os seguintes:

- **Há uma nova maioria norte-americana no *campus*.** Setenta e cinco por cento dos estudantes de hoje estão fazendo malabarismo com alguma combinação de família, emprego e escola enquanto vão para a aula. De acordo com o Departamento de Educação dos Estados Unidos, só um quarto frequentam tempo integral, em *colleges* com moradia estudantil, e têm a maioria de suas contas pagas por seus pais.
- **Estudantes de meio período raramente se formam.** Mesmo quando têm duas vezes mais tempo para completar os certificados e diplomas, não mais de um quarto chega ao dia da graduação.
- **Estudantes pobres e negros se esforçam mais para se formar.** Apesar de mais desses estudantes estarem se matriculando nos *colleges* do que antes, mesmo assim muito poucos acabam com diplomas ou certificados. Dadas as condições demográficas em mutação, nosso

país simplesmente não será economicamente competitivo se estes estudantes não obtiverem sucesso.
- **Os estudantes frequentam disciplinas demais e levam muito tempo para completá-las**. O excesso de disciplinas está atrasando o progresso para a obtenção de certificados e diplomas. E os estudantes passam muito tempo na escola.
- A educação remedial está quebrada, produzindo poucos estudantes que finalmente se formam. Infelizmente, os esforços direcionados à recuperação de estudantes frequentemente os deixa para trás.

De fato, os dados reunidos pela publicação revelam um cenário nada alentador. Poucos estudantes chegam a um diploma ou certificado, mesmo o certificado de um ano de curso. E, entre os estudantes de meio período, o percentual é ainda menor, sempre a metade dos de período integral. Os números são os da Tabela 7.4.

Tabela 7.4 – Poucos estudantes se graduam

	Período integral	Meio período
Certificado de um ano (obtido em dois anos)	27,8%	12,2%
Associate degree (em quarto anos de escolar)	18,8%	7,8%
Bachelor (depois de oito anos)	60,6%	24,3%

Quando esses dados são detalhados pelos diferentes tipos de estudantes, podemos ver nitidamente algo de que deveríamos antecipadamente desconfiar: a situação é particularmente ruim para estudantes mais pobres. É mais difícil para latino-americanos, porém ainda mais difícil para afro--americanos. Esse último dado sugere que a língua materna (ou aquela que se fala "em casa") pode ser problema, mas há outros fatores ainda mais graves, relativos ao ambiente em que as pessoas crescem e vivem. E, como era de esperar, os alunos que precisam de educação remedial são os que menos se graduam. Evidentemente, são os que mais se enquadram nessas categorias: mais pobres, maior percentual de cursantes em meio período e de minorias, maior percentual daqueles que frequentaram escolas médias de baixa qualidade.

O estudo do *Complete College America* é fortemente crítico da educação remedial como procedimento, mas seus dados poderiam ser lidos de outro modo: não é a existência de educação remedial que estraga a foto, é o fato de ela ser tão necessária. E, se poucos dos estudantes que fazem remedial se graduam, é também provável que, se inexistente a educação remedial, menos ainda se graduariam.

Com o tempo, a tentativa de consertar o problema no nível das escolas superiores – por meio de cursos remediais e outros expedientes – levou à especulação sobre a necessidade de começar por enfrentá-lo um andar abaixo. É o que sugeria o rico estudo-reportagem de James Traub (1994) sobre o City College de Nova York, uma inquietante viagem pessoal pelo mundo dos "menos preparados" daquela histórica escola, um dos mais interessantes experimentos "radicais" da educação norte-americana. Traub se pergunta pelo sucesso de tais tentativas, num quadro de insuficiência do ensino médio.[5]

Bayley e Cho (2010, p.48) apontam para outra tentativa relevante dos sistemas educativos estaduais, o estabelecimento de padrões de avaliação rigorosos, no ensino médio, combinados com programas remediais ou preparatórios já nesse nível, na *high school*, antes do estudante chegar à porta do ensino superior (aberta ou não).

Assim, o tema das disparidades e insucessos no ensino superior levou ao das disparidades e insucessos nos níveis precedentes da educação pública norte-americana. Mas não para por aí – ou não deveria parar. Como diz a frase popular – ali, o buraco é ainda mais embaixo. Veremos, mais adiante, como essa decalagem prossegue, complicando a análise e, consequentemente, as soluções propostas.

TRANSFORMAÇÕES DO *COMMUNITY COLLEGE* E PERSPECTIVAS DE FUTURO: UM CONJUNTO ENORME DE PROBLEMAS, UM CARDÁPIO VARIADO DE MISSÕES E IDENTIDADES

Especulando sobre os possíveis rumos dos *community colleges* no final do século XX, Patricia K. Cross (1989) apontava dois perfis ou missões: a liderança no campo da educação remedial e o lugar por excelência da educação contínua, o *lifelong learning*.

De fato, esses perfis resultam menos de escolhas, estrito senso, e mais de circunstâncias e contingências. Dadas as dificuldades de financiamento, algumas das opções são, em grande medida, estratégias de captura de fundos – o *lifelong learning* e o *contract training* [treinamento sobre contrato]. De outro lado, a oferta cada vez maior de educação remedial tem como pano de fundo um movimento demográfico de grande porte, a onda de imigrantes e sua peculiar composição, nas últimas décadas do século XX.

Vejamos alguns desses aspectos e dilemas.

O primeiro deles resulta de contraste apontado por Mullin e Phillipe (2013, p.4): os *community colleges* são a instituição mais densamente povoada

---

[5] Mais tarde, em outros escritos, Traub (2000) vai mais longe, tentando mostrar que o drama está além dos poderes da escola, em geral: "What no school dan do" [O que nenhuma escola pode fazer] é o título de um artigo seu, nessa direção.

por estudantes e, precisamente, pelos estudantes mais "difíceis". No entanto, recebem a parcela menor das verbas destinadas ao ensino superior pelos estados.

Constrangidos pelas dotações estaduais cada vez mais limitadas, muitos deles atiraram-se à tarefa de capturar novas receitas. Uma das estratégicas foi a de oferecer atrativos para estudantes de classe média que queiram cursar dois anos numa escola mais barata, mas fortemente articulada (e com qualidade) para permitir uma transferência sem problemas, estratégia que já comentamos. O estudante economiza, o *community college* ganha um pouco mais, a universidade se concentra nos dois últimos anos ou na escola profissional de longa duração (Direito, Medicina, Engenharia etc.).

Outra tendência tem sido o *contract training*, a criação e oferta de cursos sob medida ou *pret à porter* para clientes previamente selecionados, empresas ou agências públicas de requalificação de mão de obra. É um fenômeno comentado por Shults (2000, p.9), referindo-se, especificamente, a cursos de educação elementar, remedial, para empresas. Ele reconhece que o treinamento sob contrato é uma função relevante para muitos *community colleges*, registrando que aproximadamente 45% das instituições reportavam oferecer cursos de vários níveis para a indústria e outros setores produtivos.

O Gráfico 7.12 dá uma ideia das áreas temáticas desses cursos.

Gráfico 7.12 – *Contract training* em educação "remedial" – por área temática ou habilidades

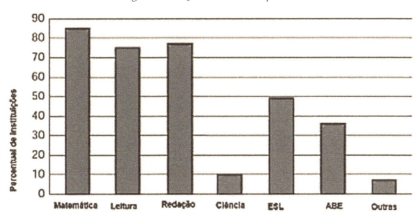

Fonte: Shults (2000, p.9)

O "treinamento" especificamente vocacional ou de rápida formação de mão de obra é outra óbvia tendência, ou, antes, o aprofundamento de uma tendência que já vinha se desenvolvendo ao longo do século. O governo Obama buscou investir nesse caminho, mediante o programa *American Graduation Initiative*, apontando os *community colleges* como parte essencial da reconstrução da prosperidade americana (Pusser; Levin, 2009, p.18).

Como dissemos, o outro elemento a considerar, no futuro dos *community college*, é outra continuidade, também aqui acompanhada de uma novidade: a presença dos imigrantes e, mais exatamente, de certo tipo de imigrantes. O Census Bureau estima que, nas primeiras décadas do século XXI, a maior parte do crescimento da população jovem em idade universitária (18-24 anos) virá de famílias de imigrantes e minorias étnicas. E cerca de 40% viriam de famílias de baixa renda. Juntas, essas tendências indicam um crescente papel para os *community colleges*, que acolhe fundamentalmente esse tipo de público (Bueschel, 2003, p.6).

Esse tema é relevante e por isso temos voltado a ele com insistência. Talvez se possa dizer que o final do século XX e começo do XXI mostrem algo análogo ao que ocorreu em outra virada (do XIX para o XX).

McCabe e Day (1998) enfatizam esse ponto. Lembram que entre 1820 e 1967, quarenta milhões dos 44 milhões de imigrantes vinham da Europa. De 1968 a 1994, apenas três dos dezoito milhões de imigrantes vieram da Europa. Hoje, eles vêm principalmente da América Latina e da Ásia. A tabela que montam, para os anos 1981-1994, em especial, é interessante (Tabela 7.5).

Tabela 7.5 – Fontes da imigração legal para os Estados Unidos – 1981-1994

Países	Número
Europa e Canadá	1.612.265
América Latina e Caribe	5.800.687
Ásia	4.075.754
África	28.637

Fonte: McCabe; Day (1998)

Esses são os imigrantes *legais*. Supõe-se que os imigrantes *ilegais* (uns quinhentos mil anuais) venham, sobretudo, do sul do Rio Grande. Que tipo de consequência se pode tirar da comparação desses movimentos, o das ondas migratórias anteriores e essa, do final do século XX? Talvez seja este:

> Na virada do século, a maioria dos imigrantes europeus era desqualificada, como são muitos dos imigrantes atuais. Quando os imigrantes europeus entraram nos Estados Unidos em grandes quantidades, o trabalho era predominantemente desqualificado, e os imigrantes forneceram uma força de trabalho muito necessária. Em contraste, menos de 25% dos empregos para a força de trabalho atual demandam trabalho desqualificado. Como tantos imigrantes atuais estão substancialmente despreparados para o emprego em um novo século, os EUA enfrentam um paradoxo crítico. Ao contrário dos últimos anos, poucos imigrantes vem com a qualificação necessária para as empresas e indústrias. (McCabe; Day, 1998, p.6)

Lombardi já apontara algumas dessas tendências há muito tempo:

> Uma nova era está começando para os *colleges* de dois anos. O panorama é de absorção contínua de mais funções não tradicionais, incluindo aquelas antes classificadas como inferiores ao nível universitário. Ao mesmo tempo, as instituições de educação de adultos e educação vocacional da escola secundária ou de escolas vocacionais locais estão sendo colocadas sob a égide dos *colleges* de dois anos. Nesta nova era, os *colleges* de dois anos podem ser transformados em instituições em que o caráter acadêmico será subordinado ao aspecto "comunitário". Antes que isso aconteça, no entanto, é provável que ocorra um sério conflito entre os tradicionalistas e os não tradicionalistas. Mesmo aqueles que pleiteiam a mudança na nova direção reconhecem que há problemas. Gleazer notou: "Alguns *community colleges* estão muito preocupados com o crédito acadêmico e o papel da transferência; os professores 'amam' alunos academicamente qualificados; há uma séria necessidade de retreinamento dos presidentes, vice-presidentes e corpo docente". (Lombardi; Cohen, 1992, p.21)

Esse texto de Lombardi foi reimpresso em 1992, em coletânea organizada com Arthur Cohen, mas foi escrito entre 1973 e 1974. Também nele aparece uma curiosa previsão (e talvez profecia):

> Como resultado dessa ênfase, lenta, mas seguramente, os *community colleges* estão se tornando distribuidores de bem estar social. A natureza focalizada das doações frequentemente exige a multiplicação dos funcionários e pessoal administrativo além dos tutores, conselheiros e recrutadores de alunos. Isso foi chamado de "efeito medicare"; isto é, a maior parte dos subsídios estaduais e federais vai para as despesas ao invés de ir para os estudantes. Os procedimentos simples usados anteriormente na concessão de bolsas não são mais suficientes; o departamento de auxílio financeiro se tornou uma organização apreciável, identificando, recrutando e atendendo aqueles com deficiências de fala, carências sociais, físicas ou econômicas. Operacionalmente, este departamento tem muitas das características de uma agência de assistência. (ibidem, p.47-8)

A profecia parece ter-se concretizado em boa parte, integrando-se naquilo que Norton Grubb aponta como uma das ilusórias e perversas aspirações não declaradas da escola – ou do Evangelho da Educação, como ele o denomina. Trata-se da tentativa de substituir um inexistente ou mais do que precário Estado de Bem-Estar Social.

Nota final... mas não conclusiva

O objetivo deste livro foi apresentar ao leitor uma visão algo panorâmica do sistema de ensino superior nos Estados Unidos, aquilo que ele é e como chegou onde está hoje. A narrativa histórica me pareceu oportuna para mostrar como as instituições foram inventadas e reinventadas para fazer frente a desafios da sociedade norte-americana. Há uma enorme literatura norte-americana sobre esse tema. Mas este livro pretendeu tornar essa história mais próxima da compreensão do leitor brasileiro. E, claro, o meu discurso tem um sotaque. Em vários momentos o leitor pode ter lido o que se dizia sobre os Estados Unidos e pensado sobre a nossa história. Não é por acaso – o autor também teve esse viés. E em certa medida o assumiu explicitamente. Há varias formas de pensarmos sobre nós mesmos, o que fazemos, o que deixamos de fazer, o que poderíamos, quem sabe, tentar fazer. Uma delas é esta, olhar para a experiência dos outros.

De qualquer maneira, dados esses objetivos, não cabe, propriamente, uma conclusão para o livro. Esta nota final é apenas uma reflexão sobre algumas das peculiaridades da educação americana, suas virtudes e pecados, até mesmo suas perversidades. Até porque, quem sabe, assim também compreendemos melhor nossas conquistas e nas nossas derrotas.

Vejamos então alguns dos paradoxos da situação americana.

Se aceitarmos os termos sugeridos pela análise de Reich que reproduzimos no último capítulo temos naquele país algo como 15% ou 20% das crianças e jovens educados em um bom ensino médio – em geral, duas dúzias de escolas privadas e as escolas públicas de subúrbios afluentes. Além disso, esses jovens, a fina flor da sociedade norte-americana, frequentariam ambientes intelectualmente ricos e instigantes, com acesso a recursos que lhes permitem seguir sendo essa "nata". De outro lado, estão os 80% ou 85% que saem das *high-schools* menos "ricas" e, em sua maioria, ingressam em cursos de dois anos em *community colleges.* De fato, reciclam seu ensino médio deficiente e, assim, aparelham-se para a vida moderna. Uma parte, talvez um terço, desses estudantes dos *two-year colleges* consegue entrar nos programas de transferência, isto é, conseguem ingressar em programas de bacharelado ou escolas profissionais (Direito, Medicina, Engenharia, Economia). É pouco e é bastante, se pensarmos no volume absoluto. Mais interessante ainda é prestar atenção na forma de organização dessa fantástica rede de oportunidades e de captura de talentos. Ela é extremamente descentralizada, capilarizada: é quase certo que um desses jovens encontrará, a uns cinquenta ou sessenta quilômetros de sua casa, pelo menos, um ponto de acesso a tal ensino pós-secundário, o que, ao menos, repetimos, permite-lhe "tentar". Muitos serão chamados, não necessariamente escolhidos. Talvez isso mostre alguma vitalidade no sistema, apesar de suas falhas e aparências enganosas. Talvez, também, indique um canal de legitimação da "terra das oportunidades" que a "América" ainda figura ser. Uma situação para lá de contraditória. Dramaticamente contraditória.

Um documento da American Association of Community Colleges (2012), exibe um desses exemplos de tom dramático:

> O sonho norte-americano está em risco. Como uma população altamente educada é fundamental para o crescimento econômico e uma democracia revigorada, os community colleges podem ajudar a recuperar esse sonho. Mas enfrentar esse desafio exigirá a reforma dramática destas instituições, sua missão e, mais criticamente, as experiências educacionais de seus estudantes.
>
> [...]
>
> Os *community colleges* têm um papel crucial a desempenhar no aproveitamento desta oportunidade. Se esta nação puder adicionar vinte milhões de trabalhadores formados por escolas pós-secundárias à sua força de trabalho nos próximos quinze anos, a desigualdade de renda declinará substancialmente, revertendo o declínio da classe média.
>
> [...]
>
> Os *community colleges*, historicamente subfinanciados, também foram financiados de formas que encorajam o crescimentos das matrículas, embora frequentemente sem apoiar este crescimento adequadamente, e, preponderantemente, sem incentivos para promover o sucesso dos estudantes. Essas condições atrasam os estudantes de classe média e têm um efeito devastador nos estudantes de baixa renda e dos negros, estes, frequentemente, com a maior necessidade de tudo o que o *community college* pode oferecer. (p.vii-viii)

Nas entrelinhas desse texto – ou, por certo seria melhor dizer, no seu subconsciente – está a razão das razões do problema: o próprio sonho. Pelo menos é isso o que tem sugerido uma rica literatura crítica sobre os sistemas educativos norte-americanos, focada no tema da desigualdade estrutural e singular daquela sociedade, desigualdade ímpar entre os países desenvolvidos. Em especial, os estudos de David C. Berliner, Jean Anyon,

Educação superior nos Estados Unidos

Norton Grubb entre outros, parecem centrais nessa temática.[1] Em seu *The education gospel*, Norton Grubb e Marvin Lazerson (2004) apontavam para o risco de subestimar os efeitos educacionais de um fator não educacional: o impotente *welfare state* norte-americano. Mais do que isso, apontam para a litania cíclica de queixas, lamentos e denúncias sobre a "falência da escola" como canal, por excelência, da mobilidade social.[2] O problema, talvez se possa dizer, não está no mau funcionamento do canal. Está na suposição da mobilidade como elemento definidor dessa ordem social.

Esse tema – ainda que fundamental – está além dos objetivos desta pesquisa. Podemos dizer que a pesquisa acaba na beira dessa aporia e cobra essa discussão. Mas não podemos fazê-la aqui, é uma longa estrada a percorrer e resta-nos recomendar o seu estudo. O que talvez convenha dizer, para concluir sem concluir, é que um dos artigos de Traub (2000) (e, mais ainda, seu título) talvez antecipe a dedução: "*What no school can do*" [o que nenhuma escola pode fazer]. Traub lembra um paradoxo: "É difícil classificar como espantosa a ideia de que a escola, por si só, não pode curar a pobreza, mas é surpreendente quanto do nosso discurso político está baseado na noção de que ela pode". E faz uma constatação incômoda para os progressistas entusiastas da escola: "Em anos recentes, os conservadores vieram a ter um papel crítico no debate sobre as escolas das áreas centrais das cidades; na verdade, a reforma escolar é o tipo de engenharia social com a qual os conservadores se sentem confortáveis".

Ora, por que os conservadores se sentem tão confortáveis nesse tema e nessa "solução para os males"? Uma frase talvez sugira o caminho: "Ninguém acredita na escola como os norte-americanos, e ninguém é mais atormentado pelos seus poderes transformativos".

Essa crença – quase hipnótica – tem uma força nada desprezível. Berliner radicaliza o argumento, de modo a sugerir uma espécie de "impensado" e "impensável" da sociedade norte-americana, algo que barra a possibilidade de identificar a natureza do trauma e, portanto, de sua superação:

> Talvez não estejamos nos saindo bem o suficiente porque a nossa visão da reforma da escola é pobre. É pobre por causa das nossas visões coletivas sobre os papéis adequados e inadequados do governo na melhoria dos problemas com que somos confrontados nas nossas escolas; nossas crenças sobre como uma economia de mercado deve funcionar; nossas preocupações sobre o que constituem taxas apropriadas de impostos para a nação; nossas visões religiosas sobre os eleitos e os

---

[1] No que diz respeito a exames desse problema no nível das escolas elementares e médias também há uma farta e rica literatura, que inclui Tyack (1974); Powell et all. (1985); Cremin (1964); Conant, (1961); Oakes (1985); Kozol (1992); Berliner; Dibble (1995); Anyon (2005).

[2] Um importante estudo sobre essas criticas "demolidoras" das escolas está em Berliner e Dibble (1995).

condenados; nosso *ethos* norte-americano peculiar de individualismo; e nossa crença quase absurda de que a educação é a cura para o que quer moleste a sociedade. Essas visões tão entranhadas que temos como povo faz com que a ajuda aos pobres pareça uma trama comunista ou ateísta, e transforma em apóstata aquele que se refere ao mito do poder das escolas públicas para produzir mudanças. [...]

Por outro lado, a ideia de que a escola, por si só, não pode curar a pobreza soa como um voto de desconfiança na nossa grande capacidade norte-americana para a autotransformação, um elemento importante nas estórias que contamos à nossa nação. (ibidem, p. 7)

O comentário é duro. Se for verdadeira a dedução, o "evangelho pedagógico" e a crença na reforma da escola e pela escola se transformariam em um novo "ópio do povo", ou como dizia o conhecido texto onde surgiu tal expressão: um grito do espírito em um mundo sem espírito, mas ao mesmo tempo, um instrumento de consolo geral que torna suportável o vale de lágrimas. Como a condição para abandonar as ilusões sobre sua condição é abandonar uma condição que necessita de ilusões, o círculo parece fechado, sem possibilidade de ruptura. Não é essa a conclusão dos autores dessa vertente, como sugere o livro de Jean Anyon (2005), desde seu título: *Radical possibilities* [Possibilidades radicais]. Mas o caminho da superação – ainda que não prescinda da reforma da escola – é muito mais difícil e muito mais amplo.

Bom, lembre-se, leitor, estamos falando da experiência americana... O resto é por sua conta.

REFERÊNCIAS BIBLIOGRÁFICAS

ADELMAN, C. *The Community College as American thermometer.* Washington DC: Government Printing Office, 1992.

ALBA, R. D.; LAVIN D. E. Community Colleges and tracking in higher education, *Sociology of Education*, American Sociological Association, v.54, n.4, p.223-37, Oct. 1981.

AMERICAN ASSOCIATION OF COMMUNITY COLLEGES – AACC. *Reclaiming the American dream*: A report from the 21st-Century Commission on the Future of Community Colleges. Washington DC, april, 2012. Disponível em: <http://www.aacc.nche.edu/21stCenturyReport>.

ANYON, J. *Radical possibilities*: Public policy, urban education and a new social movement. London; New York: Routledge, 2005.

AUD, S.; HANNES, G. (Ed.). *The condition of education 2011 in brief* (NCES 2011-034). U.S. Department of Education, National Center for Education Statistics. Washington DC: U.S. Government Printing Office, 2011

BAILEY, T. Challenge and opportunity: Rethinking the role and function developmental education in Community College. *CCRC Working Paper*, n.14, Nov. 2008

BAILEY, T.; AVERIANOVA, I. *Multiple missions of Community Colleges*: Conflicting or complementary? New York: Community College Research Center; Columbia University, 1998.

BAKER, G. (Ed.). *A handbook on the Community College in America* – Its history, mission, and management. Westport; London: Greenwood Press, 1994.

BARROW, C. *Universities and the capitalist state*: Corporate liberalism and the reconstruction of American higher education (1894-1928). Madison: The University of Wisconsin Press, 1990.

BAUM, S.; LITTLE, K.; PAYEA, K. *Trends in Community College education*: Enrollment, prices, student aid, and debt levels. Disponível em: <http://advocacy.collegeboard.org/sites/default/files/12b_5303_PubHighEd_AnalysisBrief_WEB_120530.pdf>. Acesso em: 1 jun. 2013.

BAUMAN, K.; DAVIS, J. United States Census Bureau. School enrollment in the United States: 2008. *Current Population Reports*, jun. 2011.

BAYLEY, T.; CHO, S. Issue brief: Developmental education in Community Colleges, prepared for: The White House Summit on Community College, September 2010 [CCRC – Teachers College, Columbia]

BELL, D. *The Reforming* of *General Education*. New York: Columbia University Press, 1966.

BERLINER, D. Our impoverished view of Educational Reform. In: *Teachers College Record*, 2 ago. 2005. Disponível em: <http://www.tcrecord.org/content.asp?contentid=12106>. Acesso em: 7 jun. 2013.

BERLINER, D.; DIBBLE, B. *The manufactured crisis*: Myths, fraud, and the attack on America's Public Schools. Cambridge: Perseu Books, 1995.

BERNSTEIN, A. The devaluation of transfer: Current explanations and possible causes. In: ZWERLING, S. (Ed.). *The Community College and its critics*: New directions for community colleges. San Francisco: Jossey-Bass, 1986. p.31-40.

BIRD, C. *The case against college*. New York: Bantam Books, 1975.

BLEDSTEIN, B. *The culture of professionalism*: The middle class and the development of higher education in America. New York: Norton, 1976.

BLUESTONE, B.; HARRISON, B. *The deindustrialization of America*. New York: Basic Books, 1982.

_____. *The great U-Turn*: Corporate restructuring and the polarizing of America. New York: Basic Books. 1990.

_____. *Prosperidad – por un crecimiento con equidad en el siglo XXI*, México: Fondo de Cultura Económico, 2001.

BOYER, E. *High School* – A report on secondary education in America. New York: Harper and Row, 1985.

_____. *College*: The undergraduate experience in America. New York: Harper and Row, 1987.

BRENEMAN, D.; NELSON, S. *Financing community colleges*. Washington DC: Brookings Institution, 1981.

BREWSTER, D. The use of part-time faculty in the Community College. *Inquiry*, v.5, n.1, p.66-76, Spring 2000.

BRINT, S. (Ed.). *The future of the city of intellect*: The changing American university. Stanford: Stanford University Press, 2002.

BRINT, S.; KARABEL, J. *The diverted dream*: Community Colleges and the promise of educational opportunity in America, 1900-1985. New York: Oxford University Press, 1989.

BROSSMAN, S.; ROBERTS, M. *The California Community Colleges*. Palo Alto: Field Education Publications, 1973.

BRUBACHER, J.; RUDY, W. *Higher education in transition*: An American history: 1636-1956. New York; Evanston: Harper & Row Publishers, 1958.

BRUBACHER, J.; RUDY, W. *Higher education in transition*: A history of American colleges and universities, 1636-1976. 3.ed. New York: Harper-Collins, 1976.

BUESCHEL, A. *The missing link*: The role of community colleges in the transitions between high school and college: A report for The Bridge Project: Strengthening K-16 Transition Policies. Stanford University, fev. 2003. Disponível em: <https://web.stanford.edu/group/bridgeproject/community_college_rept_for_web.pdf>.

CARNEGIE COMMISSION ON HIGHER EDUCATION – CFAT. *The open-door colleges*: Policies for the community colleges. s. l.: s. n., 1970.

CLARK, B. The "Cooling Out" Function in higher education. *The American Journal of Sociology*, v.65, n.6, p.569-76, May 1960a.

_____. *The open door college*: A case study. New York: McGraw Hill, 1960b.

_____. The "Cooling Out" function revisited. In: VAUGHAN, G. (Ed.). *Questioning the Community College role*: New directions in Community Colleges. San Francisco: Jossey-Bass, 1980.

_____. *Places of inquiry*: Research and advanced education in modern universities. Berkeley; Los Angeles: University of California Press, 1995.

CLARK, K. Higher education: paradise lost? *Higher Education*, v.7, n.3, p.261-78, Aug. 1978.

CHANDLER, A. *Scale and scope:* the dymanics of industrial capitalism. Cambridge (Massachusetts): Belknap Press, 1990.

COHEN, A. Calculating transfer rates efficiently. *Community, Technical, and Junior College Journal*, n.62, p.32-35, Feb./Mar. 1992.

_____. *The shaping of American higher education*: Emergence and growth of the contemporary system. San Francisco: Jossey Bass, 1998.

COHEN, A. M.; BRAWER, F. *The American Community College*. 3.ed. San Francisco: Jossey-Bass, 1996.

COLE, J. *The Great American University*: Its rise to reeminence, its indispensable national role, why it must be protected. New York: Public Affairs, 2009.

COLLEGE BOARD. Trends in Student Aid. 2012. Disponível em: <http://trends.collegeboard.org/student-aid>. Acesso em: 1º jun. 2013.

_____. Trends in College Pricing, 2012. Disponível em: <http://trends.college-board.org/college-pricing>. Acesso em: 1º jun. 2013.

COMPLETE COLLEGE AMERICA. *Time is the Enemy*. 2011.

CONANT, J. B. *The American high school today*: A first report to interested citizens. New York; Toronto: McGraw Hill Book Co, 1959a.

_____. *The comprehensive high school*: A second report to interested citizens. New York; Toronto: McGraw Hill Book Co, 1959b.

_____. *Slums & Suburbs*: A commentary on schools in metropolitan areas. New York; Toronto: McGraw Hill Book Co, 1961.

CONLEY, D. *College knowledge*: What it really takes for students to succeed and what we can do to get them ready. San Francisco: Jossey-Bass, 2005.

CREMIN, L. *The transformation of the school*: Progressivism in American education 1876-1957. New York: Vintage Books, 1964.

CROSS, P. K. Community Colleges on the Plateau. *Journal of Higher Education*, v.52, n.2, p.113-123, 1981.

CROS, P. K.; PATRICIA, J. Determining missions and priorities for the Fifth Generation. In: DEEGAN, W.; TILLERY, D. (Ed.). *Renewing the American Community College*: Priorities and strategies for effective leader-ship. San Francisco: Jossey--Bass, 1985.

CROSS, P. K.; PATRICIA, J.; FIDELER, E. Community College missions: Priorities in the Mid-1980s. *The Journal of Higher Education*, v.60, n.2, p.209-16, Mar./Apr. 1989.

DIENER, T. (Ed.). *Growth of an American invention*: A documentary history of the junior and community college movement. Westport; London; New York: Greenwood Press, 1986.

DONOVAN, R. Creating effective programs for developmental education. In: DEEGAN, W.; TILLERY, D. (Ed.). *Renewing the American Community College*. San Francisco: Jossey-Bass Publishers, 1991. p.103-28.

DOREL, G. *Atlas de l'Empire Américain*. Paris: Editions Autrement, 2006.

DOUGHERTY, K. *The Contradictory College:* The conflicting origins, impacts, and futures of the Community College. Albany: State University of New York Press, 2001.

DOUGHERTY, K.; BAKIA, M. F. *The new economic development role of the Community College.* Community College Research Center, Teachers College, Columbia University. New York: s. n., 1999.

DOUGLAS, J. A. *The California Idea and American Higher Education, 1850 to the 1966 Master Plan.* Stanford: Stanford University Press, 2000.

DOWD, A. C. From access to outcome equity: Revitalizing the democratic mission of the Community College. *Annals of the American Academy of Political and Social Science,* v.586, p.92-119, Mar. 2003.

DOWD, A. C.; CHESLOCK, J.; MELGUIZO, T. Transfer access from Community Colleges and the distribution of elite higher education. *Journal of Higher Education,* v.79, n.4, p.442-72, 2008

DUNHAM, E. *Colleges of the forgotten Americans*: A profile of State colleges and regional universities. Nova York: McGraw-Hill, 1969.

DUPERRE, M. Global Development of the Two-Year College Concept. *Higher Education,* v.3, p.315-30, 1974.

EDDY, E. *Colleges* for *Our Land and Time*: The land grant idea in education. New York: Harper, 1956.

EELLS, W. *The Junior College.* Boston: Houghton Mifflin Co., 1931.

_____. *American Junior Colleges.* Washington DC: American Council on Education, 1940.

_____. *The present status of terminal education.* Boston: Houghton Mifflin Co., 1941a.

_____. *Why Junior College Terminal Education?* Terminal education monograph, n.3. Washington DC: American Association of Junior College, 1941b.

ELIOT, C. W. Educational Reform and the Social Order. *The School Review,* n.4, v.XVII, April 1909.

ELSNER, P.; BOGGS, G.; IRWIN, J. (Ed.). *Global development of Community Colleges, Technical Colleges, and further education programs.* Washington DC: American Association of Community Colleges, 2008.

FIELDS, R. *The Community College Movement.* New York: McGraw-Hill, 1962.

FLEMING, D.; BAILYN, B. *The intelectual migration*: Europe and America, 1930-1960. Cambridge: Harvard University Press, 1969.

FREEMAN, R. *The overeducated American.* Nova York: Academic Press, 1976.

FRYE, J. *The vision of the Public Junior College 1900-1940*: Professional goals and popular aspirations. New York: Greenwood Press, 1992.

GEIGER, R. *To advance knowledge*: The growth of American Research Universities, 1900-1940. New York: Oxford University Press, 1986.

_____. *Research* and *Relevant Knowledge*: American Research Universities Since World War II. New York: Oxford University Press, 1993.

_____. *Knowledge and money*: Research universities and the paradox of the marketplace. Stanford: Stanford University Press. 2004.

_____. *Research & relevant knowledge*: American Research Universities since World War II. New Jersey: Transactions Publishers, 2008.

_____. Postmortem for the Current Era: Change in American Higher Education, 1980-2010. Center for the Study of Higher Education. The Pennsylvania State University. *Working Paper,* n.3, Jul. 2010.

GEIGER, R.; HELLER, D. *Financial trends in higher education*: The United States. Center for the Study of Higher Education. The Pennsylvania State University. *Working Paper*, n.6, Jan. 2011.

GLEAZER, E. *This is the Community College*. Boston: Houghton Mifflin, 1968.

GOLDEN, D. *The price of admission*: How America's ruling class buys its way into elite colleges-and who gets left outside the gates. New York: Three Rivers Press, 2007.

GOLDIN, C.; KATZ, L. *The race between education and technology*. Cambridge Ms.: Harvard University Press, 2011.

GOODWIN, G. L. Social panacea: A history of the Community-Junior College ideology. California: Bakersfield College, 1973. Disponível em: <http://www.eric.ed.gov/ERICWebPortal/contentdelivery/servlet/ERICServlet?accno=ED093427>. Acesso em: 19 nov. 2012.

GRAHAM H.; DIAMOND, N. The rise of American Research Universities – Elites and challengers in the Postwar Era. Baltimore; London: The Johns Hopkins University Press, 1997.

GREENLEAF, W. Junior Colleges. U.S. Office of Education Bulletin, Washington DC, n.3, 1936.

GRUBB, W.; BADWAY, N.; BELL, D. The decline of Community College transfer rates: Evidence from National Longitudinal Surveys. *The Journal of Higher Education*, v.62, n.2, p. 194-222, Mar./Apr. 1991.

_____. Community Colleges and the equity agenda: The potential of noncredit education. *Annals of the American Academy of Political and Social Science*, v.586, p.218-40, Mar. 2003.

_____. The roles of Tertiary Colleges and Institutes: trade-offs in restructuring postsecondary education, june 2003. Disponível em: <http://www.oecd.org/education/educationeconomyandsociety/35757628.pdf>. Acesso em: 23 dez. 2012.

GRUBB, N. et al. *Honored but invisible*: An inside look at teaching in Community Colleges. New York: Routledge, 1999.

GRUBB, N.; LAVERSON, M. The bandwagon once more: Vocational preparation for high technology occupations. *Harvard Educational Review*, v.54, p.429-51, 1984.

_____. Vocationalizing higher education: The causes of enrollment and completion in public Two-Year Colleges, 1970-1980. *Economics of Education Review*, v.7, p.301-19, 1988.

_____. The effects of differentiation on educational attainment: The case of Community Colleges. *Review of Higher Education*, v.12, p.349-74, Summer 1989.

_____. The decline of Community College transfer rates: Evidence from National Longitudinal Surveys. *Journal of Nigher Education*, v.62, n.2, p.194-217, 1991.

_____. Postsecondary vocational education and the sub-baccalaureate labor market: New evidence on economic returns. *Economics of Education Review*, v.11, p.225-48, 1992a.

_____. Finding an equilibrium: Enhancing transfer rates while strengthening the comprehensive Community College. *National Center for Academic Achievement and Transfer Working Papers*, Washington DC, v.3, n.6, 1992b.

_____. The long-run effects of proprietary schools on wages and earnings: Implications for Federal Policy. *Educational Evaluation and Policy Analysis*, v.15, p.17-33, Spring 1993.

_____. The economic effects of sub-baccalaureate education: Corrections and extensions. Unpublished paper. Berkeley: University of California, 1994.

_____. *Working in the Middle*: Strengthening education and training for the MidSkilled Labor Force. San Francisco: Jossey-Bass, 1996.

_____. *The education gospel*. The economic power of schooling. Cambridge: Harvard University Press, 2004.

GRUBB, N.; TUMA, J. Who gets student aid? Variations in access to aid. *Review of Higher Education*, v.14, p.359-82, Spring 1991.

HACKER, A.; DREIFUS, C. *Higher education?* How colleges are wasting our money and failing our kids – and what we can do about it. New York: Times Books, 2010.

HAMPEL, R. *The last little citadel*: American High Schools since 1940. Boston: Houghton Mifflin, 1986.

HANKIN, J.; FEY, P. Reassessing the commitment to Community Services. In: DEEGAN, W.; TILLERY, D. (Ed.). *Renewing the American Community College*: Priorities and strategies for effective leader-ship. San Francisco: Jossey-Bass, 1985.

HELLER, D. The impact of student loans on college access. In: BAUM, S.; MCPHERSON, M..; STEELE, P. (Ed.). *The effectiveness of student aid policies*: What the research tells us. New York: The College Board, 2008. p.39-67.

HOFSTADTER, R. *The development and scope of higher education in the United States*. New York: Columbia University Press for the Commission on Financing Higher Education, 1952.

HOFSTADTER, R.; MILLER, W; AARON, D. *The American Republic.*, Englewood Cliffs, NJ: Prentice-Hall, 1959 (v.2: since 1865).

HOFSTADTER, R.; SMITH, W (Ed.). *American higher education*: A documentary history. Chicago: University of Chicago Press, 1961. 2v.

INTERNATIONAL PERSPECTIVES ON EDUCATION AND SOCIETY. Community Colleges Worldwide: Investigating the Global Phenomenon, 2012. v.17.

JENCKS, C.; RIESMAN, D. *The academic revolution*. Chicago: University of Chicago Press, 1977.

KAISER, D. (Ed.). *Becoming MIT – Moments of Decision*. Cambridge (MA): MIT Press, 2010.

KARABEL, J. *The chosen* – The hidden history of admission and exclusion at Harvard, Yale, and Princeton. New York: Mariner Books, 2005.

KARIN, F.; PARRY, M. How Obama's $12-Billion Could Change 2-Year Colleges. *The Chronicle of Higher Education*, v.55, n.42, s. p., 24 Jul. 2009

KASPER, H. T. The changing role of community college. *Occupational Outlook Quarterly*, v.46, n.4, p.14-21, Winter 2002-2003.

KENT, F. The 4 lessons that Community Colleges can learn from for-profit institutions. *The Chronicle of Higher Education*, v.53, p.10 B17-B18, 27 Oct. 2006.

KERR, C. Higher education: Paradise lost?. *Higher Education*, v.7, n.3 p.261-78, Aug. 1978.

_____. Foreword. In: DEEGAN, W.; TILLERY, D. (Ed.). *Renewing the American Community College*: Priorities and strategies for effective leader-ship. San Francisco: Jossey-Bass, 1985.

KEVLES, D. Testing the Army's Intelligence: Psychologists and the military in World War. *The Journal of American History*, v.55, n.3, p.565-81, Dec. 1968.

KOOS, L. *The Junior College*. Minneapolis: University of Minnesota Press, 1924. Disponível em: <http://archive.org/details/juniorcollegevol008507mbp> e <http://archive.org/details/juniorcollegevol027370mbp>. Acesso em: 19 jun. 2012.

_____. *The Junior-College Movement*. Boston: Ginn & Co., 1925.

KOZOL, J. *Savage inequalities*: Children in America's schools. New York: Harper Collins, 1992.

KUO, E. W. English as a second language in the Community College Curriculum. *New Directions For Community Colleges*, v.108, Winter 1999.

LABAREE, D. *How to succeed in school without really learning*: The credentials race in American education. New Haven, CT: Yale University Press, 1997.

LAVIN, D. Policy change and access to 2- and 4-year colleges. *The American Behavioral Scientist*, v.43, n.7, p.1139, Apr. 2000.

LEE, L. Success without College: Why your child may not have to go to College Right Now--and may not have to go at all. New York: Broadway, 2001.

LEVIN, H. Remediation in the Community College: An evaluator's perspective, National Center for the Study of Privatization in Education, Teachers College, Columbia University. *CCRC Working Paper*, n.9, Mai. 2007.

LEVINE, D. *The American College and the culture of aspiration, 1915-1940*. Ithaca: Cornell University Press, 1986.

LEVINSON, D. Community Colleges: A reference handbook, Santa Barbara: ABC--CLIO, 2005.

LOMBARDI, J.; COHEN, A. (Ed.). *Perspectives on the Community College*: Essays. American Association of Community and Junior Colleges. Washington DC.; American Council on Education; ERIC Clearinghouse for Junior Colleges; Los Angeles, Calif.: Office of Educational Research and Improvement (ED), 1992. p.47.

LUCAS, C. *Crisis in the academy*: Rethinking higher education in America – Rethinking higher education in America. New York: St. Martin's Press, 1996

_____. *American higher education* – a History. New York: Palgrave Macmillan, 2006.

MCCABE, R.; DAY, P. Access and the New America of the Twenty-First Century. In: _____. (Ed.). *Developmental education*: A Twenty-First Century social and economic imperative. League for Innovation in the Community Coll. Laguna Hills: College Board, 1998.

MCCARTAN, A. The Community College mission: Present challenges and future visions. *The Journal of Higher Education*, v.54, n.6, p.676-92, Nov./Dec. 1983.

MCDOWELL, F. R. *The Junior College*: A Study of Its Origin, Development, and Status in the United States, U.S. Department of the Interior, Bureau of Education Bulletin 1919, No. 35, Washington, D.C. Republicado em Diener, 1986, p.77-8.

MCDOWELL, T. T. *A General Plan for Higher Education*. New York: McGraw-Hill, 1962.

MCGRATH, D.; SPEAR, M. *The academic crisis of the Community College*. Albany: State University of New York Press, 1991.

MEDSKER, L. *The Junior College*: Progress and prospect. New York: McGraw-Hill, 1960.

MEDSKER, L.; TILLERY, D. *Breaking the access barriers*: A profile of Two-Year Colleges. New York: McGraw-Hill, 1971.

MEIER, K. *The Community College mission*: History and theory, 1930-2000. Chico: Unpublished manuscript, 2008.

MERISOTIS, J.; PHIPPS, R. Remedial education in colleges and universities: What's really going on? *The Review of Higher Education*, v.24, n.1, p.67-85, Fall 2000.

MONROE, C. *A profile of the Community College*. San Francisco: Jossey- Bass, 1972

MULLIN, C. *Transfer*: An indispensable part of the Community College mission (Policy Brief 2012-03PBL). Washington DC: American Association of Community Colleges, Oct. 2012.

MULLIN, C.; PHILLIPE, K. *Community college contributions* (Policy Brief 2013-01PB). Washington DC: American Association of Community Colleges, Jan. 2013. p.14.

NATIONAL CENTER FOR EDUCATION STATISTICS. *Digest of education statistics*. Washington DC: U. S. Department of Education, 1992.

_____. Digest of Education Statistics, 2010. Disponível em: <http://nces.ed.gov/pubs2011/2011015.pdf>. Acesso em: 24 set. 2012.

NATIONAL CENTER FOR EDUCATIONAL STATISTICS; ARQUIVOS DA AACC. Disponível em: <http://www.aacc.nche.edu/AboutCC/history/Pages/pasttopresent.aspx>.

NEA HIGHER EDUCATION RESEARCH CENTER. Part-Time Faculty: a Look at Data and Issues. *Update*, v.11, n.3, Set. 2007. Disponível em: <http://www.nea.org/assets/docs/HE/vol11no3.pdf>. Acesso: 11 jan. 2013.

NOBLE, D. *América by design*: Science, technology, and the rise of corporate capitalism. Oxford; New York: Oxford University Press, 1977.

OAKES, J. *Keeping track*: How schools structure inequality. New Haven: Yale University Press, 1985.

OLIVER, D. Higher education challenges in developing countries: The case of Vietnam. *International Journal of Educational Policy, Research and Practice*, 22 jun. 2004.

OLSEN, K. *The G.I. Bill, the veterans, and the colleges*. Lexington: The University Press of Kentucky, 1974.

PALMER, J. Part-time Faculty at Community Colleges: A national profile. *NEA 1999 Almanach of Higher Education*. Disponível em: <http://www.nea.org/assets/img/PubAlmanac/ALM_99_04.pdf>. Acesso em: 11 jan. 2013.

PARNELL, D. *The neglected majority*. Washington DC: American Association of Community and Junior Colleges, 1989.

PERKINS, H. *The imperfect panacea*: American faith in education. New York: McGraw-Hill, 1995.

PINCUS, F. The False Promises of Community Colleges: Class Conflict and Vocational Education. *Harvard Educational Review*, n.50, p.332-61, 1980.

POLICY INFORMATION CENTER. *Educational Testing Service*: The American Community College Turns 100. Princeton, 2000.

POWELL, A.; FARAR, A.; COHEN, D. *The shopping mall High School*: Winners and losers in the educational marketplace. Boston: Houghtion Mifflin Co., 1985

POWELL, W.; OWEN-SMITH, J. *The new world of knowledge*. Production in the Life Sciences. In: BRINT, S. (Ed.). *The future of the city of intellect*: The changing American university. Stanford: Stanford University Press, 2002.

PRAGER, C. Accreditation and transfer: Mitigating elitism. *New Directions For Community Colleges*, n.78, Summer 1992.

PROFESSOR, X. *In the basement of Ivory Tower*: The truth about College. New York: Penguin Books, 2012.

Educação superior nos Estados Unidos

PUSSER, B.; LEVIN, J. *Re-imagining Community Colleges in the 21st Century*: A student--centered approach to higher education. s. l.: Center for American Progress, December 2009.

RAVITCH, D. *Reign of Error – The Hoax of the Privatization Movement and the Danger to America's Public Schools*. New York: Alfred A. Knopf, 2013.

REICH, R. *O trabalho das nações*. São Paulo: Educator, 1994.

REITANO, J. Cuny's Community Colleges: Democratic Education on Trial. *New Directions for Community Colleges*, n.107, Fall 1999.

NELSON, R.; MERTON, J.; KALACHEK, E. D. *Tecnologia e desenvolvimento econômico*, São Paulo: Forense, 1969.

RITZE, N. The evolution of developmental education at the city university of New York and Bronx Community College. *New Directions for Community Colleges*, n.129, Spring 2005.

ROGERS, F. *La educación superior en los Estados Unidos*. Buenos Aires: Editorial Nova, 1958

RUCH, R.; KELLER, G. *Higher Ed Inc.*: the Rise of the For-profit University. Baltimore: The Johns Hopkins University Press, 2003.

RUDOLPH, F. *Curriculum*: A history of the American Undergraduate Course of Study Since 1636. San Francisco: Jossey-Bass, 1977.

_____. *The American College and University*: A history. Athens; London: The University of Georgia Press, 1990.

SHAW, K. Remedial education as ideological battleground: Emerging remedial education policies in the Community College. *Educational Evaluation and Policy Analysis*, v.19, n.3, p. 284-96, Autumn 1997.

SHULTS, C. *Remedial education*: Practices and policies in Community Colleges, AACC-RB-00-2. AACC/Remedial Education, 2000. Disponível em: <http://www.aacc.nche.edu/Publications/Briefs/Documents/06252001remedial.pdf>.

SIMPSON, C. (Ed.). *Universities and empire*: Money and politics in the Social Sciences during the Cold War. New York: New Press, 1998.

SMITH, P. *Killing the* Spirit: Higher education in America. New York: Viking Penguin, 1990.

SNYDER, T. (Ed.). *120 Years of American Education*: A statistical portrait. Washington DC: National Center for Education Statistics; U.S. Department of Education, jan. 1993.

_____. *The Community College career track* – How to achieve the American dream without a mountain of debt. Hoboken: John Wiley & Sons, Inc., 2012. p.53.

SNYDER, T.; DILLOW, S. Digest of education statistics 2010 (NCES 2011-015). Washington DC: National Center for Education Statistics, Institute of Education Sciences; U.S. Department of Education, 2011.

SODERSTROM, M. Testing democracy: First World War IQ Testing, from measuring the military to selecting the student body. In: MARGARET, V.; BARTON, C. (Ed.). *Science in uniform, uniforms in science*: Historical studies of American military and scientific interactions. Lanham: Scarecrow Press, 2007.

SPERLING, J. *Rebel with a cause*: The entrepreneur who created the University of Phoenix and the for-profit revolution in higher education. New York: John Wiley & Sons Inc., 2000.

SPRING, J. *Education and the corporate state*. Boston: Beacon Press, 1972.

SYKER, C. *Profscam*: Professors and the Demise of Higher Education. Washington DC: Regnery Gateway, 1988.

_____. *The hollow men*: Politics and corruption in higher education. Washington DC: Regnery Gateway, 1990.

THE COLLEGE BOARD. *Trends in Higher Education*, 2011.

_____. *Trends in College Pricing*, 2012.

THELIN, J. *A history of American higher education*. Baltimore: Johns Hopkins University Press, 2004.

THORNTON, J. *The Community Junior College*. 3.ed. New York: John Wiley & Sons, 1972.

TOWSEND, B.; BRAGG, D. *The ashe reader on Community Colleges*. 3.ed. Boston: Pearson Custom Publishing, 2006.

TRAUB, J. *City on a hill*: Testing the American dream at City College, reading: Addison-Wesley Publishing Company, 1994.

_____. What no school can do. *New York Times*, 16 jan. 2000. Disponível em: <http://www.nytimes.com/2000/01/16/magazine/what-no-school-can-do.html?pagewanted=all&src=pm>. Acesso em: 7 jun. 2013.

TREMBLE, S. *Pathway to middle class*: Role of the Community College in the past, present and future. Washington DC, 2010. These (Ph.D) – Faculty of The School of Continuing Studies and of The Graduate School of Arts and Sciences, Georgetown University.

TROW, M. *Twentieth-Century higher education*: Elite to mass to Universal. Baltimore: Johns Hopkins University Press, 2010

TYACK, D. *The one best system*: A history of American urban education. Cambridge: Harvard University Press, 1974.

U.S. DEPARTMENT OF EDUCATION. National Center for Education Statistics. *Digest of Education Statistics*. Washington DC., 1992.

_____. National Center for Education Statistics. *Digest of Education Statistics, 2008* (NCES 2009-020), 2009.

_____. *Digest of Education Statistics 2009*. Washington-DC: NCES, 2010.

VER BERLINER, D. Our impoverished view of educational reform. Teachers College Record, 3 ago. 2005. Disponível em: <http://www.asu.edu/educ/epsl/EPRU/documents/EPSL-0508-116-EPRU.pdf>.

VEYSEY, L. *The emergence of the American University*. Chicago: University of Chicago Press, 1965.

WARREN, J. The changing characteristics of community college students. DEEGAN, W.; TILLERY, D. (Ed.). *Renewing the American Community College*: Priorities and strategies for effective leader-ship. San Francisco: Jossey-Bass, 1985. p.53-79.

WASHBURN, J. *University, Inc.*: The Corporate Corruption of American Higher Education. New York: Basic Books, 2005

WEISBOARD, B.; BALOU, J.; ASCH, E. *Mission and money*: Understanding the University. New York: Cambridge University Press, 2008.

YALE REPORT OF 1828: Disponível em: <http://collegiateway.org/reading/yale--report-1828/>. Acesso em: 29 ago. 2012.

ZWERLING, L. (Ed.). *Second best*: The crisis of the Junior College. New York: McGraw-Hill, 1976.

_____. *The New "New Student"*: The working adult. *New Directions for Community Colleges*, n.32, 1980.

_____. *The Community College and its critics*. *New Directions for Community Colleges*, n.54, Jun. 1986.

SOBRE O LIVRO

Formato: 16 x 23 cm
Mancha: 26 x 48,6 paicas
Tipologia: Stempel Schneidler Std 10,5/12,6
Papel: Off-white 80 g/m² (miolo)
Cartão Supremo 250 g/m² (capa)
1ª edição: 2015

EQUIPE DE REALIZAÇÃO

Coordenação Geral
Marcos Keith Takahashi

Edição de Texto
Dafne Melo (Copidesque)

Revisão
Alessandro Thomé

Editoração Eletrônica
Eduardo Seiji Seki